I0399828

www.ingramcontent.com/pod-product-compliance
Lightning Source LLC
Chambersburg PA
CBHW051329110526
44590CB00032B/4466

البحث المذهبي في الإمامة في الإسلام
مع نشر:

المعتمد

في
الإمامة على مذهب الزيدية

بِسْمِ اللَّهِ الرَّحْمَنِ الرَّحِيمِ

البحث المذهبي في الإمامة في الإسلام

مع نشر:

المعتمد
في
الإمامة على مذهب الزيدية

(ينشر أول مرة)

تأليف

أبي القاسم إسماعيل بن أحمد البستي

(ت: ق٥هـ/ ١١م)

ويليه المتبقي من

كتاب الإشهاد

لأبي زيد عيسى بن محمد العلوي الرازي

(ت٣٢٦هـ/ ٩٣٧م)

تقديم وتحقيق

محمد بن شرف الدين بن عبد الله الحسيني

دار النضيري للدراسات والنشر

مركز الإمام القاسم بن إبراهيم عليه السلام

الطبعة الأولى

1443هـ -2021م

جميع الحقوق محفوظة

لا يسمح بإعادة إصدار أو طبع أو نشر هذا الكتاب أو أي جزء منه أو تخزينه في نطاق استعادة المعلومات أو نقله بأي شكل من الأشكال دون إذن خطي سابق من:

دار النضيري للدراسات والنشر

الموقع الإلكتروني: https://www.daralnadhiri.com

البريد الإلكتروني: daralnadhiri@gmail.com

هاتف: 7961 911682 44+

لندن- المملكة المتحدة

مركز الإمام القاسم بن إبراهيم عليه السلام

هاتف: 777864567 967+

صنعاء- اليمن

المحتويات

توطئة..................................... 13

المعتمد في الإمامة 13

(6-1) الإمامة في التراث الإسلامي 15

(6-1/3-1) مظاهر من الخلاف في الإمامة:.............. 16

(6-1/3-2) إلمامة يسيرة بمصنفات الإمامة:.............. 18

(6-1/3-3) مصنفات الزيدية المفردة في الإمامة: 28

(6-2) أبو القاسم البستي 33

(6-2/5-1) اسمه ونسبته ووفاته:...................... 33

(6-2/5-2) شيوخه:................................ 34

(6-2/5-3) مذهبه العقدي والفروعي: 34

(6-2/5-4) صفته وأخباره:........................... 35

(6-2/5-5) آثاره العلمية: 36

(6-3) كتاب المعتمد 40

(6-3/5-1) نسبته إلى مؤلفه وتاريخ تأليفه:.............. 40

(6-3/5-2) هيكلته: 40

(6-3/5-3) مصادره:............................... 42

(6-3/5-4) وصف النسخة المعتمدة: 43

(6-3/5-5) نماذج مصورة من النسخة: 45

(6-4) الملاحق 48

(6-4/2-1) الملحق (1): كتاب الإشهاد لأبي زيد العلوي	48
(6-4/2-1/1) كتاب الإشهاد:	48
(6-4/2-1/2) أبو زيد العلوي:	50
(6-4/2-2) الملحق (2): اعتراضات زيدية على الإمامية	54
(6-5) منهج العناية	55
(6-6) موارد التقديم	57
(6-6/2-1) المصادر المتقدمة:	57
(6-6/2-2) المراجع الحديثة:	67
النص المعتنى به	69
كتاب المعتمد في الإمامة على مذهب الزيدية	71
[مقدمة المؤلف]	73
فصل: في بيان ما يُحتاج إلى الإمام فيه	74
فصل: في هل الإمامة واجبة من جهة العقل أم لا؟	76
الاعتراض:	76
علة أخرىٰ لهم:	76
الاعتراض:	77
علة أخرىٰ لهم:	77
الاعتراض:	77
علة أخرىٰ لهم:	78
الاعتراض:	78
علة أخرىٰ لهم:	78
الاعتراض:	79
علة أخرىٰ لهم:	79
الاعتراض:	79

علة أخرى لهم:	80
الاعتراض:	80
علة أخرى لهم:	80
الاعتراض:	81
دليل آخر عليهم:	81
دليل آخر عليهم:	82
فصل: في هل وردت الشريعة بالإمامة على طريق الجملة أم لا؟	83
دليل آخر:	84
دليل آخر:	85
دليل آخر:	85
فصل: في الشرائط التي لا بد من كون الإمام عليها عند الزيدية والمعتزلة	87
فصل: في أنه هل يجب أن يكون باطن الإمام كظاهره أم لا؟	94
الاعتراض:	94
دليل آخر لهم:	95
الاعتراض:	95
دليل آخر لهم:	96
الاعتراض:	97
دليل آخر لهم:	97
الاعتراض:	97
دليل آخر لهم:	98
الاعتراض:	98
دليل آخر لهم:	98
الاعتراض:	99
فصل: في أن الإمام لا يجب أن يكون أعلم أهل عصره بسائر أنواع المعلومات	102

فصل: في بيان ما تجب به طاعة الإمام واختلاف الناس فيه	104
فصل: في بطلان قول من قال: إن الإمامة تستحق جزاء على الأعمال	109
دليل آخر:	110
دليل آخر:	110
دليل آخر:	111
فصل: في هل في العقل ورود التعبد بالاختيار أم لا؟	112
الاعتراض:	112
علة أخرى لهم:	113
الاعتراض:	113
علة أخرى لهم:	113
الاعتراض:	114
علة أخرى لهم:	114
الاعتراض:	114
علة أخرى لهم:	115
الاعتراض:	115
علة أخرى لهم:	116
الاعتراض:	116
علة أخرى لهم:	116
الاعتراض:	117
فصل: في هل ورد التعبد بالاختيار أم لا؟	120
دليل آخر	121
الكلام عليه:	121
دليل آخر لهم:	121
الكلام عليه:	121

المحتويات

دليل آخر لهم:	122
الكلام عليه:	122
دليل آخر لهم:	123
الكلام عليه:	123
دليل آخر لهم:	123
الكلام عليه:	124
دليل آخر لهم:	124
الكلام عليه:	124
دليل آخر لهم:	125
دليل آخر لهم:	126
الكلام عليه:	126
ذكر ما تعلق به من قال بالاختيار والكلام عليه	127
الكلام عليه:	127
دليل آخر لهم:	129
الكلام عليه:	129
دليل آخر لهم:	130
الكلام عليه:	130
دليل آخر لهم:	131
الكلام عليه:	131
طريقه لهم أخرى في التعلق بالإجماع:	143
الكلام عليه:	144
طريقه أخرى لهم في التعلق بالإجماع:	146
الكلام عليه:	146
طريقة أخرى لهم في التعلق بالإجماع:	148

الكلام عليه:	148
طريقة أخرى لهم في التعلق بالإجماع:	150
الكلام عليه:	150
طريقة أخرى لهم في التعلق بالإجماع:	153
الكلام عليه:	153
طريقة أخرى لهم في بطلان النص:	154
طريقة أخرى لهم:	169
الكلام عليه:	169
فصل: في بيان الخلاف في النص	171
[الأدلة على وجوب طاعة أمير المؤمنين وكونه منصوصًا عليه]	173
طريقة أخرى لهم:	174
طريقة أخرى لهم:	175
طريقة أخرى لهم:	175
طريقة أخرى لهم:	177
التعلق بالكتاب طريقه من وجوه:	178
طريقة أخرى لهم:	179
طريقة أخرى:	180
طريقة أخرى:	182
طريقة أخرى:	182
طريقة أخرى:	183
طريقة أخرى لهم:	184
طريقة أخرى:	184
طريقة أخرى:	189
طريقة أخرى:	190

الطرائق التي يستدل بها من السنة وما جرى مجراها:	191
طريقة أخرى:	193
طريقة أخرى:	194
طريقة أخرى:	195
طريقة أخرى:	199
طريقة أخرى:	200
طريقة أخرى:	202
فصل: في وجوب طاعة الحسن والحسين -عليهما السلام- ووجه استحقاقهما للإمامة	205
فصل: في بيان الحكم في الصحابة	207
فصل: في طلحة والزبير وعائشة ما الحكم فيهم؟	210
فصل: في معاوية ومن معه وأبي موسى الأشعري، وما الحكم فيهم؟	211
فصل: فمن تخلف عن أمير المؤمنين، نحو محمد بن مسلمة وأصحابه	212
فصل: فيمن قتل إمامًا من أئمة الهدى ما حكمه؟	214
فصل: في نص الإمام على إمام	215
الملحق(1): المتبقي من كتاب الإشهاد لأبي زيد العلوي	217
المتبقي من كتاب الإشهاد	219
ملحق(2): اعتراضات زيدية على الإمامية	257
اعتراضات للزيدية وجواب الإمامية عليها	259
اعتراض آخر للزيدية ودفعه:	261
اعتراض آخر:	263
اعتراض آخر:	266
اعتراض آخر:	270
اعتراض آخر:	271

اعتراض آخر:	272
اعتراض آخر لبعضهم:	275
الفهارس الفنية	277
الآيات	279
الأحاديث	281
الأعلام	283
الجماعات	297
الكتب	302
البلدان والأماكن	303
مصادر التوثيق	304

بسم الله الرحمن الرحيم

رغم الوفرة الحاصلة والمتنوعة من تراث الزيدية ومصادره الأصلية التي صنفها زيدية اليمن والحجاز والعراق والري وجيلان وديلمان، وما يسَّرته الوسائل الحديثة من سهولة الحصول عليه، إلا أن الدرس العلمي لهذا التراث وما نشر منه في العقود الأخيرة= يسير بخطى وئيدة، وهو متأخر إذا ما قورن بالدراسات الأخرى التي أجريت عن سائر التراث الإسلامي.

هناك دراسات أكاديمية ونشرات محققة لمجموعة من تراث زيدية الري والجيل والديلم والحجاز اعتنت بالجانب العقدي للزيدية هناك، من قبل باحثين من غير الزيدية، إلى جانب نشرات لمصنفات أخرى عقدية وغيرها قام بها الزيدية في اليمن -تفتقد في أغلبها للدراسة والتحقيق العلميين-، إلا أن هناك نقصًا كبيرًا لا يزال سواء في دراسة ونشر ما يتعلق بالجانب العقائدي أم بالجوانب الأخرى من فنون هذا التراث على طول مراحله الزمنية المختلفة ومناطقه الجغرافية المتعددة، رغم تنوع فنونه وطرقه وتعدد مذاهبه؛ وما يتيحه ذلك من تعدد في مجالات دراسته! ومن أسف أنه ليس في الأفق القريب فيما يتعلق بالزيدية في اليمن ما يشي بتوجه الاهتمام إلى الدراسة العلمية والنشر المحقق لهذا التراث!

وهذه النشرة تتضمن واحدًا من مصنفات زيدية الريِّ لأحد أبرز متكلميها ممن عاش ونشط في أواخر القرن الرابع وأوائل الخامس الهجري/ أواخر القرن

العاشر وأوائل الحادي عشر الميلادي، والتي تعد مرحلة استقرار نسبي للزيدية في عصر حكمه البويهيون ذوو الميول الشيعية والتوجه الاعتزالي، وعاصر العديد من مبرزي متكلمي ذلك العصر من الزيدية والمعتزلة والإمامية والأشعرية وغيرهم، في قضية تعتبر من القضايا المحورية في التراث الإسلامي، ألا وهي مسألة الإمامة. ومعلوم ما لهذه المسألة من قدر؛ لا سيما عند طوائف الشيعة. وإخراجه سيكون له دوره في دراسة تاريخ عقائد الزيدية هناك، وسيسهم في معرفة الأفكار المتعلقة بقضية الإمامة والطرق التي كانت تناقش بها في ذلك العصر الذي كانت الإمامة من أبرز مطارحات علمائه من مختلفي المذاهب والمشارب، وإجراء المزيد من المقارنات والتحليلات بين نصوص مصنفات هذا العصر -والذي يعتبر عصر اكتمال ونضج علم الكلام الزيدي في الري وشمال إيران؛ إذ تأخرت هذه المرحلة بالنسبة لزيدية اليمن- وبين النصوص الأخرى التي سبقتها والتي تلتها للزيدية ولغير الزيدية.

محمد بن شرف الدين بن عبد الله الحسيني

صنعاء- خريف 1443هـ-2021م

alhusainimohd064@gmail.com

(1-6) الإمامة في التراث الإسلامي

تحتل الإمامة حيزًا كبيرًا ومهمًا في التاريخ والتراث الإسلاميين؛ فقد كان الخلاف فيها أول خلاف جرى بين المسلمين بعد وفاة النبي -صلى الله عليه وآله وسلم- [الناشئ- المسائل: 9؛ البلخي- المقالات: 83؛ النوبختي- الفرق: 5-6؛ الأشعري- المقالات: 2؛ الجِشُمي- الشرح: 1/11/و؛ الشهرستاني- الملل: 31]، وهي عند بعضهم أعظم خلاف جرى بينهم؛ لكونها أكثر القواعد الدينية التي سلَّ فيها السيف في كل زمان [الشهرستاني- الملل: 31]. كما أنه «**لم يحدث في تاريخ الإسلام خلاف أعمق وأبقى من مسألة خلافة محمد؛ حيث أصبح حق استخلاف النبي واستلام زمام أمور الأمة بعد رحيله= واحدًا من أهم المسائل الدينية التي سببت افتراق المسلمين إلى شيعة وسنة حتى يومنا الحاضر**» [ماديلونغ-الخلافة: 9].

ومثلما كان الخلاف في الصفات الإلهية قد أفرز صفاتية ومعطلة ومثبتة ونفاة ومنزهة ومشبهة ومجسمة، وفي العدل معدلة ومجورة وقدرية وجبرية، وفي الوعد والوعيد وعيدية ومرجئة، وانمازت الفرق الإسلامية عن بعضها وفق ما تذهب إليه في قضية أو أكثر من تلك القضايا المختلف فيها، وتمايزت تبعًا لذلك في كتب المقالات والفرق؛ فكذلك الخلاف في الإمامة قد كان ولا يزال مما به تمايزت تلك الفرق عن بعضها وإن بلغت المشتركات ونقاط الالتقاء في باقي القضايا مبلغها، بل وقد تكون الإمامة هي المائزة، كما هو حاصل بين فرقتي الزيدية والمعتزلة.

والخلاف فيها يظل أول مائز بين المختلفين لأوليته واستمراره، وسائر

الخلافات حصلت بعده، وإن ترافق بعضها في مرحلة تالية مع استمرار الخلاف فيها ثم مع توسعه وتشعب تفصيلاته، وحدوث بعضها بسبب منه كالإرجاء الأول، وإن لم تتحدد وتستقر تسمية المختلفين في الإمامة في أول أمر اختلافهم بما سموا به إلا بعد مدة من الزمن؛ من شيعة وبكرية وعثمانية وخوارج ... إلخ [الناشئ- المسائل: 15، 16، 17، 19، 20].

(1-3/1-6) مظاهر من الخلاف في الإمامة:

تعددت مظاهر الخلاف وتنوعت -بعد الخلاف الأول فيها- تبعًا لتعدد وتنوع المختلفين فيها من الفرق الإسلامية، وقد بقيت بعض تلك الخلافات مطروحة -سواء للبحث والنقاش أو حتى لمجرد السرد والذِّكْر- رغم انقراض أصحاب تلك الخلافات، كما نجده في حالة السبأية والكيسانية وغيرهما من الفرق التي لم يطل بقاؤها ولا تحقق لها الانتشار.

ومن أبرز مظاهر الخلاف فيها: حكمها هل تجب أم لا [البلخي- المقالات: 426-427؛ الأشعري- المقالات: 460]. وهل وجبت من جهة السمع أم العقل أم السمع والعقل، وفي وجوبها العقلي هل وجبت لكونها لطفًا أم لدفع الضرر المعلوم [البلخي- المقالات: 434؛ الديلمي- المحيط: 1/ 5/ ظ]، وفي الحاجة إلى الإمام [الديلمي- المحيط: 1/ 12/ ظ؛ عز الدين- المعراج: 4/ 365-369]، وفي صفات الإمام [الديلمي- المحيط: 1/ 15/ و]. وهل تكون بنص أم بعقد واختيار، وفي المنصوص من هو [البلخي- المقالات: 429-430؛ الأشعري- المقالات: 459]. وفي نصب الإمام هل يجب على الإمام أم على الأمة أن تنصبه [عز الدين- المعراج: 4/ 349]. وهل يكون الإمام واحدًا أم أكثر من واحد [البلخي- المقالات: 427؛ الأشعري- المقالات: 460]. وهل

يخلو الناس من إمام أم لا [الأشعري- المقالات: 461]. وفي إمامة المفضول على الفاضل [البلخي- المقالات: 427-428؛ الأشعري- المقالات: 461]، وهل هي في قريش أم في غيرهم [الأشعري- المقالات: 461]، وهل هي في بعض قريش أم في جميعهم [البلخي- المقالات: 428-429؛ الأشعري- المقالات: 461]. وهل تتوارث أم لا [البلخي- المقالات: 431-432؛ الأشعري- المقالات: 463]. وفي معرفة الإمام هل تجب على المكلف أم لا [البلخي- المقالات: 432-433]، وهل للإمام أن ينص على من بعده [البلخي- المقالات: 433-434]، وهل يكون مختفيًا أو غائبًا [النسفي- التبصرة: 825]، وفي عصمته [المفيد- الأوائل: 19؛ النسفي- التبصرة: 836]، وهل يجب أن يكون عالـمًا بكل العلوم، وفي علمه بالغيب وظهور المعجز عليه [المفيد- الأوائل: 20-21]. وفي التفضيل بين الصحابة [البلخي- المقالات: 435-436]. ومن الخلاف فيها: هل هي من أصول الدين أم من فروعه، وهل دخولها في الأصول أصلي أم بالتبع، بعد الخلاف في هل هي قطعية لكون أدلتها قطعية، أم ظنية لأن أدلتها ظنية [عز الدين- العناية: 77].

ولا شك أن تلك المظاهر قد شملت شقي الخلاف: التنظيري والتطبيقي، ووصل الأمر في الجانب التطبيقي في بعض الأحايين إلى أن صارت الإمامة هي المعيار الذي يحاكم به الأشخاص، وأما باقي المعايير المعتبرة فلا قيمة لها أو على الأقل تقع في الدرجة الثانية، وصار «الموافق فيها معظمًا مقبولًا وإن كان من أخس الناس، والمخالف في عقيدتها ملومًا مذمومًا وإن كان من أبلغ الأكياس ... حتى كأنه لم يشرع من الدين ولا بعث سيد المرسلين إلا لهذه المسألة، وأما بقية الأركان فمغفلة مهملة» [عز الدين- الغراء: 279-280].

(2-3/1-6) إلمامة يسيرة بمصنفات الإمامة:

الإمامة -كقضية عقدية وإن حصل خلاف في كونها من الأصول- ليست كالقضايا الكلامية الأخرى التي صعب على الباحثين والدارسين تحديد بدايات نشأتها بدقة لغياب المصادر الأصلية التي تمكِّن الدارسين من ذلك؛ فهي أول خلاف حادث بين المسلمين معلوم تاريخه وطبيعته وأشخاصه المختلفين فيه، بغض النظر عن تقدير هذا الخلاف وحجمه بحسب قراءات مختلف الفرق، ومن ثمة لا يشكل غياب مصادرها الأصلية كبير أهمية في هذا الجانب، وإنما تأتي أهميتها في دراسة طبيعة الخلافات التي طرأت في المراحل اللاحقة ومتى نشأت بالتحديد وما الذي أدى إلى نشوئها، وما علاقتها بالخلافات العقدية الأخرى، وما الطرق التي سلكها مَن تناولها بالبحث، وهل جرى على هذه الطرق التغير ومرت بمراحل مختلفة أم لا؟

وعلى كل حال فقد تناول العلماء المسلمون بمختلف مشاربهم ومذاهبهم قضية الإمامة وفق تنوع الخلاف الحاصل فيها، وقد انعكس ذلك في مصنفات كثيرة إما بطريق التقرير والاحتجاج أو بطريق الرد والدحض، مفردة أم ضمن مصنفات تضم قضايا أخرى أصولية أو فروعية. وكما كانت المصنفات مجالًا لتناول قضية الإمامة فقد كانت مجالس الرؤساء والسلطات الحاكمة مسرحًا لإثارتها والجدال فيها، وبإيعاز وتشجيع من أولئك الرؤساء والحكام كان تصنيف بعض تلك المصنفات [الهاروني- الدعامة: 27؛ المرتضى- المقنع: 179]. وكانت بعض المصنفات سببًا تداعت له عدة كتب، ككتاب الإمامة من **المغني في أبواب العدل والتوحيد** للقاضي عبد الجبار بن أحمد الهمَذاني (تـ415هـ/ 1024م) الذي كان عليه نقض ولهذا النقض نقضٌ ولنقضٍ نقضه نقضٌ، وكقيام بعض

المصنفين بالرد على المعتزلة في هذه القضية ليس برد عام يشملها كفرقة، بل على ثمانية من علماء المعتزلة لكل منهم رد خاص به، إضافة إلى مصنفاته الأخرى العامة وردوده على غير المعتزلة، كما سيرد معنا.

وسأقتصر في هذه الإلمامة على المصنفات المفردة، مراعيًا التدرج الزمني في وفاة أصحابها؛ وهي حصيلة أولية لم أستقص فيها؛ فليس ذلك من غرضي، وأغلبها مما عنوانه الإمامة أو يتضمن لفظة الإمامة، وتركت كثيرًا مما هو متعلق بقضايا تندرج تحت الإمامة كالتفضيل ونحوه، وإنما الغرض إعطاء صورة تقريبية لما تحتله الإمامة في التراث الإسلامي وعناية الفرق الإسلامية المختلفة بهذه القضية والسجالات التي حصلت نتيجة الخلاف فيها. وقد توقف مسرد المصنفات في هذه الحصيلة في أواخر القرن السابع الهجري/ الثالث عشر الميلادي عند ما يمكن اعتباره آخر المصنفات تأثيرًا في الإمامة لدى الزيدية.

على أنني سأركز أكثر –تبعًا لما هو الحاصل على أرض الواقع– على مصنفات الفرق الثلاث التي كان لها الحيز الأكبر من هذا الكتاب الذي أقدم له، أعني الزيدية والمعتزلة والإمامية، واضعًا مصنفات الزيدية في قسم بحياله. والزيدية والمعتزلة وإن جمعهما التوحيد والتعديل والوعد والوعيد إلا أنهما اختلفتا في الإمامة من عدة نواح، وكذلك حال الزيدية والإمامية جمعهما التشيع والقول بإمامة أهل البيت، لكن الخلاف بينهما أوسع وأكثر أثرًا من الخلاف الحاصل بين الزيدية والمعتزلة من جهة وبين المعتزلة والإمامية من جهة أخرى [عبد الجبار- المغني: 20/ 1/ 36-39]. ولذلك سنرى –كما سيأتي معنا هنا– أن مصنفات الإمامية أكثر في مقابل مصنفات الزيدية والمعتزلة.

1- أبو محمد هشام بن الحكم الكوفي (ت: بعد 179هـ/ 795م) بعد نكبة البرامكة بمديدة، من متكلمي الشيعة الإمامية. له: **الإمامة** [النديم- الفهرست: 1/ 632]. و**التدبير في الإمامة** [الطهراني- الذريعة: 4/ 17]. و**الرد على من قال بإمامة المفضول، واختلاف الناس في الإمامة** [النديم- الفهرست: 1/ 632].

2- أبو جعفر الأحول محمد بن علي بن النعمان الكوفي (ت: حدود 180هـ/ 796م) الملقب: شيطان/ مؤمن الطاق، من متكلمي الشيعة الإمامية. له: **الإمامة، والرد على المعتزلة في إمامة المفضول** [النديم- الفهرست: 1/ 632].

3- أبو بكر عبد الرحمن بن كيسان الأصم المعتزلي (ت 200هـ/ 816م)، له: **الإمامة** [النديم- الفهرست: 1/ 595].

4- أبو عمرو ضرار بن عمرو (ت 200هـ/ 815م) يعد من المجبرة، له: **الإمامة** [النديم- الفهرست: 1/ 598].

5- اليمان بن رباب (ت: ؟) من متكلمي الخوارج البيهسية. له: **إثبات إمامة أبي بكر** [النديم- الفهرست: 1/ 651].

6- أبو سهل بشر بن المعتمر الهلالي المعتزلي (ت 210هـ/ 825م)، له: **الإمامة** [النديم- الفهرست: 1/ 570].

7- أبو جعفر محمد بن الخليل السكاك (ت: ق3هـ/ ق9م)، من متكلمي الشيعة الإمامية، صاحب هشام بن الحكم، وله مناظرات مع جعفر بن حرب (ت 236هـ/ 850م) وأبي جعفر الإسكافي (ت 240هـ/ 854م). له: **الإمامة** [النديم- الفهرست: 1/ 634؛ الطوسي- الفهرست: 389]. و**الرد على من أبى وجوب الإمامة بالنص** [النديم- الفهرست: 1/ 634].

8- أبو عبد الرحمن بشر بن غياث الـمَريسي (تـ218هـ/ 833م) يعد في المرجئة، له: **الرد على الرافضة في الإمامة** [النديم- الفهرست: 1/ 609].

9- أبو الحسن علي بن إسماعيل بن شعيب بن ميثم التمار (تـ: ؟) من متكلمي الشيعة الإمامية ، عاصر أبا الهذيل العلاف والنظام [النجاشي- الرجال: 2/ 72]. له: **الإمامة** [النجاشي- الرجال: 2/ 72].

10- أبو الهذيل محمد بن الهذيل العلاف المعتزلي (تـ235هـ/ 850م)، له: **الإمامة على هشام** [النديم- الفهرست: 1/ 566].

11- قاسم بن الخليل الدمشقي المعتزلي (تـ: ق3هـ/ ق9م)، صاحب أبي الهذيل، من طبقة جعفر بن مبشر. له: **إمامة أبي بكر** [النديم- الفهرست: 1/ 572].

12- أبو علي الحسين بن علي بن يزيد الكرابيسي (تـ245هـ/ 859م) متكلم من أهل الحديث، له: **الإمامة** [النديم- الفهرست: 1/ 648].

13- أبو عثمان عمرو بن بحر الجاحظ المعتزلي (تـ255هـ/ 868م)، له: **الإمامة على مذهب الشيعة**، وحكاية قول أصناف الزيدية، **والعثمانية**، عليه نقوض كثيرة تجنبت ذكرها، **والرد على العثمانية، وإمامة معاوية، وإمامة بني العباس**، وذكر ما بين **الزيدية والرافضة** [النديم- الفهرست: 1/ 585].

14- أبو محمد الفضل بن شاذان النيسابوري (تـ260هـ/ 874م) من متكلمي الإمامية. له: **الإمامة الكبير، الخصال في الإمامة، والأربع مسائل في الإمامة** [النجاشي- الرجال: 2/ 169].

15- أبو القاسم سعد بن عبد الله بن أبي خلف الأشعري القمي

(تـ300هـ/ 913م) من متكلمي الإمامية. له: **الإمامة** [الطهراني- الذريعة: 2/ 326].

16- أبو محمد الحسن بن موسى النوبختي (تـ: بعد 300هـ/ 913م)، من متكلمي الإمامية. له: **الجامع في الإمامة** [ابن شهر آشوب- المعالم: 180]. **والحجج في الإمامة** [الطهراني- الذريعة: 6/ 263]. **والنقض على جعفر بن حرب في الإمامة** [ابن شهر آشوب- المعالم: 181]. **والرد على يحيى بن أصفح في الإمامة** [ابن شهر آشوب- المعالم: 180]. **والنقض على ابن عباد في الإمامة** [الطهراني- الذريعة: 24/ 288].

17- أبو علي محمد بن عبد الوهاب الجبائي المعتزلي (تـ303هـ/ 916م)، له: **الإمامة** [النديم- الفهرست: 1/ 607]. **والإمامة الصغير** [النديم- الفهرست: 1/ 608]. **ونقض الإمامة على ابن الراوندي** [عبد الجبار- المغني: 16/ 152].

18- أبو القاسم الحارث بن علي الوراق المعتزلي (تـ: ق4هـ/ 10م)، المعاصر لأبي علي وله مناظرات معه. له: **الإمامة** [النديم- الفهرست: 1/ 612].

19- أبو عبد الله محمد بن زيد الواسطي المعتزلي (تـ307هـ/ 919م). له: **الإمامة** [النديم- الفهرست: 1/ 621؛ الطهراني- الذريعة: 2/ 335].

20- أبو سهل إسماعيل بن علي بن نوبخت (تـ311هـ/ 923م) من متكلمي الإمامية، له: **الاستيفاء في الإمامة، والتنبيه في الإمامة** [النديم- الفهرست: 1/ 635؛ النجاشي- الرجال: 1/ 121]. **والجمل في الإمامة، والرد على محمد بن الأزهر في الإمامة** [النجاشي- الرجال: 1/ 121]. **وإثبات الإمامة** [ابن شهر آشوب- المعالم: 8]

21- أبو عبد الله الحسين بن علي المصري (تـ: ؟) من متكلمي الإمامية. له: **الإمامة والرد على الحسين بن علي الكرابيسي** [النجاشي- الرجال: 1/ 186].

22- أبو الحسين محمد بن بشر الحمدوني السنوجردي (تـ: ؟) من متكلمي الإمامية، أحد تلامذة أبي سهل النوبختي، وكان يقول بالوعيد. له: **الإنقاذ/ المنقذ في الإمامة** [النديم- الفهرست: 1/ 637؛ النجاشي- الرجال: 2/ 298]. و**المقنع في الإمامة** [النجاشي- الرجال: 2/ 298].

23- أبو جعفر محمد بن عبد الرحمن ابن قِبَة الرازي (تـ319هـ/ 931م) من متكلمي الإمامية. له: **نقض الإشهاد** لأبي زيد العلوي. **والإمامة، والإنصاف في الإمامة** [النديم- الفهرست: 1/ 634؛ النجاشي- الرجال: 2/ 289]. **والمستثبت في الإمامة** نقض المسترشد لأبي القاسم البلخي [النجاشي- الرجال: 2/ 288-289؛ الطهراني- الذريعة: 2/ 335، 396، 20/ 1]. **والرد على أبي علي الجبائي** [النجاشي- الرجال: 2/ 288؛ الطهراني- الذريعة: 2/ 335، 10/ 180]. **والتعريف في الإمامة** [الطهراني- الذريعة: 4/ 216]. **والمسألة المفردة في الإمامة** [النجاشي- الرجال: 2/ 169]. **والرد على الزيدية** [النجاشي- الرجال: 2/ 288؛ الطهراني- الذريعة: 10/ 200].

24- أبو جعفر محمد بن جرير بن رستم الطبري الكبير (تـ: ق4هـ/ ق10م) من متكلمي الإمامية. له: **المسترشد في الإمامة** (=مطبوع).

25- أبو القاسم عبد الله بن أحمد بن محمود البلخي الكعبي (تـ319هـ/ 931م) المتكلم المعتزلي، له: **المسترشد** نقض الإنصاف لابن قِبة الرازي، **ونقض المستثبت** لابن قِبة الرازي [النجاشي- الرجال: 2/ 169].

26- أبو جعفر محمد بن علي الشلمغاني (تـ322هـ/ 934م)، كان من الإمامية ثم صار من الغلاة. له: **الإمامة الكبير، والإمامة الصغير** [النجاشي- الرجال: 2/ 298].

27- أبو الحسن علي بن إسماعيل الأشعري (تـ336هـ/ 947م)، مؤسس مذهب الأشاعرة. له: **كتاب في الإمامة، وكتاب في الإمامة** آخر [ابن عساكر- التبيين: 135-136].

28- أبو محمد العسكري عبد الرحمن بن أحمد بن جبرويه العسكري (تـ: ؟) من متكلمي الإمامية. له: **الكامل في الإمامة** [النجاشي- الرجال: 2/ 47؛ الطهراني- الذريعة: 17/ 252].

29- أبو عبد الله محمد بن عبد الله بن مملك الأصبهاني (تـ: ق4هـ/ ق10م) كان من المعتزلة ثم تحول إلى الإمامية، وله مع أبي علي الجبائي مجلس في الإمامة وتثبيتها. له: **الإمامة** [النديم- الفهرست: 1/ 638]. **ونقض الإمامة على أبي علي الجبائي** [النديم- الفهرست: 1/ 638؛ النجاشي- الرجال: 2/ 298: كتاب مجالسه مع أبي علي الجبائي]. **والمسائل والجوابات في الإمامة** [النجاشي- الرجال: 2/ 298].

30- أبو القاسم الشريف العلوي علي بن أحمد الكوفي (تـ352هـ/ 963م) من متكلمي الإمامية ثم تحول إلى الغلاة [النجاشي- الرجال: 2/ 96]. له: **الرد على الزيدية، وكتاب في الإمامة** [النجاشي- الرجال: 2/ 96].

31- أبو إسحاق إبراهيم بن عبد الله الزبيري الأفريقي (تـ359هـ/ 970م) المعروف بالقلانسي، لعله أشعري المذهب. له: **كتاب في الإمامة والرد على الرافضة** [عياض- الترتيب: 6/ 257؛ الصفدي- الوافي: 6/ 22].

32- أبو بكر محمد بن حاتم بن زنجويه البخاري (تـ359هـ/ 970م) من أهل الحديث، له: **الروض الأنيق في إثبات إمامة الصديق** (=مطبوع).

33- أبو حنيفة النعمان بن محمد بن منصور المغربي (تـ363هـ/ 974م) قاضي الإسماعيلية. له: **الأرجوزة المختارة في الإمامة**، تقع في (2375) بيتًا (=مطبوع).

34- أبو الحسين الناشئ علي بن وصيف البغدادي المصري (تـ366هـ/ 976م) من متكلمي الإمامية. له: **الإمامة** [الطهراني- الذريعة: 2/ 331].

35- أبو الجيش مظفر بن محمد بن أحمد البلخي الخراساني (تـ367هـ/ 977م) من متكلمي الإمامية. له: **الأغراض والنكت في الإمامة** [الطهراني- الذريعة: 24/ 307]. و**الإمامة** [الطهراني- الذريعة: 2/ 337].

36- أبو عبد الله الحسين بن علي البصري المعتزلي (تـ369هـ/ 980م)، له: **الإمامة على ابن الراوندي** [البستي- المعتمد: 86/ و].

37- أبو الحسن المعدل علي بن أحمد بن طالب (تـ377هـ/ 987م أو 378هـ/ 988م) من المعتزلة. له: **كتاب في الإمامة رد على الرافضة** [البغدادي- التاريخ: 13/ 227].

38- أبو الحسن علي بن عيسى الرماني (تـ384هـ/ 994م) من المعتزلة. له: **الإمامة** [القفطي- الإنباه: 2/ 396].

39- أبو القاسم الصاحب إسماعيل بن عباد (تـ385هـ/ 995م) معتزلي يميل إلى الشيعة، له: **الإمامة** [ابن خلكان- الوفيات: 1/ 230].

40- القاضي أبو بكر محمد بن الطيب الباقلاني (تـ403هـ/ 1013م) من

متكلمي الأشاعرة، له: **كتاب في الإمامة** [الباقلاني- التمهيد: 431-432].

41- حميد الدين أحمد بن عبد الله الكرماني (تـ411هـ/ 1022م) من دعاة الإسماعيلية. له: **المصابيح في إثبات الإمامة** (=مطبوع).

42- أبو عبد الله محمد بن محمد بن النعمان (تـ413هـ/ 1022م) ابن المعلم المعروف بالمفيد، من متكلمي الإمامية. له: **العمد/ العمدة في الإمامة** [النجاشي- الرجال: 2/ 330؛ الطهراني- الذريعة: 15/ 333]. **والإيضاح في الإمامة، والإفصاح في الإمامة** (=مطبوع) [النجاشي- الرجال: 2/ 327]. **والنقض على ابن عباد في الإمامة** وابن عباد يبدو أنه الصاحب ابن عباد، **والنقض على علي بن عيسى في الإمامة** [النديم- الفهرست: 1/ 692؛ النجاشي- الرجال: 2/ 328]. **والرد على ابن الإخشيد في الإمامة** [النديم- الفهرست: 1/ 692؛ النجاشي- الرجال: 2/ 330]. **الرد على ابن رشيد [لعلها: أبي رشيد] في الإمامة** [النجاشي- الرجال: 2/ 330]. **الرد على الخالدي في الإمامة** [الطهراني- الذريعة: 10/ 194]، **والرد على الكرابيسي في الإمامة** [النجاشي- الرجال: 2/ 330]. **والمقنعة في الإمامة** [الطهراني- الذريعة: 22/ 125]. **ونقض الإمامة على جعفر بن حرب** [النجاشي- الرجال: 2/ 328]. **ونقض كتاب الأصم في الإمامة، والنقض على النصيبي في الإمامة** [النجاشي- الرجال: 2/ 329]. **والرد على الزيدية/ المسائل الجارودية** (=مطبوع).

43- أحمد بن إبراهيم النيسابوري (تـ: ق5هـ/ق11م) أحد دعاة الإسماعيلية. له: **إثبات الإمامة** (=مطبوع).

44- أبو نعيم أحمد بن عبد الله الأصبهاني (تـ430هـ/ 1038م) من أهل

الحديث، له: **الإمامة والرد على الرافضة** (=مطبوع).

45- أبو القاسم علي بن الحسين الموسوي الشريف المرتضى (تـ436هـ/ 1044م) متكلم الإمامية المعروف، له: **الشافي في الإمامة** نقض للإمامة من كتاب **المغني** للقاضي عبد الجبار بن أحمد الأسدابادي الهمَذاني (=مطبوع) و**المقنع في الغيبة** (=مطبوع).

46- أبو الحسين محمد بن علي بن الطيب البصري المعتزلي (تـ436هـ/ 1044م)، له: **نقض الشافي** في الإمامة، و**نقض المقنع في الغيبة** [الجِشُمي- الطبقتان: 402؛ ابن المرتضى- المنية: 209].

47- أبو جعفر محمد بن جرير بن رستم الطبري الصغير (ق5هـ/ ق11م) من متكلمي الإمامية. له: **دلائل الإمامة** (=مطبوع).

48- عبيد الله بن عبد الله السعدابادي/ السدابادي (تـ ق5هـ/ ق11م) من متكلمي الإمامية، معاصرًا للشريف المرتضى. له: **المقنع في الإمامة** [الطهراني- الذريعة: 22/ 121].

49- أبو جعفر محمد بن الحسن بن علي الطوسي (تـ460هـ/ 1068م) من متكلمي الإمامية. له: **تلخيص الشافي في الإمامة** (=مطبوع)، و**المفصح في إمامة أمير المؤمنين والأئمة** (=مطبوع).

50- أبو يعلى حمزة (سلّار) بن عبد العزيز الديلمي (تـ463هـ/ 1071م)، من متكلمي الإمامية. له: **الرد على أبي الحسين البصري** في نقضه للشافي [الطهراني- الذريعة: 10/ 179].

51- أبو الفتح محمد بن علي بن عثمان الكراجكي (تـ449هـ/ 1057م) من متكلمي الإمامية. له: **المعتمد في الإمامة** [الطهراني- الذريعة: 21/ 213].

والتنبيه على أغلاط أبي الحسين البصري في فصل ذكره في الإمامة [الطهراني- الذريعة: 4/ 437: أبي الحسن]. **والتعجب من أغلاط العامة في مسألة الإمامة** (=مطبوع).

52- أشرف الدين صاعد بن محمد بن صاعد البريدي الآبي (ت: ق6هـ/ق12م) من متكلمي الإمامية. له: **الإمامة** [الطهراني- الذريعة: 2/ 327].

(3-1/3-6) مصنفات الزيدية المفردة في الإمامة:

مرتبة وفق تاريخ وفاة مصنفيها:

1- **تثبيت الإمامة**، لأبي الحسين زيد بن علي بن الحسين بن علي بن أبي طالب (تـ122هـ/ 739م) (=مطبوع).

2- **تثبيت الوصية**، لأبي الحسين زيد بن علي أيضًا (=مطبوع).

3- **جواب سؤال لواصل بن عطاء في الإمامة**، لأبي الحسين زيد بن علي أيضًا (=مطبوع).

4- **إمامة ولد علي من فاطمة**، للحسن بن صالح بن حي (تـ168هـ/ 784م) من متكلمي الزيدية المتقدمين [النديم- الفهرست: 1/ 640].

5- **تثبيت الإمامة**، لأبي محمد القاسم بن إبراهيم بن إسماعيل الرسي إمام الزيدية (تـ246هـ/ 860م) (=مطبوع).

6- **الإمامة**، للقاسم الرسي أيضًا (=مطبوع).

7- **الرد على الرافضة**، للقاسم الرسي أيضًا (=مطبوع).

8- **إمامة علي بن أبي طالب**، للقاسم الرسي أيضًا (=مطبوع).

9- **الحجة في الإمامة**، للداعي الحسن بن زيد بن محمد بن إسماعيل (تـ270هـ/ 883م) مؤسس الدولة الزيدية في الجيل والديلم [النديم- الفهرست: 1/ 682؛ الطهراني- الذريعة: 5/ 30؛ 6/ 255].

10- **تثبيت الإمامة**، للهادي يحيى بن الحسين بن القاسم الرسي (تـ298هـ/ 911م) مؤسس الدولة الزيدية في اليمن (=مطبوع).

11- **تثبيت إمامة أمير المؤمنين علي بن أبي طالب**، للهادي يحيى بن الحسين أيضًا (=مطبوع).

12- **الحجج الواضحة في الإمامة/ الإمامة الكبير**، للناصر للحق أبي محمد الحسن بن علي الأطروش (تـ304هـ/ 917م) إمام الزيدية في الجيل والديلم [مجهول- الرسالة: 5/ و؛ المحلي- الحدائق: 2/ 58؛ الهاروني- الأمالي: 193].

13- **الإمامة الصغير**، للناصر للحق الأطروش أيضًا [مجهول- الرسالة: 5/ و].

14- **الأصول في إثبات الإمامة والأئمة من ولد أمير المؤمنين** للناصر للحق الأطروش أيضًا [مجهول- الرسالة: 5/ و].

15- **الإشهاد**، لأبي زيد عيسى بن محمد بن أحمد الحسيني العلوي الرازي (تـ326هـ/ 937م) من زيدية الري. يأتي الكلام عنه وعن مؤلفه.

16- **نقض الإمامة على ابن قِبَة**، للمؤيد بالله أبي الحسين أحمد بن الحسين الهاروني (تـ411هـ/ 1021م)، إمام الزيدية في شمال إيران، صنفه حال شبابه [الجرجاني- السيرة: 44]. ولم أتبين ما الذي نقضه من مصنفات ابن قِبة هل هو **نقض الإشهاد** أم غيره؟

17- **الإقامة في الإمامة**، للمؤيد بالله الهاروني أيضًا [مجهول- الرسالة: 4/ و].

ولعله السابق على ابن قِبة.

18 - **الإبانة عن الإمامة**، لأبي يحيى زكريا بن أحمد بن محمد ابن حمويه البزاز (ت: قبل 420هـ/ 1029م) [ياقوت- المعجم: 3/ 1326؛ الصفدي- الوافي: 14/ 135].

19 - **الدعامة في الإمامة**، للناطق بالحق أبي طالب يحيى بن الحسين الهاروني (ت424هـ/ 1033م) إمام الزيدية في شمال إيران، من أهم المصنفات الزيدية في هذا الباب وأكثرها أثرًا، وقد ناقش فيه أبرز مباحث الإمامة وتعرض للرد على الإمامية والمعتزلة، وبين مذهب الزيدية فيها (=مطبوع).

20 - **الإقامة**، لأبي عبد الله الحسين بن إسماعيل بن زيد الموفق بالله الجرجاني (ت: قبل 430هـ/ 1039م) تقريبًا، من متكلمي زيدية الري، ذكره هو وأحال إليه في كتابه **الإحاطة في علم الكلام** [الجرجاني- الإحاطة: 2/ 86ظ].

21 - **المعتمد في الإمامة على مذهب الزيدية**، لأبي القاسم إسماعيل بن أحمد البستي (ت: بعد 436هـ/ 1044م)، يأتي الكلام عنه وعن مصنِّفه.

22 - **النقض المكتفي على من يقول بالإمام المختفي**، لأبي القاسم محمد بن أحمد بن المهدي الحسني (ت465هـ/ 1073م) من متكلمي زيدية الري أو الجيل والديلم (=مخطوط). وهو نقض لكتاب **المقنع في الغيبة** للشريف المرتضى الإمامي [الحسيني- المصادر: 377].

23 - **المحيط بأصول الإمامة على مذهب الزيدية**، لأبي الحسن علي بن الحسين بن محمد الديلمي سياه/شاه سريجان/سربيجان

(ق5هـ/ ق11م) من متكلمي زيدية شمال إيران، وهو أوسع كتب الزيدية في باب الإمامة، وقد جعله المصنف بمثابة الشرح لكتاب **الدعامة** لشيخه أبي طالب الهاروني السابق ذكره وإن لم يكن على ترتيبه (=مخطوط).

24- **الإمامة على مذهب الزيدية** بالفارسية، للحاكم أبي سعد المحسِّن بن محمد بن كَرَامة الجِشُمي (تـ494هـ/ 1101م) المعتزلي ثم الزيدي [ابن الحسين- المستطاب: 34/ و].

25- **الحياة**، لركن الدين إسحاق بن محمد بن أحمد ابن عبد الباعث (تـ555هـ/ 1160م) من متكلمي زيدية اليمن.

26- **النقض على صاحب المجموع في المحيط بالتكليف** فيما خالف الزيدية في الإمامة، للقاضي جعفر بن أحمد بن عبد السلام البهلولي (تـ573هـ/ 1177م)، رد على أبي محمد الحسن بن أحمد ابن متويه المعتزلي (تـ: ق5هـ/ ق11م)، في كتابه **المجموع في المحيط بالتكليف**. طبع طبعة مليئة بالأخطاء، وأقوم بتحقيقه ضمن ما أحققه من كتبه الكلامية.

27- **رد على أبي الحسين البصري** المعتزلي في قسم الإمامة من كتابه **غرر الأدلة**، لأبي محمد الحسن بن محمد الرصاص (تـ584هـ/ 1188م)، أحد متكلمي زيدية اليمن.

28- **العقد الثمين في تبيين أحكام الأئمة الهادين**، للمنصور بالله عبد الله بن حمزة بن سليمان (تـ614هـ/ 1217م)، إمام الزيدية في عصره. كتاب كبير خصصه للرد على الإمامية (=مطبوع).

29- **الشهاب الثاقب**، لأبي الحسن أحمد بن الحسن بن محمد الرصاص (تـ621هـ/ 1224م)، من زيدية اليمن (=مخطوط).

30- **الجواب الحاسم المفني لشبه المغني**، لأبي عبد الله محمد بن أحمد ابن الوليد القرشي (تـ621هـ/ 1224م)، من متكلمي زيدية اليمن، رد على كتاب الإمامة من كتاب **المغني** للقاضي عبد الجبار الهمَذاني (=مطبوع).

31- **الجواب الناطق الصادق بحل شبه كتاب الفائق**، لأبي عبد الله القرشي أيضًا، رد على ركن الدين محمود ابن الملاحمي الخوارزمي المعتزلي (تـ536هـ/ 1141م) فيما خالف الزيدية في الإمامة (=مطبوع).

32- **منهاج السلامة في مسائل الإمامة**، لأبي عبد الله القرشي أيضًا (=مخطوط)، رد على الحاكم الجِشُمي في كتابه **عيون المسائل** وشرحه.

33- **أنوار اليقين** (أرجوزة وشرحها)، للمنصور بالله الحسن بن بدر الدين محمد بن يحيى بن يحيى الحسني (تـ670هـ/ 1271م)، يأتي بعد كتاب **المحيط** من حيث البسط (=مخطوط).

(6-2) أبو القاسم البستي

(6-2/5-1) اسمه ونسبته ووفاته:

هو أبو القاسم إسماعيل بن أحمد بن محفوظ البُسْتي [الجِشُمي- الشرح: 1/ 80/ و؛ الجِشُمي- الطبقتان: 399؛ المنصور- الشافي: 1/ 449؛ الرافعي- التدوين: 2/ 325-326 انفرد بذكر محفوظ؛ ابن المرتضى- المنية: 207؛ ابن أبي الرجال- المطلع: 1/ 542]. **وذكر بعضهم أن اسمه ونسبه: إسماعيل بن علي بن أحمد بن محفوظ** [الوجيه- الأعلام: 1/ 252]. والأول هو الأصح؛ لأن المصادر التي ذكرته أقدم وأكثر. والنسبة إلى بُسْت -من مدن سجستان (=إيران حاليًّا)- لعلها تخص أبا القاسم نفسه ويكون قد استوطنها قبل الري، أو تخص أباه أو أحد آبائه.

وقد خلط بعضهم بينه وبين أبي القاسم البستي/ البشتي الذي ذكره النديم في مقالته عن الكتاب والمترسلين [النديم- الفهرست: 1/ 431]، كما فعل فؤاد سيد في ترجمته [الجشمي- الطبقتان: 399]، والعبد الجادر والمستشرق شترن S. M. Stern (تـ1969م) [العبد الجادر- الإسماعيليون: 125-127].

وكما لم تذكر المصادر تاريخ ميلاده، لم تذكر سنة وفاته، لكنها فيما يبدو كانت بعد سنة 430هـ/ 1039م؛ فمن جهة قد ذكر هو في كتابه **المراتب**= الموفقَ بالله أبا عبد الله الحسين بن إسماعيل الجرجاني داعيًا له بما يفيد أنه قد توفي [البستي- المراتب: 235]، والموفق بالله وإن لم تذكر سنة وفاته إلا أن ابنه المرشد بالله يحيى المولود سنة 412هـ/ 1021م= قد سمع من أبيه الموفق بالله؛ ومن ثمة يكون

سماعه في مرحلة بلوغه وشبابه بين سنتي 425-430هـ/ 1034-1039م تقريبًا، وتكون وفاة الموفق بالله في هذه المدة. ومن جهة ثانية قد ذكر أيضًا في نفس الكتاب الشريفَ المرتضى المتوفى سنة 436هـ/ 1044م مترحمًا عليه [البستي- المراتب: 234]. ولذلك تكون وفاة البستي بعد هذه السنة.

(6-2/5-2) شيوخه:

من شيوخه القاضي أبو الحسن عبد الجبار بن أحمد الأسدابادي الهَمَذاني [الجشمي- الطبقتان: 399]. وقد ذكر أنه كان من أصحاب المؤيد بالله أحمد بن الحسين الهاروني إمام الزيدية في شمال إيران [الجرجاني- السيرة: 78-79؛ عز الدين- المعراج: 2/ 106]. ولا ندري هل تلمذ له أو أخذ عنه أم لا؟

(6-2/5-3) مذهبه العقدي والفروعي:

هو من متكلمي زيدية الرَّيِّ وإن أدرجه الجِشُمي ضمن معتزلة الطبقة الثانية عشرة قائلًا بأنه «**يميل إلى الزيدية**» [الجشمي- الطبقتان: 399]. فمذهبه في الإمامة - من خلال كتابه هذا- مذهب الزيدية، ويقول فيه بحجية إجماع العترة، وكتابه **البحث** يدل على زيديته. ومن الأدلة أيضًا اعتناؤه بفقه إمام الزيدية في الجيل والديلم الناصر للحق أبي محمد الحسن بن علي الأطروش، وتصنيفه في ذلك كما سيرد معنا، ولذلك يعد من فقهائه [ابن الحسين- المستطاب: 29/ ظ]، ومن قال إنه من أصحابه= فهو يعني ذلك.

وفي رموز واختصارات الفقهاء في كتب زيدية الجيل والديلم الفقهية= هو من (**المشايخ**)، والمقصود بهم إضافة إليه: صاحب **الهداية** الشيخ أبو طالب

السولشي، وصاحب **المسفر** علي بن محمد الأبراني، وصاحب **المرشد** حسين بن علي الحسيني، وصاحب **المغني** علي بن فيرمرد اللياهجي، والناصر الرضا، والشيخ أبو طالب الفارسي السلماني؛ إذا اتفقوا في مسألة يقال لهم: المشايخ، وإذا اتفق البستي وأبو جعفر الهوسمي يقال لهما **(الشيخان)** [مجهول- الرسالة: 9/ و].

وذكر ابن أبي الرجال عنه أنه **(الأستاذ)** إذا أطلق في **شرح الأزهار**، وأنه قد خُلط بينه وبين ابن تال أبي القاسم الحسين بن الحسن الهوسمي (ق5هـ/ ق11م)؛ بنسبة كتاب **الزيادات** -في مذهب المؤيد بالله الهاروني الفقهي- إليه بدلًا من الهوسمي [ابن أبي الرجال- المطلع: 1/ 542]. وذكَر أيضًا أنه شيخ الزيدية بالعراق، ولا أدري هل استند في هذا إلى معلومة تفيد ارتحاله من الري إلى العراق وإقامته هناك حتى عُرف بذلك، أم ذلك مجرد وهم؟

(6-2/5-4) صفته وأخباره:

وكان ماهرًا في الجدل حاذقًا، وقد صحب شيخه القاضي عبد الجبار حين حجَّ، وكان إذا سئل عن مسألة أحال عليه، وناظر أبا بكر محمد بن الطيب الباقلاني (تـ403هـ/ 1013م) متكلم الأشعرية في عصره فقطعه؛ لأن قاضي القضاة ترفع عن مكالمته [الجشمي- الطبقتان: 399]. وقد وصف بالفضل والكمال [الرافعي- التدوين: 2/ 325-326].

وقد قدم آمل من الري -في أيام المؤيد بالله الهاروني- في فتنة طبرستان بين الشيعة وأهل السنة، وأظهر التشيع في مجالس التذكير، فأَجلَبوا عليه ورفعوا أمره إلى والي آمل، فأخرجه منها قسرًا بعد ثلاثة أيام [الجرجاني- السيرة: 78-79]. كما أنه قد قدم في مرحلة ما من حياته إلى قزوين [الرافعي- التدوين: 2/ 325-326].

(5-5/2-6) آثاره العلمية:

ذكر الجِشُمي أن له كتبًا كثيرة [الجشمي- الطبقتان: 399]، ولم يذكر ما يفيد مدى هذه الكثرة ولا نص على أي عنوان منها في ترجمته له. ومن خلال تتبع المصادر فإن مصنفاته التي وصلت إلينا والتي لدينا معلومات عنها كانت في علم الكلام وأصول الفقه والفقه والفضائل. وفيما يلي قائمة بالتي تثبت له فيما بلغ إليه علمي:

1: 📖 تهذيب الحدود

لم يذكره أحد ممن ترجم له فيما أعلم، ويبدو أنه في حدود وتعريفات علم الكلام، والجِشُمي هو صاحب الفضل في تعريفنا بهذا الكتاب؛ فقد نص على عنوانه في **شرح العيون** ونقل منه [الجِشُمي- الشرح: 4/ 218/ و]، وباقي المنقولات -وكلها في الحدود- التي يعزوها إليه في كتابه **عيون المسائل** -ومن ثمة في **شرح العيون**-= يبدو أنها منه [الجِشُمي- العيون: 314، 344، 406، 453، 454؛ الجِشُمي- الشرح: 4/ 50/ و، 4/ 117/ ظ، 4/ 218/ و، 4/ 267/ و، 4/ 268/ ظ]. ويترجح أن البستي قد توسع في كتابه هذا؛ فقد قال الجِشُمي في سياق ذكره لحدود العَرَض: «**وذكر أبو القاسم البستي حدودًا جمة أحسنها ...**» [الجِشُمي- الشرح: 4/ 50/ و]. فلعله فعل مثل ذلك في باقي ما ذكره من الحدود.

2: 📖 كشف أسرار الباطنية وعوار مذهبهم

من أهم مصنفات الردود على الإسماعيلية في هذه الحقبة المبكرة. وهو غير معروف في أوساط زيدية اليمن، ولم يذكره أحد ممن ترجم له قبل عصرنا هذا. طبع ناقصًا (لنقصان مخطوطته الوحيدة في الأمبروزيانا) في: **الإسماعيليون كشف**

الأسرار ونقد الأفكار [العبد الجادر- الإسماعيليون: 187-369]. وكان المستشرق صموئيل مكلوس شتِرن S. M. Stern قد شارك بمقالة بعنوان: **أبو القاسم البستي ونقده للإسماعيلية**، وقام بتحقيق ثلاث ورقات من هذا الكتاب وعلق على محتواها وترجم لبعض الأعلام الواردة فيها [العبد الجادر- الإسماعيليون: 85؛ سزكين-التاريخ: 4/ 85].

3: المعتمد في الإمامة على مذهب الزيدية

صنفه قبل كتابيه الآتيين: **البحث والمراتب**؛ فقد أحال فيهما إليه، وقبل وفاة القاضي عبد الجبار سنة 415هـ/ 1024م؛ فقد ذكره فيه بما يفيد بقاءه على قيد الحياة.

وقد ذكر بعضهم أن له كتابًا عنوانه (**الإمامة**)، واعتبره من تراثه المفقود [القمي- مقدمة المراتب: 113، 166]؛ **اعتمادًا** على إحالة البستي إليه في كتابه **المراتب** في الصفحة (166) بقوله: «**وثبتنا أنه في عليٍّ في كتاب الإمامة**»، وفي (167) بقوله: «**على ما بيناه في كتاب الإمامة**». وليس كذلك فيما يترجح لي؛ فموضوع الإحالتين في **المراتب** مشابه لموضوعهما في **المعتمد**. كما أنه وبنفس الطريقة أحال في كتابه **البحث عن أدلة التكفير والتفسيق** في الصفحة (127)، فقال: «**على ما بيناه في كتاب الإمامة**»، وفي (129): «**والكلام فيه قد بيناه في كتاب الإمامة**». وأما في الصفحة (147) فقد ذكر عنوانه فقال: «**فقد ذكرناه في كتاب المعتمد في الإمامة**».

4: البحث عن أدلة التكفير والتفسيق

مهم في بابه، وفيه مناقشات دقيقة وعميقة. ألفه بعد وفاة شيخه القاضي عبد الجبار سنة 415هـ/ 1024م؛ لأن البستي ذكره في الكتاب مترحمًا عليه [البستي-

البحث: 3، 34]. طبع عدة طبعات.

5: 📖 المراتب في فضائل علي بن أبي طالب

طبع. وقد نسب إليه كتاب بعنوان (**الدرجات**) [ابن شهر آشوب- المعالم: 129]. والراجح لدي أنه نفسه المراتب؛ فالكلمتان مترادفتان.

6: 📖 كتاب في أصول الفقه

ذكره هو وأحال إليه في عدة مواضع من كتابه **المعتمد** [البستي- المعتمد: 45/ ظ، 51/ ظ، 52/ و، 71/ و، 81/ ظ]. وقد استفاد من كتابه هذا بذكر بعض آرائه الأصولية -إضافة إلى الزيدية- أبو يوسف عبد السلام بن محمد القزويني المعتزلي (ت488هـ/ 1095م) في كتابه **الواضح** [القزويني- الواضح: 188، 265]، وسديد الدين محمود بن علي الحمصي الرازي (ت: بعد 600هـ/ 1204م) من علماء الإمامية في كتابه **المصادر في أصول الفقه**؛ حيث ذكر رأي أبي القاسم البستي في مسألة كون الأمر حقيقة في القول والشأن والطريق، دون آحاد الأفعال [الزركشي- البحر: 2/ 334]. وبطريق غير مباشر أبو عبد الله بدر الدين محمد بن عبد الله بن بهادر الزركشي (ت794هـ/ 1392م) في كتابه **البحر المحيط في أصول الفقه**؛ فذكر رأي البستي في نفس المسألة بواسطة كتاب **المصادر** لسديد الدين الحمصي [الزركشي- البحر: 2/ 334].

7: 📖 الباهر على مذهب الناصر

في فقه الناصر للحق الحسن بن علي الأطروش [الجنداري- التراجم: 1/ 36؛ الوجيه- الأعلام: 1/ 252].

8: 📖 الموجز

في الفقه على مذهب الناصر للحق الأطروش [المحلي- الحدائق: 2/ 58]، وعند بعضهم أنه في علم الكلام [كحالة- المعجم: 2/ 370]. والصحيح الأول فيما يبدو لي.

وقد نسب له بعضهم كتابًا في التفسير بعد ذكره لكتابه الإكفار (= البحث) [كحالة- المعجم: 2/ 370؛ نويهض- المعجم: 91]. ويترجح لي أنه ليس بصحيح؛ إذ يبدو أنه حصل تصحيف لكلمة (التفسيق) في عنوان كتابه **البحث** الذي قد يرد مختصرًا: الإكفار والتفسيق، فجعل الإكفار كتابًا، والتفسيق (بعد تصحيفها)= كتابًا آخر.

وبعضهم نسب إليه كتابًا بعنوان (الأسفار) معتمدًا على ما ذكره كحالة [القمي- مقدمة المراتب: 113، 166]. وهو غلط فيما يبدو لي؛ فكحالة لم يذكر الأسفار، بل الإكفار.

(6-3) كتاب المعتمد

(6-3/5-1) نسبته إلى مؤلفه وتاريخ تأليفه:

الكتاب -وإن لم يذكره المتقدمون ممن ترجم له- منسوب إليه في صفحة العنوان من نسخة الكتاب، وقد أحال أبو القاسم البستي إلى الكتاب في كتابه **البحث عن أدلة التكفير والتفسيق**؛ في (147) بقوله: «فقد ذكرناه في كتاب المعتمد في الإمامة»، وفي مواضع أخرى منه وفي كتاب **المراتب** كما سبق معنا. وهو أحد مصادر المنصور بالله الحسن بن بدر الدين في كتابه **أنوار اليقين** [ابن بدر الدين- الأنوار: 9، 10-11، 13، 14، 377].

وقد قام بتصنيفه في حياة شيخه القاضي عبد الجبار الهمَذاني؛ فقد ذكره داعيًا له بدوام العز في (48/ ظ، و54/ ظ)، وبالتأييد في (87/ ظ).

(6-3/5-2) هيكلته:

تناول البستي بالبيان -بطلب ممن سأله ذلك- مذهب الزيدية في هذا الموضوع من عدة جهات، تمثل هذه الجهات الخطوط العريضة لقضية الإمامة في التراث الإسلامي، مركِّزًا في ذلك على مواضع الخلاف بين الزيدية وبين كل من الإمامية والمعتزلة. وقد قسم الكتاب إلى فصول كما ذكر في مقدمته، وعددها (18) فصلًا، وهي:

1. فصل: فيما يُحتاج إلى الإمام فيه
2. فصل: في هل الإمامة واجبة من جهة العقل أم لا؟

3. فصل: في هل ورد الشريعة بالإمامة على طريق الجملة أم لا؟

4. فصل: في الشرائط التي لا بد من كون الإمام عليها عند الزيدية والمعتزلة

5. فصل: في أنه هل يجب أن يكون باطن الإمام كظاهره أم لا؟

6. فصل: في أن الإمام لا يجب أن يكون أعلم أهل عصره بسائر أنواع المعلومات

7. فصل: في بيان ما تجب به طاعة الإمام واختلاف الناس فيه

8. فصل: في بطلان قول من قال: إن الإمامة تستحق جزاء على الأعمال

9. فصل: في هل في العقل ورود التعبد بالاختيار أم لا؟

10. فصل: في هل ورد التعبد بالاختيار أم لا؟

11. فصل: في بيان الخلاف في النص

12. فصل: في وجوب طاعة الحسن والحسين -عليهما السلام- ووجه استحقاقهما للإمامة

13. فصل: في بيان الحكم في الصحابة

14. فصل: في طلحة والزبير وعائشة ما الحكم فيهم؟

15. فصل: في بيان حكم معاوية ومن معه وأبي موسى الأشعري، وما الحكم فيهم؟

16. فصل: فيمن تخلف عن أمير المؤمنين نحو محمد بن مسلمة وأصحابه

17. فصل: فيمن قتل إمامًا من أئمة الهدى ما حكمه؟

18. فصل: في نص الإمام على الإمام...

(6-3/5-3) مصادره:

يبدو أن البستي قد اعتمد في كتابه على عدة مصادر، لكنه أحال صراحة إلى خمسة كتب هي:

- **كتاب في أصول الفقه** له هو.
- و**كتاب كبير في الإمامة** لأبي علي محمد بن عبد الوهاب الجبائي (تـ303هـ/ 916م).
- و**النقض على ابن الراوندي** (ق3هـ/ ق9م) لأبي علي الجبائي، ولم يبين من أي نقوضه على ابن الراوندي، ولعله **نقض الإمامة**. وقد نقل أبو الحسين البصري في فصل الإمامة من شرح الأصول نحو ما نقله البستي منه، وهي الوجوه الستة التي يصير بها الإمام إمامًا، وذكر أنها من كتاب **المبتدأ** لأبي علي [البصري- الفصل: 10/ ظ]. وذكر القاضي عبد الجبار ما نقله البستي عن أبي علي أنه من كتاب **الإمامة**، وأن ما في **نقض الإمامة** هو وجهان فقط حسبما فهمت من كلامه [عبد الجبار- المغني: 20/ 1/ 253-258: بعض الإمامة].
- و**نقض اللمع** للقاضي أبي الحسن عبد الجبار بن أحمد الأسدابادي الهمَذاني (تـ415هـ/ 1024م). و**اللمع** لأبي الحسن علي بن إسماعيل الأشعري (تـ336هـ/ 947م).
- و**الإمامة** على ابن الراوندي لأبي عبد الله الحسين بن علي البصري (تـ369هـ/ 980م).

والملاحظ هنا أن هناك مصنفات مهمة في الإمامة لمتكلمين من نفس العصر كان يمكن أن ينص عليها البستي كمصادر له في كتابه فيما ناقشه من مباحث الإمامة والخلاف بين الزيدية والمعتزلة والإمامية، ككتاب **الدعامة** لأبي طالب

الهاروني -والذي صنفه في حياة الصاحب بن عباد وبطلب منه- والإمامة من كتاب **المغني** للقاضي عبد الجبار -والذي فرغ منه سنة 380هـ/ 990م وفي حياة الصاحب أيضًا- و**الشافي** للشريف المرتضى وغيرها مما مر معنا في المسرد السابق. فلذلك ربما كان تأليفه للكتاب في مدة مقارنة أو قريبة من تأليف تلك الكتب أو بعضها، فلم يتح ذلك أن تكون أو بعضها من مصادره! على أن عدم تصريحه بذكر مصادره التي اعتمد عليها -وفي الكتاب ما يفيد اعتماده على مصادر أخرى لم يصرح بها- لا يعني بالضرورة أن كتب معاصريه لم تكن من مصادره. على أن تشابه بعض المعاني والأفكار المطروحة لدى البستي بمثيلاتها في كتاب **الإمامة** من **المغني** للقاضي عبد الجبار وكتاب **الدعامة** للهاروني= يجعل الاحتمال واردًا أنه اعتمد عليهما دون أن يصرح بهما.

وأمر آخر؛ وهو أنه لم يشر إلى خلاف أبي الحسين البصري -عصريِّه وتلميذ شيخه عبد الجبار أيضًا- حين ذكر الخلاف في جهة وجوب الإمامة؛ فذكر قول الإمامية التي توجبها عقلًا وقول الزيدية والمعتزلة اللتين توجبانها سمعًا. وأبو الحسين -وهو معتزلي- ممن أوجبها عقلًا وسمعًا، إضافة إلى غيره من قدماء المعتزلة كالجاحظ وأبي القاسم البلخي [البصري- الفصل: 2/ و]. فلعل ذلك كان لأنه لم يعتد بقوله إن كان قد علم به، أو بسبب النفرة التي حصلت عن أبي الحسين فيما ذكره الجِشُمي عنه في ترجمته [الجِشُمي- الطبقتان: 402].

(6-3/5-4) وصف النسخة المعتمدة:

اعتمدت في إخراج الكتاب على نسخة وحيدة قديمة، زودني بصورة رقمية منها مشكورًا السيد يوسف بن عبد الإله الضحياني، أصلها محفوظ بمكتبة دار المخطوطات بصنعاء برقم (797)، ضمن مجموع هي ثالث ما فيه. وهي ناقصة من آخرها، والناقص معظم الفصل الأخير من فصولها. وتقع النسخة في (48)

ورقة، (95) صفحة، من 44/و-92/و. وعدد الأسطر في كل ورقة يتراوح بين (20-21) سطرًا، وتاريخ نسخها سنة 618هـ/1221م تقريبًا، وهو التاريخ المكتوب على نسخة الكتاب الذي يسبقها: **الصراط المستقيم** للقاضي جعفر بن أحمد بن عبد السلام البهلولي (تـ573هـ/1177م). والناسخ لهما واحد لم يذكر اسمه، ولا اسم المستنسِخ ولا مكان النسخ. وهي بخط نسخي مقروء ومعجم، وفي أماكن منها يوجد أثَر رطوبة أثَّر في تلاشي وعدم وضوح بعض الكلمات. وقد ميز الناسخ الفصول والعناوين الأخرى إما بالحمرة فقط أو بها وبالسواد. وصفحاتها لم ترتبط بنظام التعقيبة.

ويظهر على النسخة التصحيح والمقابلة، وقد أثبت المصحح قيامه بذلك على صفحة العنوان فكتب: «**قوبل على نسخة الأصل التي أخذتها مناولة من الشيخ حنظلة بن الحسن رحمة الله عليه**». ورغم ذلك لم تخل من السقط والتحريف والتصحيف وبياض في بعض المواضع، ويبدو الأسلوب في بعض الجمل والعبارات ركيكًا وقلقًا، وبعضها يؤنث ما حقه التذكير والعكس. ولعل ذلك من الناسخ أو من النسخة التي نسخ عنها.

وقد كُتب في صفحة العنوان:

> «**كتاب المعتمد في الإمامة على مذهب الزيدية// أعزهم الله وكثرهم تأليف الشيخ الإمام العالم// الفاضل أبي القاسم إسماعيل بن أحمد البستي رحمه الله**».

ثم فهرس بفصول الكتاب؛ فكتب ستة عشر فصلًا فقط، ونص على هذا العدد أيضًا بعد الفراغ من كتابة عناوينها، وقد أسقط الكاتب منها فصلين هما الخامس والسادس.

(5-5/3-6) نماذج مصورة من النسخة:

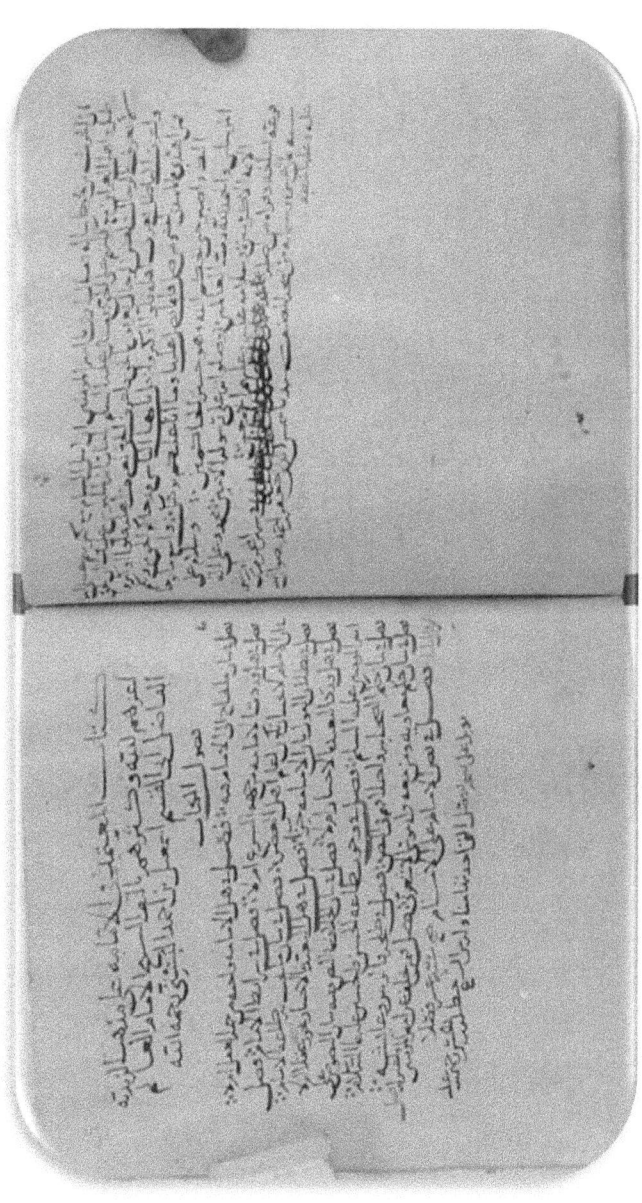

صفحة العنوان

بداية النسخة

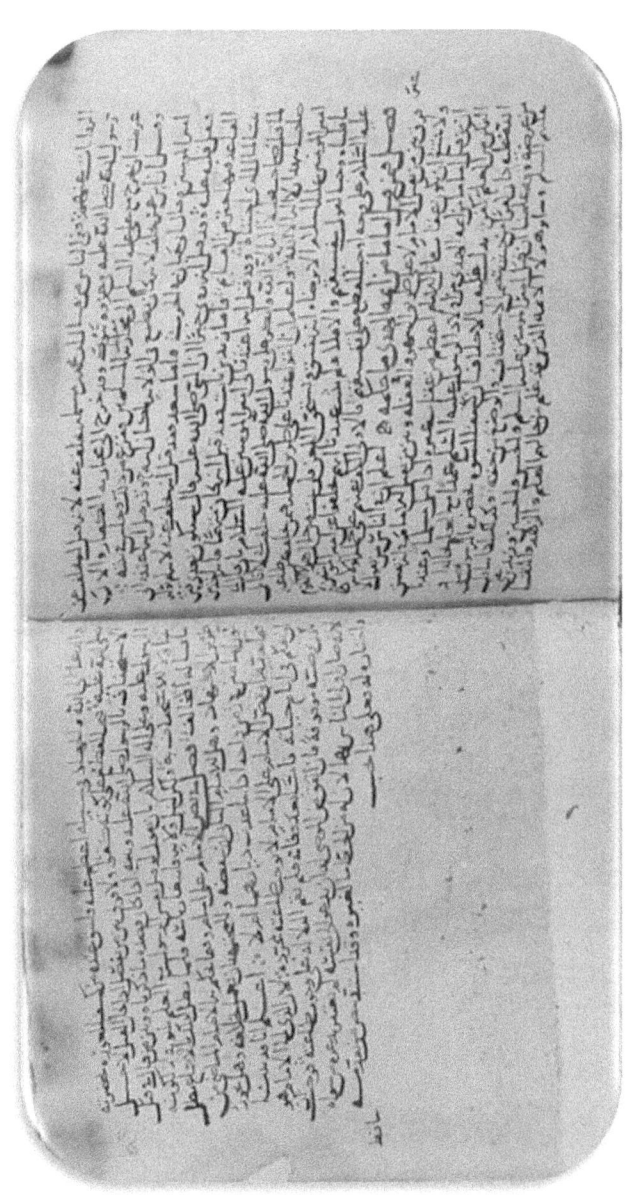

آخر النسخة

(6-4) الملاحق

(6-4/2-1) الملحق (1): كتاب الإشهاد لأبي زيد العلوي

(6-4/2-1/2-1) كتاب الإشهاد:

ترجع أهمية الكتاب الكبيرة -وهو غير معروف في أدبيات زيدية اليمن- إلى أنه من أقدم مصنفاتهم التي ناقشت الإمامية وفندت آراءها في عدة قضايا متعلقة بالإمامة، القضية المحورية لدى فرقتين جمعهما التشيع في تلك الحقبة في بلاد الريّ حيث عاش أبو زيد العلوي، والتي بلغ النزاع بينهما فيها مبلغه إلى حد أن صرح أحد متكلمي الإمامية بقوله عن الزيدية: «**وهي أشد الفرق علينا**» [القمي- الكمال: 128]، وخصوصًا إذا راعينا أن الكتاب كان تأليفه في مرحلة حرجة بالنسبة للإمامية؛ فقد كان في مرحلة الغيبة الصغرى التي أدت إلى ظهور خلافات شديدة واضطرابات داخل الإمامية أنفسهم، وإلى انتقادات خارجية متزايدة من قبل الزيدية والمعتزلة بسبب ما نتج عن القول بالغيبة وأطروحات الإمامية في الاحتجاج لها وما رافق ذلك من إعادة صياغة بعض حججهم وأدلتهم.

وإذا كان للكتاب من أثر -مباشر أو غير مباشر- في مصنفات الزيدية اللاحقة له؛ فإنه سيظهر من خلال المقارنة بينه أو المتبقي منه وبينها وإن خلت كتب الزيدية من أي اقتباس من الكتاب فيما أعلم، ومن خلالها أيضًا سيمكن رؤية نقاط النقد المشتركة الموجهة إلى الإمامية فيما طرحه أبو زيد العلوي وطرحه متكلمو الزيدية اللاحقين له، كأبي القاسم البستي في **المعتمد**، وأبي

طالب الهاروني في كتابه الأوضح أثرًا لدى الزيدية: **الدعامة في الإمامة**، وأبي الحسن الديلمي في كتابه الأوسع **المحيط بأصول الإمامة** أحد المصادر المهمة التي اعتمد عليها المنصور بالله عبد الله بن حمزة في كتابه **العقد الثمين** المخصص لنقد الإمامية، وفي مصنفات غيرهم من زيدية شمال إيران واليمن سواء في مصنفاتهم المفردة في الإمامة أو في باب الإمامة من كتبهم الكلامية، كأبي الحسن مانْكْدِيْم أحمد بن الحسين القزويني (تـ: ق5هـ/ ق11م) في **تعليق شرح الأصول الخمسة** والموفق بالله الجرجاني في **الإحاطة** وغيرهما، وسيمكن أيضًا رؤية النقود الزائدة التي أضافها هؤلاء فيما كتبوه من انتقاداتهم على الإمامية، ومدى التفصيل والتفريع في الانتقادات الموجهة إلى المخالف سواء من الإمامية أم من غيرهم، وأسلوب الطرح الذي انتهجوه في معالجة هذه القضية هل اعتمد على الروايات والأخبار أم على الطريقة الكلامية.

على أن الكتاب في المتبقي منه يشي بتطور ملحوظ في منهجية الطرح وأسلوبه ومدى التفصيل في المسائل التي تم البحث عنها؛ أدى إليه ما استجد من الخلافات، مقارنة بما وصلنا من مصنفات الزيدية التي سبقته في الإمامة للقاسم الرسي ولحفيده الهادي يحيى بن الحسين وإن كان غياب مصنفات إمام الزيدية في شمال إيران الناصر الأطروش سيشكل على هذا القول هل كان **الإشهاد** بداية هذا التطور أم بدأه الناصر الأطروش في مصنفاته المتعددة في أصول الدين وفي الإمامة التي لم يصل إلينا منها سوى عناوينها. وعلى أي حال فقد استمر هذا التطور وأصبح واضحًا تمامًا في كتابات الزيدية بعد أبي زيد العلوي لدى زيدية الري وشمال إيران الذين كانوا أسبق في هذا الأمر من زيدية اليمن، وقد أشار إلى هذا التطور الحاصل أبو القاسم البستي في كتابه هذا الذي أقدم له بقوله:

«وإن كان قد يجوز الاتكال على كلام من تقدَّم من الأئمة -عليهم السلام- والكبار من أصحابنا -رضي الله عنهم-، <u>ولولا ما حصل من الطرائق المستحدثة في هذا الكتاب</u> لكان الاشتغال بتحصيل ما قالوه وترك العدول عنه أولى».

وقد تطرق أبو زيد العلوي في كتابه إلى عقائد بعض المؤتمة حسب تعبيره، كالقول بالتجسيم والتناسخ والرؤية والقول بالقدر ونفي الوعيد.

وقد سبق معنا أن متكلم الإمامية (المعتزلي السابق) أبو جعفر محمد بن عبد الرحمن ابن قِبَة الرازي قد نقض هذا الكتاب، إضافة إلى مصنفاته المفردة في هذه القضية ونقوضه الأخرى على غير أبي زيد العلوي. وقد أشار ابن قِبَة في نقضه إلى بعض مذاهب الزيدية في ذلك العصر مما لا يندرج تحت قضية الإمامة، كتأويل القرآن والاجتهاد والقياس، وسجل أن أئمة الزيدية إلى وقته قائلون بالاجتهاد والقياس في الأحكام وبالتأويل في القرآن. ومما ذكره أيضًا أن قول من ينحل للأئمة علم الغيب كفر.

وقد اعتمدت في نقل المتبقي منه -ومن نقضه أيضًا- على ما ورد في كتاب **كمال الدين وتمام النعمة** لمتكلم الإمامية أبي جعفر محمد بن علي ابن بابويه القمي (تـ381هـ/ 991م)، ضمن ما أورده من كتاب **نقض الإشهاد** لابن قِبَة الرازي [القمي- الكمال: 98-128].

(2-2/1-2/4-6) أبو زيد العلوي:

هو أبو زيد عيسى بن محمد بن أحمد أبي العباس بن عيسى بن يحيى بن الحسين (ذي الدمعة) بن زيد بن علي بن الحسين بن أبي طالب العلوي الرَّازي. ويعرف

بابن أبي العباس، وهم بيت بالعراق [العلوي- المجدي: 378].

لم تذكر المصادر تاريخ ميلاده. وقد توفي سنة (326هـ/ 937م) بالرَّيِّ [البخاري- السلسلة: 63؛ ابن أبي الرجال- المطلع: 3/ 418]، **ولا عقب له** [البخاري- السلسلة: 63؛ العلوي- المجدي: 378].

من شيوخه:

في الكوفة: أبو جعفر محمد بن منصور المرادي (تـ290هـ أو 300هـ/ 902م أو 912م) شيخ الزيدية في العراق، أخذ عنه الحديث وفقه الزيدية [الآملي- التتمة: 307، 317، 511، 563؛ العجري- الإعلام: 49، 54، 65، 70، 72 وعدة مواضع أخرى]. والمحدث والمفسر الزيدي الحسين بن الحكم الحِبَري (تـ286هـ/ 899م) في **الحديث والفقه** [القمي- الأمالي: 561؛ القمي- الكمال: 227؛ المؤيد- الشرح: 1/ 437؛ العجري- الإعلام: 371]. وأبو عمرو أحمد بن أبي حازم الغفاري (تـ276هـ/ 889م) [القمي- الأمالي: 500؛ القمي- الكمال: 227].

وفي الري أخذ عن أحمد بن سهل الرازي (تـ: ق4هـ/ ق10م) [الهاروني- الأمالي: 174؛ ابن أبي الرجال- المطلع: 1/ 323]، **مصنِّف أخبار فخ.**

ومنهم أبو عبد الله الحسين بن علي المصري (تـ312هـ/ 924) أخ الناصر للحق الأطروش [أنصاري- التلقي: 339-340]. والمحدث السنِّي أبو عوانة الأسفراييني (تـ314هـ/ 926م) [السبزواري- الجامع: 51-52].

وأخذ أيضًا عن: الناصر للحق الأطروش [المؤيد- الشرح: 1/ 193]. والحسين بن القاسم بن إبراهيم الرسي [الآملي- التتمة: 468]. وأبي جعفر أحمد بن الحسين الكوفي [الآملي- التتمة: 514، 517، 519، 527، 534، 541،]. وأبي جعفر محمد بن

عبد الله الحضرمي (ت298هـ/ 911م) [المؤيد- الشرح: 1/ 198؛ العجري- الإعلام: 93]. وأبي عبد الله جعفر بن عبد الله المحمدي (كان حيًّا 269هـ/ 882م) [العجري- الإعلام: 155، 191-192، 314، 420].

ومن تلامذته والآخذين عنه: أبو العباس أحمد بن إبراهيم الحسني (ت352هـ/ 963م) فقيه الزيدية ومحدثها في الري والعراق، أخذ عنه في الري سنة (322هـ/ 933م) [الحسني- المصابيح: عدة مواضع؛ الهاروني- الإفادة: 74، 84، 89؛ الآملي- التتمة: عدة مواضع]. وأبو محمد الحسن بن علي بن شعيب الجوهري [القمي- الكمال: 227]. وأبو الحسن أحمد بن محمد بن الصقر الصائغ العدل من أهل الري [القمي- الأمالي: 235، 264].

وقد عاش في الري ودرس فيها، وأمضى مدة من حياته في الكوفة، وفيها بواسطة شيخه محمد بن منصور المرادي عرف مذاهب الزيدية الفقهية للقاسم الرسي وزيدية العراق؛ فقد كان المرادي تلميذ أئمة الزيدية: القاسم بن إبراهيم الرسي وأحمد بن عيسى بن زيد (ت247هـ/ 861م) والحسن بن يحيى بن زيد (ت: ق3هـ/ ق9م). وعليه اعتمد الزيدية في نقل كثير من الأحاديث النبوية والتي توجد في **شرحي الأحكام** لأبي العباس الحسني وعلي بن بلال الآملي (ق4هـ/ ق10م).

وقد كان شيخ العلوية وعالمها في الري [الهاروني- الإفادة: 89؛ ابن أبي الرجال- المطلع: 1/ 323]، وكما كان محدثًا فقد كان فقيهًا ومتكلمًا [البخاري- السلسلة: 63؛ ابن أبي الرجال- المطلع: 3/ 418]، وعارفًا بالأنساب [العلوي- المجدي: 378].

ومصنفاته التي وصلتنا معلومات عنها:

- الإشهاد كما سبق.
- ومصنف كلامي آخر يبدو أنه في إثبات نبوة النبي والرد على الباطنية في ذلك، وقد أشار إليه المؤيد بالله الهاروني في كتابه إثبات نبوة النبي -صلى الله عليه وآله وسلم-، فقال في ديباجة الكتاب في سياق ذكره للباطنية [المؤيد-الإثبات: 53-54]:

«ولولا أنه ليس غرضنا في كتابنا هذا وصف أقوالهم ونشر فضائحهم وبسط مقابحهم، من فساد عقائدهم ومساوئ دفائنهم، مما بيَّنه شيوخنا -رحمهم الله- من الأشراف والعلماء في كتبهم المصنفة في هتك أستارهم وإذاعة أسرارهم، نحو أبي زيد عيسى بن محمد العلوي الحسيني وأبي جعفر بن قِبَة الرازي، وأبي عبد الله ابن رِزام الكوفي، وأبي أحمد ابن عَبْدَك الجرجاني، وغيرهم رحمة الله عليهم».

(2-2/4-6) **الملحق** (2): **اعتراضات زيدية على الإمامية**

عبارة عن مقتطفات من اعتراضات للزيدية أوردها ابن بابويه القمي أيضًا في كتابه **كمال الدين وتمام المنة**، ولم يعين لمن هي من الزيدية، ويبدو أنها تخص زيدية عصره ق4هـ/ ق10م، و/ أو سابقين لعصره. وقد قدَّم ذكرها في الكتاب قبل إيراده لما في **نقض الإشهاد** لابن قِبَة الرازي وما تضمنه من **الإشهاد** لأبي زيد العلوي.

وهذه المقتطفات لها أهميتها أيضًا؛ نظرًا إلى قدمها في نصوص الزيدية الموجهة لنقد الإمامة لدى الإمامية، وكانت في المرحلة المعروفة بالغيبة الصغرى و/ أو التي تلتها بقليل، كما أنها متقدمة على النصوص المهمة اللاحقة لها، ككتاب **الدعامة** لأبي طالب الهاروني و**المعتمد** لأبي القاسم البستي. ومن خلالها نتبين بعض تلك السجالات التي حدثت في تلك الحقبة التي جمعت كبار المختلفين في الإمامة: الزيدية والإمامية والمعتزلة والإسماعيلية.

وإيراد نقوض ابن قِبَة الرازي على **الإشهاد** في الملحق الأول، ونقوض الإمامية على اعتراضات الزيدية في هذا الملحق= إنما هو لإيقاف القارئ على عينة من الجدل المذهبي الذي جرى في ذلك العصر بين طوائف الشيعة في هذه القضية، وتقريبًا للشقة بوضعهما معًا في مكان واحد؛ لأجل المقارنة بينهما وملاحظة الفروق -من حيث الأسلوب وطريقتي الاعتراض والنقض- ثم بينهما وبين **المعتمد** المتأخر زمنًا عنهما؛ فسيجد القارئ المتأمل بعض تلك الفروق!

(5-6) منهج العناية

نظرًا لأن النسخة ليست نسخة المؤلف ولا مقروءة عليه، ولأن وقوع الناسخ في الخطأ أمر متوقع= لم أعتمد طريقة إثبات النسخة الخطية كما هي عليه، وقمت بتصحيح الأخطاء الواردة في النسخة، وهذا وإن كان لكنه في نطاق ضيق وحسب ما تدعو إليه الحاجة. وقد رمزت للنسخة الخطية بـ: **(ل)**، ولوجه الورقة بـ: **(و)**، ولظهرها بـ: **(ظ)**.

وإجراءات التصحيح لا تخرج عن أربعة:

الأول: تصحيح الكلمة الخاطئة في المتن، فهنا أكتب الكلمة كما وردت في النسخة في الحاشية، هكذا:

(ل): [كلمة]

الثاني: إسقاط الكلمة الزائدة من المتن، فهنا أسقط الكلمة التي أراها زائدة، وأضعها في الحاشية، هكذا:

[كلمة] + (ل)

الثالث: إسقاط الكلمة المكررة من المتن، فهنا أسقط الكلمة المكررة، وأضعها في الحاشية، هكذا:

(ل): × [كلمة]

الرابع: تقدير ما لا يستقيم النص إلا به في المتن، فهنا أضع ما أقدره من الكلام بين مثلثين في المتن، من غير إشارة في الحاشية لهذا الإجراء، هكذا:

<كلمة>

وبالنسبة للملحقين فقد نقلتهما كما وردا في كتاب ابن بابويه المطبوع وبما فيهما من إضافات المحقق التي وضعها بين معقوفتين [ ]، وبتخريجه لما قام بتخريجه من الآيات. وقد صححت بعض الأخطاء وأشرت إليها في الهامش، كما أضفت بعض علامات الترقيم التي رأيت أنه ينبغي إضافتها، وأشرت إلى بدايات صفحات المطبوع.

(6-6) موارد التقديم

(6-6/2-1) المصادر المتقدمة:

- [ابن أبي الرجال- المطلع]: **مطلع البدور ومجمع البحور في تراجم رجال الزيدية**، شهاب الدين ابن أبي الرجال (تـ1092هـ/ 1681م)، تحقيق: عبد الرقيب مطهر محمد حجر، مركز أهل البيت للدراسات الإسلامية-صعدة، الطبعة الأولى: 1425هـ-2004م.
- [ابن الحسين- المستطاب]: **المستطاب**، يحيى بن الحسين بن القاسم (تـ1099هـ/ 1688م)، مخطوط بمكتبة محمد بن محمد المنصور- صنعاء.
- [ابن المرتضى- المنية]: **المنية والأمل في شرح الملل والنحل**، المهدي لدين الله أحمد بن يحيى بن المرتضى (تـ840هـ/ 1436م)، تحقيق: محمد جواد مشكور، دار الندى- بيروت، الطبعة الثانية: 1410هـ-1990م.
- [ابن بدر الدين- الأنوار]: **أنوار اليقين** (أرجوزة وشرحها)، للمنصور بالله الحسن بن بدر الدين محمد (تـ670هـ/ 1271م) طبعة تصويرية لأحدى مخطوطات الكتاب.
- [ابن خلكان- الوفيات]: **وفيات الأعيان وإنباء أبناء الزمان**، شمس الدين ابن خلكان (تـ681هـ/ 1282م)، حققه: د. إحسان عباس، دار صادر- بيروت، 1398هـ-1978م.
- [ابن شهر آشوب- المعالم]: **معالم العلماء**، محمد بن علي بن شهر آشوب المازندراني (تـ588هـ/ 1192م)، المطبعة الحيدرية- النجف، 1380هـ-1961م.

- [ابن عساكر- التبيين]: **تبيين كذب المفتري**، أبو القاسم علي بن الحسن بن هبة الله ابن عساكر (تـ571هـ/ 1175م)، دار الفكر- دمشق، الطبعة الثانية: 1399هـ.

- [ابن متويه- المجموع]: **كتاب المجموع في المحيط بالتكليف (ج4)**، أبو محمد الحسن بن أحمد ابن متويه (تـ: ق5هـ/ 11م)، مخطوط في مكتبة جامعة الإمام محمد بن سعود الإسلامية- الرياض، رقم (8737).

- [البصري- الفصل]: **فصل منتزع من كتاب شرح الأصول في الإمامة**، أبو الحسين محمد بن علي البصري (تـ436هـ/ 1044م)، مخطوط محفوظ بمكتبة فيينا مجموعة المستشرق غلازر Glaser برقم (114).

- [الأشعري- المقالات]: **مقالات الإسلاميين واختلاف المصلين**، أبو الحسن علي بن إسماعيل الأشعري (تـ336هـ/ 947م)، عني بتصحيحه: هلموت ريتر، فرانز شتاينر- فيسبادن، الطبعة الثالثة: 1400هـ-1980م.

- [الآملي- التتمة]: **تتمة المصابيح**، علي بن بلال الآملي (ق4هـ/ق10م)، ضمن (مع المصابيح لأبي العباس الحسني)، تحقيق: عبد الله بن عبد الله بن أحمد الحوثي، مؤسسة الإمام زيد بن علي الثقافية- عمان: الطبعة الثانية: 1423هـ-2002م.

- [الباقلاني- التمهيد]: **تمهيد الأوائل وتلخيص الدلائل**، أبو بكر محمد بن الطيب الباقلاني (تـ403هـ/ 1013م)، تحقيق: عماد الدين أحمد حيدر، مؤسسة الكتب الثقافية- بيروت، الطبعة الأولى: 1407هـ-1987م.

- [البخاري- السلسلة]: **سر السلسلة العلوية**، أبو نصر سهل بن عبد الله البخاري (كان حيًّا 341هـ952م)، قدم له وعلق عليه: السيد محمد صادق بحر العلوم، المكتبة الحيدرية ومطبعتها في النجف، 1391هـ-1962م.

- [البستي- البحث]: **كتاب البحث عن أدلة التكفير والتفسيق**، أبو القاسم البستي (تـ: بعد 436هـ/ 1044م)، تحقيق وتقديم: ويلفرد مادلونغ وزابينه اشميتكه، مركز نشر دانشكاهي- تهران، الطبعة الأولى: 1382هـ.ش- 2003م.

- [البستي- المراتب]: **كتاب المراتب**، أبو القاسم إسماعيل بن أحمد البستي (تـ: بعد 436هـ/ 1044م)، تحقيق: محمد رضا الأنصاري القمي (ضمن: ميراث حديث شيعه/ 6)، مركز تحقيقات دار الحديث- قم، 1380هـ.ش.

- [البستي- المعتمد]: **المعتمد في الإمامة على مذهب الزيدية**، أبو القاسم البستي (تـ: بعد 436هـ/ 1044م)، مخطوط بمكتبة دار المخطوطات- صنعاء، رقم: (797).

- [البغدادي- التاريخ]: **تاريخ مدينة السلام وأخبار محدثيها وذكر قطانها العلماء من غير أهلها وواردیها**، أبو بكر الخطيب البغدادي (تـ463هـ/ 1071م)، حققه وضبط نصه وعلق عليه: د. بشار عواد معروف، دار الغرب الإسلامي- بيروت، الطبعة الأولى: 1422هـ- 2001م.

- [البغدادي- الفرق]: **الفرق بين الفرق**، عبد القاهر البغدادي (تـ429هـ/ 1038م)، تحقيق: محمد محيي الدين عبد الحميد، مكتبة دار التراث- القاهرة.

- [البلخي- المقالات]: **كتاب المقالات ومعه عيون المسائل والجوابات**، أبو القاسم عبد الله بن أحمد بن محمود البلخي (تـ319هـ/ 931م)، حققه: أ.د. حسين خانصو وأ.د. راجح كردي ود. عبد الحميد كردي، دار الفتح للدراسات والنشر- عمّان، الطبعة الأولى: 1439هـ-2018م.

- [الجرجاني- الإحاطة]: **الإحاطة في علم الكلام** (ج2)، الموفق بالله الحسين بن إسماعيل الجرجاني (تـ: قبل 430هـ/ 1038م)، مخطوط في مكتبة ليدن- هولندا، رقم: (Or. 4809).
- [الجرجاني- السيرة]: **سيرة الإمام المؤيد بالله أحمد بن الحسين الهاروني** (تـ411هـ/ 1021م)، المرشد بالله يحيى بن الحسين بن إسماعيل الجرجاني الشجري (تـ479هـ/ 1086م)، تحقيق: صالح عبد الله أحمد قربان، مؤسسة الإمام زيد بن علي الثقافية- صنعاء، الطبعة الأولى: 1424هـ-2003م.
- [الجشمي- الشرح]: **شرح عيون المسائل** (ج1) و(ج2)، أبو سعد المحسِّن بن محمد بن كَرَامة الجِشُمي البيهقي (تـ494هـ/ 1100م)، مخطوط في دار المخطوطات بالجامع الكبير- صنعاء، رقم (657).
- [الجشمي- الشرح]: **شرح عيون المسائل** (ج4)، أبو سعد المحسِّن بن محمد بن كَرَامة الجِشُمي البيهقي (تـ494هـ/ 1100م)، مخطوط في مكتبة الأوقاف بالجامع الكبير صنعاء- اليمن، رقم: (707).
- [الجشمي- الطبقتان]: **الطبقتان الحادية عشرة والثانية عشرة من شرح عيون المسائل**، (= ضمن: **فضل الاعتزال وطبقات المعتزلة**)، أبو سعد المحسِّن بن محمد بن كَرَامة الجِشُمي البيهقي (تـ494هـ/ 1100م)، اكتشفها وحققها: فؤاد سيد، أعدها للنشر: أيمن فؤاد سيد، المعهد الألماني للأبحاث الشرقية- بيروت، الطبعة الأولى: 1439هـ-2017م.
- [الجشمي- العيون]: **عيون المسائل في الأصول**، أبو سعد المحسِّن بن محمد بن كَرَامة الجِشُمي البيهقي (تـ494هـ/ 1100م)، تحقيق ودراسة: د. رمضان يلدرم، دار الإحسان لنشر والتوزيع- القاهرة، الطبعة الأولى: 2018م.
- [الجنداري- التراجم]: **تراجم رجال شرح الأزهار**، أحمد بن عبد الله

- الجنداري (=ضمن شرح الأزهار لابن مفتاح)، مكتبة التراث الإسلامي- صعدة، الطبعة الثانية: 1435هـ-2014م.

- [الحسني- المصابيح]: **المصابيح**، أبو العباس أحمد بن إبراهيم بن الحسن الحسني (تـ352هـ/ 963م)، تحقيق: عبد الله بن عبد الله بن أحمد الحوثي، مؤسسة الإمام زيد بن علي الثقافية- عمان: الطبعة الثانية: 1423هـ-2002م.

- [الديلمي- المحيط]: **المحيط بأصول الإمامة (ج1)**، أبو الحسن علي بن الحسين الديلمي (ق5هـ/ 11م)، مخطوط بمكتبة الأوقاف بالجامع الكبير (=الشرقية سابقًا) رقم (737).

- [الرافعي- التدوين]: **التدوين في أخبار قزوين**، عبد الكريم بن محمد الرافعي القزويني (تـ623هـ/ 1226م)، ضبط نصه وحقق متنه: عزيز الله العطاردي، تصوير: دار الكتب العلمية- بيروت، 1408هـ-1987م.

- [الزركشي- البحر]: **البحر المحيط في أصول الفقه**، بدر الدين محمد بن عبد الله الزركشي (تـ794هـ/ 1392م)، قام بتحريره: عبد القادر عبد الله العاني، وراجعه: د. عمر سليمان الأشقر، وزارة الأوقاف والشؤون الإسلامية- الكويت، الطبعة الثانية: 1413هـ-1992م.

- [السبزواري- الجامع]: **جامع الأخبار**، محمد بن محمد السبزواري (ق7هـ/ ق13م)، تحقيق: علاء آل جعفر، مؤسسة آل البيت لإحياء التراث، الطبعة الأولى: 1413هـ-1993م.

- [الشهرستاني- الملل]: **الملل والنحل**، أبي الفتح محمد بن عبد الكريم بن أبي بكر أحمد الشهرستاني (تـ548هـ/ 1153م)، تحقيق: عبد الأمير علي مهنا وعلي حسن فاعور، دار المعرفة- بيروت، الطبعة الثالثة: 1414هـ-1993م.

- [الصفدي- الوافي]: **كتاب الوافي بالوفيات (ج14)**، صلاح الدين الصفدي (تـ764هـ/ 1362م)، تحقيق واعتناء: أحمد الأرناؤوط وتركي مصطفى، دار إحياء التراث العربي- بيروت، الطبعة الأولى: 1420هـ-2000م.
- [الصفدي- الوافي]: **كتاب الوافي بالوفيات** (ج6)، صلاح الدين الصفدي (تـ764هـ/ 1362م)، تحقيق واعتناء: أحمد الأرناؤوط وتركي مصطفى، دار إحياء التراث العربي- بيروت، الطبعة الأولى: 1420هـ-2000م.
- [الطوسي- الفهرست]: **فهرست كتب الشيعة وأصولهم وأسماء المصنفين وأصحاب الأصول**، أبو جعفر محمد بن الحسن الطوسي (تـ460هـ/ 1068م)، تحقيق: عبد العزيز الطباطبائي، مكتبة المحقق الطباطبائي- قم، الطبعة الأولى: 1420هـ.
- [العلوي- المجدي]: **المجدي في أنساب الطالبية**، أبو الحسن علي بن محمد بن علي العلوي العمري (ق5هـ/ ق11م)، تحقيق: الدكتور أحمد المهدوي الدامغاني، مكتبة آية الله العظمى المرعشي النجفي العامة- قم، الطبعة الثانية: 1422هـ.
- [القزويني- الواضح]: **الواضح: مختصر في أصول الفقه**، أبو يوسف عبد السلام بن محمد بن يوسف القزويني (تـ488هـ/ 1095م)، قدم له واعتنى به: محمد الحسيني وعبد الله الغِزِّي، دار فارس- الكويت، الطبعة الأولى: 1442هـ-2021م.
- [القفطي- الإنباه]: **إنباه الرواه على أنباه النحاة**، جمال الدين أبو الحسن علي بن يوسف القفطي (تـ624هـ/ 1227م)، تحقيق: محمد أبو الفضل إبراهيم، مطبعة دار الكتب والوثائق القومية- القاهرة، 2005م.
- [القمي- الأمالي]: **الأمالي**، أبو جعفر محمد بن علي بن الحسين ابن بابويه

القمي (تـ381هـ/ 991م)، تحقيق: قسم الدراسات الإسلامية، مؤسسة البعثة- قم، الطبعة الأولى: 1417هـ.

- [القمي- الكمال]: **كمال الدين وتمام النعمة**، أبو جعفر محمد بن علي بن الحسين القمي (تـ381هـ/ 991م)، صححه وقدم له وعلق عليه: حسين الأعلمي، مؤسسة الأعلمي للمطبوعات، الطبعة الأولى: 1412هـ- 1991م.

- [المحلي- الحدائق]: **الحدائق الوردية في مناقب أئمة الزيدية**، حميد الشهيد بن أحمد بن محمد المحلي (تـ652هـ/ 1232م)، تحقيق: د. المرتضى بن زيد المحطوري الحسني، مطبوعات مركز بدر العلمي والثقافي- صنعاء، الطبعة الأولى: 1423هـ-2002م.

- [المرتضى- المقنع]: **المقنع في الغيبة** والزيادة المكملة له، الشريف المرتضى أبو القاسم علي بن الحسين الموسوي (تـ436هـ/ 1044م)، تحقيق: السيد محمد علي الحكيم، ضمن مجلة تراثنا العدد الثاني [27] السنة السابعة/ ربيع الآخر 1412هـ.

- [المفيد- الأوائل]: **أوائل المقالات في المذاهب والمختارات**، أبو عبد الله محمد بن محمد بن النعمان العكبري الملقب بالشيخ بالمفيد (تـ413هـ/ 1022م)، باهتمام: دكتر مهدي محقق، مؤسسة مطالعات اسلامي- طهران، 1372هـ ش، 1413هـ ق.

- [المنصور- الشافي]: **الشافي**، عبد الله بن حمزة بن سليمان (تـ614هـ/ 1217م)، حققه واعتنى به وعلق عليه: مجد الدين بن محمد بن منصور المؤيدي، منشورات مكتبة أهل البيت- صعدة، الطبعة الأولى: 1429هـ-2008م.

- [المؤيد- الإثبات]: **إثبات نبوة النبي صلى الله عليه وآله وسلم**، المؤيد بالله أحمد بن الحسين بن هارون الحسني (تـ411هـ/ 1021م)، تحقيق: عبد الكريم أحمد جدبان، مكتبة التراث الإسلامي- صعدة، الطبعة الأولى: 1424هـ-2003م.

- [المؤيد- الشرح]: **شرح التجريد في فقه الزيدية**، المؤيد بالله أحمد بن الحسين الهاروني (تـ411هـ/ 1021م)، تحقيق: محمد يحيى سالم عزان وحميد جابر عبيد، مركز التراث والبحوث اليمني- صنعاء، الطبعة الأولى: 1437هـ-2006م.

- [الناشئ- المسائل]: **مسائل الإمامة**، عبد الله بن محمد الناشئ الأكبر (تـ293هـ/ 906م)، (=ضمن: **مسائل الإمامة ومقتطفات من الكتاب الأوسط في المقالات**)، حققها قدم لها: جوزف فان إس، المعهد الألماني للأبحاث الشرقية في بيروت، إرغون فرلاغ فورتسبورغ، الطبعة الثانية: 2003م.

- [النجاشي- الرجال]: **رجال النجاشي**، أبو العباس أحمد بن علي النجاشي (تـ450هـ/ 1058م)، تحقيق: محمد جواد النائيني، دار الأضواء- بيروت، الطبعة الأولى: 1408هـ-1988م.

- [النديم- الفهرست]: **كتاب الفهرست**، أبو الفرج محمد بن إسحاق النديم (تـ385هـ/ 995م)، تحقيق: د. أيمن فؤاد سيد، مؤسسة الفرقان للتراث الإسلامي- لندن، الطبعة الأولى: 1430هـ-2009م.

- [النوبختي- الفرق]: **فرق الشيعة**، الحسن بن موسى (تـ: بعد 300هـ/ 913م)، تحقيق: السيد محمد كاظم الموسوي، الطبعة الأولى: 1439هـ-2017م.

- [الهاروني- الإفادة]: **الإفادة في تاريخ الأئمة السادة**، الناطق بالحق أبو طالب يحيى بن الحسين الهاروني (تـ424هـ/ 1033م)، مكتبة أهل البيت- صعدة: الطبعة الرابعة: 1435هـ-2014م.
- [الهاروني- الأمالي]: **تيسير المطالب في أمالي أبي طالب**، أبو طالب يحيى بن الحسين الهاروني (تـ424هـ/ 1033م)، تحقيق: عبد الله بن حمود العزي، مؤسسة الإمام زيد بن علي الثقافية- عمان: الطبعة الأولى: 1422هـ-2002م.
- [الهاروني- الدعامة]: **الدعامة في الإمامة**، أبو طالب يحيى بن الحسين (تـ424هـ/ 1033م)، تحقيق: ناجي حسن، الدار العربية للموسوعات- بيروت، الطبعة الأولى: 1986م. (يُنسب خطأ للصاحب بن عباد).
- [عبد الجبار- المغني]: **المغني في أبواب التوحيد والعدل**- إعجاز القرآن (ج16)، القاضي عبد الجبار (تـ415هـ/ 1024م)، قوم نصه: أمين الخولي، إشراف: طه حسين، وزارة الثقافة والإرشاد القومي- المؤسسة المصرية العامة للتأليف والترجمة والطباعة والنشر.
- [عبد الجبار- المغني]: **المغني في أبواب التوحيد والعدل**- الإمامة (ج20، ق1)، القاضي عبد الجبار (تـ415هـ/ 1024م)، تحقيق: الدكتور محمود محمد قاسم، مراجعة: د. إبراهيم مدكور، إشراف: طه حسين، وزارة الثقافة والإرشاد القومي- المؤسسة المصرية العامة للتأليف والترجمة والطباعة والنشر.
- [عز الدين- العناية]: **العناية التامة في تحقيق مسألة الإمامة**، (=ضمن: **الدر المنظوم الحاوي لأنواع العلوم**)، عز الدين بن الحسن بن علي بن المؤيد (تـ900هـ/ 1494م)، جمع وتحقيق وتعليق وتصحيح: عبد الرحمن بن حسين شايم المؤيدي، مركز الإمام عز الدين بن الحسن للدراسات والبحوث (دون تاريخ).

- [عز الدين- الغراء]: **رسالة غراء في أحكام مثبت الإمامة ونافيها**، (=ضمن: **الدر المنظوم الحاوي لأنواع العلوم**)، عز الدين بن الحسن بن علي بن المؤيد (تـ900هـ/ 1494م)، جمع وتحقيق وتعليق وتصحيح: عبد الرحمن بن حسين شايم المؤيدي، مركز الإمام عز الدين بن الحسن للدراسات والبحوث (دون تاريخ).

- [عز الدين- المعراج]: **المعراج إلى كشف أسرار المنهاج**، عز الدين بن الحسن بن علي بن المؤيد (تـ900هـ/ 1494م)، تحقيق وتعليق وتصحيح: عبد الرحمن بن حسين شايم المؤيدي، مكتبة أهل البيت- صعدة، الطبعة الأولى: 1435هـ-2014م.

- [عياض- الترتيب]: **ترتيب المدارك وتقريب المسالك لمعرفة أعلام مذهب مالك** (ج6)، القاضي عياض بن موسى السبتي (تـ544هـ/ 1149م)، تحقيق: سعيد أحمد أعراب، وزارة الأوقاف والشؤون الإسلامية- المملكة المغربية، الطبعة الثانية: 1403هـ-1983م.

- [مانكديم- التعليق]: **تعليق على شرح الأصول الخمسة**، أحمد بن الحسين بن أبي هاشم مانكديم (تـ: ق5هـ/ق11م)، حققه وقدم له: د. عبد الكريم عثمان، مكتبة وهبة- القاهرة، الطبعة الرابعة: 1427هـ-2006م. (<u>يُنسب خطأ للقاضي عبد الجبار</u>).

- [مجهول- الرسالة]: **رسالة في علماء الزيدية**، مؤلف زيدي مجهول، مجموعة أوراق مخطوطة يبدو أنها في علماء الزيدية.

- [ياقوت- الأدباء]: **معجم الأدباء= إرشاد الأريب إلى معرفة الأديب**، شهاب الدين ياقوت الحموي (تـ626هـ/ 1228م)، تحقيق: إحسان عباس، دار الغرب الإسلامي- بيروت، الطبعة الأولى: 1414هـ-1993م.

(6-6/2-2) المراجع الحديثة:

- [الحسيني- المصادر]: **مصادر علم الكلام الزيدي**، محمد بن شرف الدين بن عبد الله الحسيني، دار فارس- الكويت، الطبعة الأولى: 1442هـ-2021م.
- [الطهراني- الذريعة]: **الذريعة إلى تصانيف الشيعة**، آغا بُزرك الطهراني (تـ1389هـ/ 1969م)، دار الأضواء- بيروت، الطبعة الثالثة: 1403هـ-1983م.
- [العبد الجادر- الإسماعيليون]: **الإسماعيليون كشف الأسرار ونقد الأفكار**، د. عادل سالم العبد الجادر، الكويت، الطبعة الأولى: 2002م.
- [العجري- الإعلام]: **إعلام الأعلام بأدلة الأحكام**، محمد بن الحسن العجري (تـ1430هـ/ 2009م)، أعده للطبع وقدم له: عبد الله بن حمود العزي، مؤسسة الإمام زيد بن علي الثقافية- عمان: الطبعة الأولى: 1423هـ-2002م.
- [القمي- مقدمة المراتب]: مقدمة تحقيق **كتاب المراتب**، أبو القاسم إسماعيل بن أحمد البستي (تـ: بعد 436هـ/ 1044م)، تحقيق: محمد رضا الأنصاري القمي (ضمن: ميراث حديث شيعه/ 6)، مركز تحقيقات دار الحديث- قم، 1380هـ ش.
- [الوجيه- الأعلام]: **أعلام المؤلفين الزيدية**، عبد السلام بن عباس الوجيه، مؤسسة الإمام زيد بن علي الثقافية- صنعاء، الطبعة الثانية: 1439هـ-2018م.
- [أنصاري- التلقي]: **التلقي الشيعي للاعتزال لدى الزيدية**، حسن أنصاري، (= ضمن: **المرجع في تاريخ علم الكلام**)، تحرير: زابينه شميتكه، ترجمة: د. أسامة شفيع السيد، مركز نماء للبحوث والدراسات- بيروت، الطبعة الأولى: 2018م.

- [سزكين- التاريخ]: **تاريخ التراث العربي**، د. فؤاد سزكين (تـ1439هـ/ 2018م)، نقله إلى العربية: د. محمود فهمي حجازي، جامعة الإمام محمد بن سعود الإسلامية- الرياض، 1411هـ-1991م.
- [كحالة- المعجم]: **معجم المؤلفين**، عمر رضا كحالة (تـ1408هـ/ 1987م)، مؤسسة الرسالة- بيروت، الطبعة الأولى: 1414هـ-1993م.
- [ماديلونغ- الخلافة]: **خلافة محمد** بحث حول الخلافة في وقت مبكر، تأليف: ويلفرد مادلونج، عرض ونقد: السيد هاشم الميلاني، العتبة العباسية المقدسة، الطبعة: الأولى: 1436هـ-2015م.
- [نويهض- المعجم]: **معجم المفسرين** من صدر الإسلام حتى العصر الحاضر، عادل نويهض، مؤسسة نويهض الثقافية، الطبعة الأولى: 1409هـ-1988م.

النص المعتنى به

|44/و|
كتاب المعتمد في الإمامة على مذهب الزيدية

أعزهم الله وكثرهم

تأليف الشيخ الإمام العالم الفاضل

أبي القاسم إسماعيل بن أحمد البستي

رحمه الله

|44/ظ| بسم الله الرحمن الرحيم

رب يسر ولا تعسر برحمتك

[مقدمة المؤلف]

سألتم -أيدكم الله وسددكم- إملاء مختصر في الإمامة أبيِّن فيه مذهب السادة من الزيدية -عليهم السلام- على طريقة الاختصار، من غير أن أخل بشيء مما يعتمد عليه في هذا الكتاب؛ فرأيت إجابتكم حقًّا واجبًا لما لكم فيه من النفع وإن كان قد يجوز الاتكال على كلام من تقدَّم من الأئمة -عليهم السلام- والكبار من أصحابنا -رضي الله عنهم-، ولولا ما حصل من الطرائق المستحدثة في هذا الكتاب لكان الاشتغال بتحصيل ما قالوه وترك العدول عنه أولى. وأنا الآن أبيِّن لكم فيه ذلك، وأجعله فصولًا؛ ليكون أقرب مأخذًا وأنفع، وبالله التوفيق.

فصل: في بيان ما يُحتاج إلى الإمام فيه

اعلم أن الإمام عندهم[1] وعند شيوخنا كلهم يُحتاج إليه لحفظ بيضة الإسلام، والجهاد في سبيل الله، والأمر بالمعروف والنهي عن المنكر، وإقامة الحدود، وأخذ الزكوات، وإنكاح[2] الأيامى، إلى ما شاكل ذلك من أحكام الشرع.

وعند الإمامية أنه يحتاج إليه ليعرِّف المصالح من جهته، وليُبيِّن الصحيح من الفاسد والحرام من الحلال والسم القاتل من الطعام المغذي، ولهم في ذلك علل يوردونها، ونحن نذكرها من بعد إن شاء الله.

والذي يدل على أن الإمام يحتاج إليه لما ذكرناه هو أن العقل لا مدخل له في وجوب الإمامة، وإذا ثبت ذلك بما نستدل؛ وجب أن يكون طريق معرفتها الشرع، فيجب أن يرجع إلى الشرع فيما له وقعت الحاجة إلى نصبه، وقد وجدنا العقل لا حاجة به إلى الإمام إلا فيما ذكرناه، فوجب ألَّا يكون واجبًا لذلك[3]. يبين ذلك أن جميع ما كلف العبد يمكنه أداؤه من غير إمام سوى ما عددناه، وما عددناه لا يتأتى من كل أحد؛ فوجب أن تكون الحاجة إليه فيما لا يتم إلا به.

وفي ذلك سقوط كل سؤال يسألونه في هذا الباب؛ لأنه لا شيء يشيرون إليه في باب الحاجة إلى الإمام إلا ويجوز الوصول إليه دونه؛ من معرفة الخلاف، والصحيح من الفاسد، وحفظ الشريعة وبيان |45/ظ| أحكامها؛ فقد بان صحة ما ذهبنا إليه.

---

(1) انظر: الهاروني، الدعامة: 159، 171.

(2) (ل): [ونكاح].

(3) (ل): [لداله].

ولا علة يذكرونها إلا وتنتقض عليهم بحال الفترة وبقاء الخلاف في الإمام وفيما يدل على إمامته. فإذا اعتبرتم ذلك وجدتموه على ما نبهنا عليه، فلا حاجة إلى الإطناب فيه.

فصل: في هل الإمامة واجبة من جهة العقل أم لا؟

اعلم أنه لا خلاف فيما نعلمه بين الزيدية[4] والمعتزلة[5] أن الإمامة لا تجب عقلًا، وإنما الخلاف بينهما وبين الإمامية؛ لأنها تذهب إلى أن العقل يقتضي وجوبها[6]، ولها في ذلك علل دليل لهم:

فمنها أن الخلق قد كلفوا إصابة الحق مع ما هم عليه من النقص والضعف، فلا بد لهم من وافر معصوم يرشدهم، وهذه العلة تدل على أن الأرض لا يجوز خلوها من معصوم نبيًّا كان أو إمامًا ما دام التكليف قائمًا فيها، وكل ما يدل على وجوب الإمامة يدل على عصمة الإمام.

الاعتراض:

وهذا فاسد[7]؛ وذلك أن الله -تعالى- لا يجوز أن يكلف عبيده ما لا يطيقون وألَّا يزيح عللهم، وإذا كلفهم وأزاح عللهم فيه فلا تعلق للتكليف بنفس الإمام؛ لأنه ليس بدليل على الأحكام ولا هو من وجوه التمكين؛ فوجب صحة التكليف دونه. ويفسد ما قالوه بزمان الفترة، ويوجب عليهم أن يقيموا في كل بلد بل كل قرية ومحلة إمامًا وافرًا معصومًا، فمتى لم يجب ذلك عندهم بطل ما قالوه.

علة أخرى لهم:

ومنها أنا وجدنا الواجبات على وجهين: عقلي، وسمعي، والعقلي لا يخلو مما

---

(4) قارن: الهاروني، الدعامة: 159.

(5) قارن: البصري، الفصل: 2/و.

(6) انظر: المفيد، النكت: 39/10. وقارن: القمي، الكمال: 90/1؛ والبصري، الفصل: 2/و.

(7) انظر: الهاروني، الدعامة: 165، 170.

وجب به وهو العقل؛ فوجب ألَّا يخلو السمعي مما به وجب وهو السمع، والسمع لا يستقل بذاته؛ فلا بد ممن يصدر من عنده نبيًّا كان أو إمامًا.

الاعتراض:

وهذا مجرد الدعوى؛ لأنه يقال لهم: ما أنكرتم أنه يجوز خلو السمعي من النبي والإمام، وإنما لا يجوز خلو السمعي مما يدل عليه، فإذا وجد السمع فلا حاجة بنا إلى النبي والإمام. فإن راموا دفع هذا لم يجدوا إليه سبيلًا. ويفسد عليهم ما قالوه بزمان الفترة وغيبة الإمام، ويوجب عليهم وجود الإمام في كل مكان، وإلا فقد عري السمعي مما يوجبه.

|45/ظ| فإن قالوا: الخبر عن الإمام يقوم مقام الإمام. قلنا لهم: فارضوا منا بمثله.

علة أخرى لهم:

ومنها[8] أنا وجدنا في العقول <أنه> لا بد لكل عاقل من منبِّه ينبهه ولكل جاهل من معلم يعلمه، ولا يجوز ترك الناس وما في عقولهم، بل يجب أن ينبهوا على ما ركب الله في عقولهم، ولا يكون ذلك المنبه إلا نبيًّا أو إمامًا؛ لأن من سواهما حكمه حكم غيره. وهذه العلة تدل على العصمة أيضًا كما تدل على وجوب الإمامة.

الاعتراض:

والذي يبطلها هو أن الله -تعالى- إذا أزاح العلة ونصب الأدلة وبيَّن لهم الطريقة وخوَّفهم ورغبهم= فلا حاجة بالناس إلى ما قالوه. ويفسد عليهم بما

(8) انظر: المرتضى، الشافي: 1/42-43.

ذكرنا من زمان الفترة والغيبة، ويوجب عليهم كون أئمة كثير في وقت واحد.

ومتى قالوا بأن المترجم عن الإمام يقوم مقام الإمام. قلنا لهم: فما في عقولكم من الآيات الباهرة وما يرد عليها من الخواطر المخوِّفة يقوم مقامه، فلا يجدون بينها فرقًا.

علة أخرى لهم:

قالوا: وجدنا العالم كله ملكًا لله -تعالى-، وملك الغير لا يستباح إلا من جهته، ولا سبيل إلى ذلك إلا بأن يرسل إلينا رسولًا؛ فيبيح لنا ما هو مباح أو يقيم لنا إمامًا فيعرِّفنا ذلك.

الاعتراض:

هو أن هذه العلة باطلة بما قلناه في أصول الفقه: إن أصل الأشياء متى لم يكن قد ملكه غيرنا واحتوى عليه، ومتى لم يعلم قبح تناوله= فهو على الإباحة. ويفسد عليهم بما قدمناه، ويوجب عليهم من الأئمة بعدد المحالّ والنواحي والبلدان.

ومتى قالوا: إن المترجم عن الإمام يقوم مقام الإمام. قلنا لهم: فالناقل عن الرسول يقوم مقام الإمام.

علة أخرى لهم:

قالوا(9): إن وقوع الخلاف في أحكام الشرع بعد وفاة رسول الله -صلى الله عليه وآله- غير منكر في العقول، فإذا وقع الخلاف اقتضى أن يكون هناك من

---

(9) انظر: المرتضى، الشافي: 1/43-44، 102.

يرجع إلى قوله ويكون حجة فيه؛ إذ العقل لا يدل على أحد القولين إذا كانا جميعًا شرعيين.

الاعتراض:

اعلم أن الله -تعالى- لا يجوز أن يكلف معرفة الحكم [دون أن](10) ينصب عليه دليلًا يعرف به، ومع نصب الدلالة لا يحتاج إلى من يقطع الخصومة، كما أن العقليات وقوع الخلاف فيها |46/و| لم يقتض وجود إمام يقطع الخلاف، بل الدلائل الواضحة أغنت عن الإمام؛ فكذلك الكلام فيما يختلف فيه المختلفون بعد قيام الدلالة عليه.

علة أخرى لهم:

قالوا(11): إن الإنسان لا يفصل بعقله بين السم القاتل وبين ما يكون شفاؤه فيه وغذاؤه، فلا بد من صادق في كل حال يعرفهم ذلك ليعرفوا مصالح أبدانهم، فيمكنهم القيام بما أمرهم الله -تعالى-، ولا يكون ذلك إلا نبيًّا أو إمامًا.

الاعتراض:

وهذا لا معنى له(12)؛ وذلك أن الفرق بين هذه الأمور يقع بأول نبي بعثه الله -تعالى-، ثم من بعد يعرف كله بالنقل والتواتر عنه. هذا لو وجب معرفة ذلك، فكيف وقد عرفنا أن في البهائم ما لا يعرف منافعها من مضارها وتبقى مدة طويلة لا تتعاطى ما فيه هلاكها. فالتكليف إذا كان المعلوم من حال المكلف أنه

---

(10) (ل): [بلا].
(11) قارن: المرتضى، الشافي: 74/1.
(12) انظر: الهاروني، الدعامة: 171-172.

لا يتعاطى ما فيه عطبه وإن لم يكن هناك علْم بالفرق بين السم والغذاء= يتم ويحسن. وينتقض عليهم بزمان الفترة وغيبة الإمام.

علة أخرى لهم:

ثم قالوا(13): وقد علمنا أن الناس إلى مجانبة القبح أقرب إذا كان هناك إمام يزجرهم عن القبائح ويأمرهم بالواجبات.

الاعتراض:

وهذه العلة توجب عليهم كون أئمة كثير؛ لأن الناهي عن المنكر متى كثر قلَّ المنكر ومتى كثر الآمر بالمعروف كثر المعروف. هذا إذا سلمنا لهم ما قالوه، فكيف وفي الناس من يقول: إذا أُمِر بالمعروف تركه غيظًا لمن أمره، وإذا نُهي عن المنكر ارتكبه. فلم يكن الوجود على ما قالوه. وهذا يفسد عليهم بزمان الفترة والغيبة.

علة أخرى لهم:

وأقوى(14) ما يتعللون به في هذا الباب أن الله -تعالى- إذا كلف فينبغي أن يفعل بالمكلف كل ما هو أولى وأنفع، وقد علمنا أن الله -تعالى- لا يجوز أن يخلي المكلف من الخواطر الواردة عليه وإن كان قد نصب له الدلالة التي يمكنه النظر فيها والوصول إلى الحق بها؛ لأن مع تنبيه الخاطر المكلفُ أقرب إلى أن ينظر، وقد علمنا أنه لا يكون حالُ الخاطر في القوة كحال من يشافهه ويحدثه(15) ويكون

---

(13) انظر: المرتضى، الشافي: 1/47-49.
(14) قارن: المرتضى، الشافي: 1/72-73.
(15) (ل): [يحدده].

من أبناء جنسه. فإذا كان كذلك وكان المعلوم من حال الداعي أنه لا يرتكب |46/ظ| قبيحًا ولا يترك حسنًا وواجبًا؛ فقوله في النفس أوقع من قول من هو بخلافه، كما أن قول من بخلافه أوقع من الخاطر، وقد ثبت أن الله -تعالىٰ- يفعل بالمكلف ما هو أصلح له في باب التكليف؛ فيجب ألَّا يخليه من معصوم وافر يرشده.

الاعتراض:

وهذه العلة -متىٰ تمسكوا بها- توجب عليهم أن يثبتوا من الأئمة بعدد المكلفين كما أثبتنا نحن الخاطر بعددهم. ويفسد عليهم بزمان الفترة والغيبة.

فقد علمت أن جميع حجج القوم داحضة باطلة لا معنىٰ لها، ولو تقصينا الكلام عليهم لخرجنا من البغية، وفيما ذكرناه وذكره الشيوخ[16] -رحمهم الله- كفاية وغنية. والأصل في هذه المسألة هو أن العقل لو اقتضىٰ وجوب الإمام لكان يدل عليه، وفي علمنا أنه لا دلالة في العقل تدل عليه= دليل علىٰ أنه غير واجب عقلًا.

دليل آخر عليهم:

وهو أن الإمامة لا تخلو: إما أن تكون واجبة في العقل لأمر يرجع إلىٰ المكلِّف، أو لأمر يرجع إلىٰ التكليف، أو لأمر يرجع إلىٰ المكلَّف، أو لأمر يرجع إليها؛ وقد علمنا أنها لا تجب لأمر يرجع إلىٰ المكلِّف من حيث إن حكمته تقتضيها؛ لأن التكليف غير واجب. فإذا لم يجب التكليف رأسًا فكيف يجب ما <هو> فرع عليه. ولا يجوز أن يكون وجوبها يتضمن نفس التكليف؛ لأن

(16) انظر: عبد الجبار، المغني: 20/1/17-36، 55-98.

التكليف لا يستحق على المكلِّف؛ لأن الذي يستحق على المكلِّف هو الثواب وما جرى مجراه، والإمامة خارجة منه؛ فقد بطل أن يكون وجوبها لأمر يرجع إلى التكليف. ولا يجوز أن يكون وجوبها لأمر يرجع إلى المكلَّف؛ لأن ما يرجع إلى المكلَّف هو السلامة وسائر أنواع التمكين، والإمامة ليست من أنواع التمكين في شيء. ولا يجوز أن يكون وجوبها لأمر يرجع إليها؛ لأنها ليست واجبة كوجوب شكر المنعم والإنصاف ورد الوديعة، ولم نعلم وجوبها(17) ضرورةً، وكل ما رجع وجوبها إليه وجب أن يعلم ضرورة.

فإذا بطلت هذه الوجوه كلها لم يبق أن يقال إلا: إنها تجب للمصلحة؛ وهذا يوجب أن يتوقف فيه لورود الشرع بها: فيجوز أن يرد، ويجوز ألَّا يرد.

دليل آخر عليهم:

ومما يدل على أن الإمام إنما يحتاج إليه لتنفيذ هذه الأحكام الشرعية وقد ثبت أن الشرعيات(18) |47/و| من مجوّزات العقول، وهذه الجملة تغني عن الإطالة في هذا الباب.

---

(17) (ل): [وجودها].

(18) لا معنى للعبارة هكذا، ويبدو أن فيها سقطًا.

فصل: في هل وردت الشريعة بالإمامة على طريق الجملة أم لا؟

واعلم أن في الناس(19) من يقول: إن الإمامة ليست بعبادة ⟨واجبة⟩ من الله -تعالى-، لكنه يحسن من الناس أن ينصبوا إمامًا يطيعونه ويأتمرون بأمره. هذا إذا لم تؤد إمامته إلى القتل وإلى إجبار الناس على إمامته؛ فإن أدى إلى ذلك حرُم ولم يحسن من الناس أن يقيموا بأمور(20) بلدهم وعشيرتهم فيما لهم وعليهم، فإذا فعلوا ذلك استغنوا به عن الإمام. ولا خلاف بين الزيدية(21) والمعتزلة(22) أنها من الواجبات التي أمر الله -تعالى- بها وقد وردت الشريعة بوجوبها؛ فلا يجوز تركها مع الإمكان.

فمن قال بالأول تعلق بوجوه:

منها: أن الطريق إلى وجوب الإمامة الشرع، ولا شرع دل على وجوبها، ومتى لم يكن في الشريعة ما يدل على وجوبها بطل القول بها.

ومنها: أن الله -تعالى- قد أمرنا بما يمكننا أداؤه على الوجه الذي أمرنا به، ولا شيء مما أمرنا به يتعلق بالإمامة حتى لا يجوز أداؤه إلا به، وإذا كان الأمر كذلك فقد وقع(23) الاستغناء عن الإمام، وأن أبين نصب(24) من(25) يقوم مقامهم وينوب منابهم في هذه الأمور.

---

(19) انظر: البلخي، المقالات: 426.
(20) كذا!
(21) انظر: الهاروني، الدعامة: 171.
(22) انظر: البلخي، المقالات: 426. وقارن: الناشئ، المسائل: 49-50.
(23) (ل): [ارتفع].
(24) كذا!
(25) [من] + (ل).

ومنها: أن الإمامة لا يخلو حالها: إما أن تكون من مصالح الدين، أو تكون من مصالح الدنيا؛ وقد ثبت أن ما هو من مصالح الدين لا يجوز ألَّا يقع؛ لأنه يجري مجرى أن يكلف ولا يزيح العلة؛ فكان يجب أن يقع ما هو اللطف في باب الدين، وفي علمنا أن الإمام مفقود على جميع المذاهب دلالة على أنها ليست من مصالح الدين في شيء. وإن كان ذلك من مصالح الدنيا فهي غير واجبة، وإنما هي مستحبة في بعض الأحوال.

وهذه الوجوه هي أمثل ما يتعلقون به، ونحن نجيب عنها بعد أن نقيم الدلالة على ما نذهب إليه. والذي يدل على ما نقول[26] ما ظهر من إجماع الصحابة على أن الأمة لا بد لها ممن يسوسها؛ وذلك أنها اختلفت؛ فقالت بنو هاشم: هذا الأمر لنا وفينا، على ما ظهر من العباس -رضي الله عنه- وقوله لأمير المؤمنين -صلى الله عليه-، وإجابته: إن لي شغلًا عن هذا. |47/ظ| وليس فيه امتناع من الأمر؛ لأنه لم يقل: إن هذا الذي قلته غير واجب. والأنصار قالت: هذا الأمر فينا ولنا، وقالت: منا أمير ومنكم أمير. وقالت قريش: بل الأمر فينا ولنا. فلم يكن في الصحابة من قال: إن ذلك غير واجب وإنه يجوز العدول عنه، ولو كان ذلك من باب الاستحباب لما جاز أن يقع منهم الحرص العظيم خصوصًا والمعلوم من حال العرب أنها لا ينقاد بعضها لبعض، بل كل منهم يعطي الاستقلال بنفسه. ولو كان الأمر كما زعم المخالف لكان هذا أحب إليها وأليق بطبعها، فلما لم يكن فيهم من قال هذا= بطل ما قاله المخالف.

دليل آخر:

ومما يدل عليه قوله -تعالى-: ﴿أَطِيعُواْ ٱللَّهَ وَأَطِيعُواْ ٱلرَّسُولَ وَأُوْلِي ٱلْأَمْرِ

(26) انظر: الهاروني، الدعامة: 161؛ عبد الجبار، المغني: 20/1/47-48.

مِنكُمْ﴾[27]؛ لأنه يوجب أن ههنا من تجب طاعته ويلزم الانقياد لأمره، ولا يجوز حمل الآية على المفتي؛ لأن المفتي لا يجب المصير إليه، بل المستفتي مخيَّر[28]: إن شاء استفتاه، وإن شاء عدل عنه؛ فيجب أن يكون المراد الإمام. ولو كان الأمر كما زعم لكانت[29] طاعته غير واجبة؛ لأن من لم يجب كونه ونصبه= فبأنْ لا تجب طاعته أولى.

دليل آخر:

وأيضًا، فإن الله -تعالى- قد تعبَّدنا بأحكام لا يحل لكل أحد تنفيذها، نحو الحدود وغيرها، فلا بد من أن يكون ههنا من يقيمها ويقوم بها؛ لأن الأمر بالشيء أمر بما لا يتم إلا به.

دليل آخر:

وقد ثبت عندنا أن النبي -صلى الله عليه وآله- أوجب على الناس طاعة أمير المؤمنين علي -عليه السلام- والانقياد لأمره؛ لِما سنبينه من بعد، وإذا ثبت وجوب طاعته فلا خلاف من بعدُ أن الإمامة واجبة.

فقد صح بهذه الوجوه أن الإمامة أحد فرائض الله -تعالى-، وقد سقط بما ذكرناه جميع ما تعلقوا به؛ لأن ما قالوه أولًا إن الشرع لم يدل= فقد أوجدناهم ورود الشريعة بها، وما ذكروه ثانيًا من أن جميع ما أمر الله -تعالى- به يُتمكن من أدائه بلا إمام= فقد أبطلنا ما ادعوه بما علمنا من حال كثير من الأحكام أنه ليس لأحد إقامتها سوى الأئمة. وما ذكروه ثالثًا أنها لا تخلو: إما أن تكون من

(27) سورة النساء: 59.

(28) (ل): [مخيّرا].

(29) (ل): [لكان].

مصالح الدنيا أو من مصالح الدين، فالمحكي عن الشيخ أبي علي[30] -رحمه الله- |48/و| أن الإمامة وما يقوم به الإمام من مصالح الدين، إلا أن المصالح على ضربين: أحدهما لا يقوم مقامه سواه، فلا بد من وقوعه إذا كُلف العبد. والثاني يكون مصلحة في التكليف ويقوم مقامه غيره، فإن لم يقع ذلك فلا بد مما يقوم مقامه في باب المصلحة.

هذا إذا كان ليس متعلقًا باختيار مَن المصلحة له من العباد، فأما إذا كان ذلك معلقًا باختياره فلم يقع= فقد أُتي من قبل نفسه، وجرى مجرى من قد مُكِّن من سائر أنواع التمكين ثم ضيعها= في أن التكليف يصح وإن لم يقع اللطف. وعلى هذه الطريقة يجوز التكليف وإن لم يقع في التكليف ألطاف شرعية لما تعلقت باختيار المكلف. فعلى هذا المذهب السؤالُ ساقط.

وأيضًا، فلا يمتنع أن يكون واجبًا وإن كان من مصالح الدنيا إذا كان له تعلق بالدين ومصالحه، والإمامة وما يقوم الإمام به متعلق بالدين وإن لم تكن[31] نفسها من مصالح الدين، فلا يمتنع وجوبها بوجوب ما لأجله نُصب الإمام؛ فقد بطل ما قاله المخالف.

هذا على أنا قد دللنا على وجوب الإمامة، فلا حاجة إلى ما له كانت واجبة؛ إذ علمنا أن وجوبها يقتضي العلم بأن هناك علة وجبت لها لولاه لما أوجبها الله -عز وجل- علينا، فقد سقط السؤال على كل حال. ولا فرق بين من يعلل بهذه العلة وبين من يعلل بمثلها في نفي الصلاة وسائر ما وردت الشريعة به مما قد يجوز وقوع العصيان فيه، فلما بطل ذلك بطل ما قاله السائل.

---

(30) انظر: عبد الجبار، المغني: 15/253-254

(31) (ل): [يكن].

فصل: في الشرائط التي لا بد من كون الإمام عليها عند الزيدية والمعتزلة

اعلم أنه لا خلاف بينهما أن الإمام لا بد أن يكون حرًّا[32]، مسلمًا[33]، عدلًا[34]، عالـمًا[35]، أفضل أهل زمانه أو كان كأفضلهم[36]، قرشيًّا[37]، شجاعًا[38]، ولا يكون بخيلًا، ويكون من الرجال، ولا بد من أن يكون صحيحًا سليمًا من العلل التي تمنع من القيام بحقوق الله -تعالىٰ-، ويجب ألَّا يكون قد تقدمه طاعةُ غيره.

فالذي يدل علىٰ أن الإسلام شرط هو <أنه> مما لا خلاف بين الأمة أن طاعة الكفار غير واجبة، وأنه ليس لأحد أن |48/ظ| يدعو إلىٰ كافر؛ ولا فرق بين أن يكون كافرًا بالتأويل أو معاندًا= في أن في الحالين لا تجب طاعته؛ لأن العلة في ذلك كونه خارجًا من ولاية الله -تعالىٰ- إلىٰ عداوته.

والذي يدل علىٰ أنه لا بد من أن يكون حرًّا هو أن حال الإمام لا بد من أن يزيد علىٰ حال القضاة والشهود؛ لأن جميع ما إليهما إليه وما إليه ليس إليهما، وقد اعتبرت الحرية في الشهود والقضاة.

---

(32) انظر: عبد الجبار، المغني: 201/1/20.

(33) انظر: الهاروني، الدعامة: 181؛ عبد الجبار، المغني: 201/1/20.

(34) انظر: الهاروني، الدعامة: 181؛ عبد الجبار، المغني: 201/1/20.

(35) انظر: الهاروني، الدعامة: 181؛ عبد الجبار، المغني: 208/1/20.

(36) عن الزيدية انظر: الهاروني، الدعامة: 181. عن المعتزلة انظر: البلخي، المقالات: 427؛ عبد الجبار، المغني: 215/1/20-229. وقارن: الناشئ، المسائل: 50-61، البصري، الفصل: 6/و-6/ظ.

(37) قارن: البصري، الفصل: 5/و، 5/ظ.

(38) انظر (هذا الشرط وما يليه): الهاروني، الدعامة: 181.

ولمثل هذه العلة وجب اعتبار العدالة، ولأن من أوجب طاعة الفاسق لا يخلو: إما يقول: إن طاعته واجبة فيما له أن يأمر به. فقد علم أن الفاسق ليس له أن يتقدم على الأمور بالحل والعقد وهو فاسق؛ فيجب أن يكون عدلًا حتى يكون له أن يأمر. ولا فرق بين من يوجب طاعته في هذا وبين من يوجب طاعته فيما هو فسق في نفسه؛ لأن الطاعة إنما تجب في شيء كان له أن يأمر به، فمتى ما أوجب علينا طاعة من لا يكون له أن يأمر= فامتثاله على هذا الحد كطاعته(39) في القبيح وكطاعته فيما هو معصيه في نفسه. فلما بطل ذلك صح أن العدالة معتبرة في الطاعة.

فإن قال: أليس قد روي عن النبي -صلى الله عليه وآله- أنه أمر بطاعة السلطان وإن كان عبدًا حبشيًّا.

قيل له: هذا من أخبار الآحاد؛ فلا يجوز العقد عليه في مثل هذا الحكم. ولو كان صحيحًا كان معناه عندنا: إذا كان أميرًا من قبل الإمام؛ لأن الإمام إذا رأى أن يولي الموالي الحروب والخروج إلى بلاد العدو لما تختص به من الشجاعة والسياسة= وجب الانقياد له.

فإن قال: أليس الله -تعالى- أوجب علينا طاعة أولي الأمر ولم يفصل بين أن يكون عدلًا وأن يكون فاسقًا.

قيل له: ليس في الظاهر ما ذكرتم؛ لأن قوله: ﴿وَأُوْلِي ٱلْأَمْرِ مِنكُمْ﴾(40) يقتضي طاعة من له الأمر، والفاسق ليس له الأمر؛ فلم يدخل تحت الظاهر. ولأنا لا نسلم أن ﴿وَأُوْلِي ٱلْأَمْرِ﴾ المراد به من يأمر، دون أن يكون المراد: من يأمر وله أن يأمر. وقد

(39) (ل): [لطاعته].
(40) سورة النساء: 59.

حكى قاضي القضاة[41] -أدام الله عزه- عمن أوجب طاعة الفاسق= أنهم لا يوجبون طاعته إذا فسق بعد العقد له؛ فعلى هذا لا يحصل الخلاف بين الأمة. على أن العترة عندنا قد اتفقت على أن العدالة معتبرة |49/و| في الإمامة، وإجماع العترة حجة؛ فيجب أن يبطل قول من لم يعتبر العدالة في وجوب الطاعة.

على أنه لا خلاف بين الأمة في أن الأمر بالمعروف والنهي عن المنكر= واجب إذا تمكن الإنسان منه على الحد الذي يمكن: باليد والقلم والسيف، ولو كانت طاعة الجائر لازمة لكان لا يلزم النكير عليه مع التمكُّن، فلما علمنا وجوب النكير علمنا أن طاعته غير واجبة.

فصح بما قلنا= أن طاعة الفاسق غير واجبة، وأنه لا يجوز أن يُعقد له.

والذي يدل على أنه لا بد أن يكون عالـمًا بالأحكام ليكون من أهل الاجتهاد هو ما قدمناه من أن الإمام يحتاج إليه لإقامة هذه الأحكام، فإذا لم يكن عالـمًا بها لم يصح منه إقامتها؛ فلم يصلح لها.

والذي يدل على أنه لا بد أن يكون أفضل أهل زمانه أو كأفضلهم حالًا، وأنه لا تجوز إمامة المفضول إلا لعذر[42]= إجماع الصحابة؛ وذلك أنهم مع اختلافهم في الإمامة راعوا الأفضل والفضل، ألا ترى أن الأنصار لما طلبوا الإمامة ذكروا فضائلهم وفضلهم ومكانهم من النبي -صلى الله عليه وآله-، وأبو بكر لـمَّا حاجَّهم في ذلك ذكر فضل قريش وما اختص به المهاجرون والأنصار[43]، وكذلك لما قال عمر لأبي عبيدة: امدد يدك أبايعك، فقال: ما لك يا ابن الخطاب

---

(41) انظر: عبد الجبار، المغني: 205/1/20.

(42) قارن: الهاروني، الدعامة: 105، 110-113.

(43) كذا، ولعله أراد من إضافتها= ما اختص به المهاجرون دون الأنصار.

هفوة في الإسلام مثل هذه، أن تقول لي هذا وأبو بكر قائم. فلم ير لنفسه الأمر؛ لـمَّا اعتقد في أبي بكر أنه أفضل منه. وكذلك مناظرة العباس لعمر حيث قال في خبر طويل: أما قربكم من رسول الله فهو شجرة نحن أغصانها وأنتم جيرانها. فبيَّن فضله عليهم. وكذلك قولهم لأبي بكر: ولَّيت علينا فظًّا غليظًا. يعنون عمر. وقولهم لما اجتمعوا إلى أمير المؤمنين في مرض أبي بكر وقالوا: قد علمنا وعلم الناس أن إسلامنا كان قبل إسلام عمر، وفي عمر تسليط اللسان على الناس. وهم كانوا المهاجرين الأوَّلين، نحو طلحة والزبير وعثمان وعبد الرحمن بن عوف، فاحتجوا بما اختصوا به من الفضل. وكذلك ما روي عن أمير المؤمنين -عليه السلام- في مقاماته عند المحاجة وتعداده فضائله وقوله: أنشدكم بالله |49/ظ| أفيكم رجل له من رسول الله كذا، أو قال له الرسول كذا.

فثبت أنهم كانوا يراعون الأفضل، وإذا ثبت ذلك بطل قول من جوَّز تقديم المفضول ولا عذر يمنع الفاضل من القيام بالأمر.

وفي أصحابنا الزيدية من يحتج في هذه المسألة بإجماع العترة، والذي ذكرنا أولًا غير مختلف فيه؛ فهو أولى وأحسم للشغب.

وأما الذي يدل على أن الإمامة لا تكون في غير قريش هو أنهم قد أجمعوا على أن قريشًا أو من قريش من يصلح لهذا الأمر واختلفوا في غيرهم، ولا دلالة تدل على أن غير قريش حكمهم حكم قريش.

ولا يُطعن فيما ذكرناه بما روي عن النبي -صلى الله عليه وآله- أنه أمر بطاعة السلطان وإن كان عبدًا حبشيًّا؛ لأنه خبر واحد.

ولا يمكن أن يقال: إن العقل لا يفصل بين قريش وغير قريش.

لأن الإمامة حكم شرعي، فيجب أن تكون شرائطها مأخوذة من الشرع كهي نفسها.

ولا يمكن أن يُحتج بقول عمر: لو كان سالم حيًّا ما تخالجني فيه الشكوك.

وذلك أن قول عمر بمجرده ليس بحجة على أحد، ولو كان قوله حجة لكان اللفظ لا ظاهر له؛ لأنه محتمل، وذكره عقيب الكلام في الإمامة ومن يصلح لها= فلا يدل على أنه أراد به الإمامة.

فقد صح ألَّا دلالة على أن غير القرشي بمنزلة القرشي في هذا الباب.

وقد استدل شيوخنا المتكلمون[44] على ذلك بقوله -صلى الله عليه وآله-: «الأئمة من قريش»، وقالوا: هذا خبر رواه أبو بكر بمشهد المهاجرين والأنصار حتى ظهر واشتهر، فلا أحد رده ولا خالفه، فلو كان مما لا أصل له أو كان لم تقم الحجة به= كانوا لا يتركون تنازعهم فيما كانوا يتناكرون فيه لأجله، ولكانوا يقولون: إنه لا تصحيح لمثله في هذا الأمر العظيم.

فإذا صح الخبر فوجه الاستدلال منه أنه قد عرَّف الأئمة بالألف واللام، ولا عهد ههنا رجعنا إليه؛ فلا بد من أن يكون قد علقها بالجنس، فمعناه لا يخلو: من أن يكون معنى الأمر، أو معناه معنى الخبر، أو معناه معنى النهي؛ فإن قلتم: إن معناه معنى الخبر، اقتضى أن الإمام لا يوجد في العالَم إلا من قريش، ومتى وجدنا من غير قريش من ادعى الإمامة= |50/و| قضينا بأنه ليس بإمام.

وإن قلنا: إن معناه معنى الأمر، صار كأنه قال: أطيعوا الأئمة إذا كانوا من قريش، وفي هذا دلالة على أن طاعة غير قريش لا تجب.

وإن قلنا: إن معناه معنى النهي، صار كأنه قال: لا تطيعوا إلا قريشًا ولا تطيعوا غير قريش.

---

(44) انظر: عبد الجبار، المغني: 234/1/20.

فعلىٰ جميع الوجوه لا يخرج معقول الخبر من أن يكون واردًا في بيان معدن الإمامة وإن لم يكن فيه بيان عينه وصفته.

وقد سقط بما أوردنا قولُ من قال: إن إثباته الأئمة من قريش لا يدخل <فيه> نفي غير قريش. لأن الألف واللام اقتضتا الاستغراق علىٰ ما بيناه.

والذي يدل علىٰ أن الشجاعة معتبرة هو أن معظم ما إلىٰ الإمام حفظ البيضة ومقاتلة الكفار، ولا يصلح لذلك من لا قلب له ولا شجاعة؛ فيجب أن تُعتبر الشجاعة في الأئمة.

والذي يدل علىٰ أن البخل يمنع من الإمامة أن الإمام لا بد من أن يكون عارفًا بمواضع الإنفاق ليقيم به السياسة، والبخل يمنع من الإنفاق في مواضعه؛ ومتىٰ لم ينفق أدىٰ إلىٰ الفساد. فلا يصلح البخيل لها. ولأنه لا خلاف بين العترة أن الشجاعة والسخاء معتبرة في الإمام.

فأما الذي يدل علىٰ أن الصحة والسلامة شرط فيه= هو أن العمىٰ وما جرىٰ مجراه يمنع من الشهادة والقضاء؛ فبأن يمنع من الإمامة أولىٰ.

وأما <أن> طاعة الغير إذا تقدمت طاعته منعت من وجوب طاعة غيره= فلا خلاف في هذا الباب، وإنما الخلاف بين الزيدية بتفاوت الزمان ولا يمكن القيام ببعض النواحي والقيام بناحية أخرىٰ ويتخلل بين الناحيتين العدو: إما من أهل البغي أو من أهل الكفر، وقد وُجد فيها من يصلح(45) للإمامة ووجدت الشرائط فيه؛ فمن قائل يقول: يجب أن يدعو أحدهما إلىٰ نفسه والآخر إليه، ومن قائل يقول: يجب أن يدعو كل واحد منهما إلىٰ نفسه بشرط أن يضع في نفسه أنهما إذا تلاقيا سلم أحدهما علىٰ صاحبه بالإمامة.

---

(45) (ل): [تصلح].

ولست أعرف هذا التفصيل على مذهب شيوخنا المتكلمين، بل الظاهر في كلامهم[46] أنه لا يجوز في الزمان |50/ظ| إلا إمام واحد على جميع الأحوال. ومن أبى ذلك قال: إن طاعة الإمام واجبة ولا يمتنع أن يكاتبا رجلًا واحدًا أو يأمراه بالطاعة ويدعواه إلى أنفسهما، فإن عصى أحدهما لم يسع له من حيث خرج بعصيانه من طاعة الإمام، وإذا لم يعصهما وأطاعهما تعذر عليه الفعل وتضاد؛ لأن المصير إليهما أو في طاعتهما وفي حالة واحدة= لا يصح.

ومن قال: يجوز الإمامان على الوجه الذي ذكرنا، يقول: ليس لهما أن يأمرا رجلًا على هذا الحد، بل يجب عليه أن ينظر الأصلح للمسلمين؛ فإن كان نصرته لأحدهما أولى وجبت عليه طاعته، ووجب على الآخر الإمساك عن أمره.

ويمكن أن يقال: ليس عليه طاعة واحد منهما حتى يتفقا على شيء.

هذا والذي جوَّزه من الإمامين بتاتًا[47] هذا المعنى فيه؛ لأنهم لم يمكنوهم مما هو أصلح للمسلمين، وشرطوا متى عرف أحدهما مكان صاحبه ووجد الشرائط فيه= وجب أن ينقاد له؛ فلا يوجد ما قدَّره السائل عليهم.

فأما شيوخنا المتكلمون[48] فقد احتجوا في المسألة بإجماع الصحابة وأنهم مع ما وقع من الخلاف بينهم= لم يجوِّزوا إمامين في وقت واحد، ولو كان ذلك سائغًا= أومأوا إليه ولكان فيهم من قاله، فلما لم يكن= عُلم أن ذلك لا يجوز، وأن جواز الإمامين في وقت واحد طريقُه الشرع، ولا شرع، فجرى ذلك مجرى صلاة سادسة.

---

(46) انظر: عبد الجبار، المغني: 243/1/20.

(47) (ل): [ثناتًا].

(48) انظر: عبد الجبار، المغني: 243/1/20.

فصل: في أنه هل يجب أن يكون باطن الإمام كظاهره أم لا؟

اعلم أن المعتزلة[49] وأكثر الزيدية ذهبوا إلىٰ أنه لا يجب أن يكون مقطوعًا علىٰ باطنه، وإنما كُلفنا فيه الظاهر. وفي المتأخرين من أشراف الزيدية[50] من ذهب إلىٰ أن الإمام إذا كان باطنه خلاف ظاهره، نحو أن يكون كافرًا أو زنديقًا أو علىٰ صفةٍ كونُه عليها يؤدي إلىٰ فساد في الدين= فإن الله -تعالىٰ- يظهر ذلك عليه ويصرفه عن ذلك الفعل إذا تولىٰ الإمامة.

فأما الإمامية[51] فإنها تذهب إلىٰ أن الإمام لا بد من أن يكون معصومًا، ولها في هذا الباب علل كثيرة يذكرونها، منها[52] أن الإمام هو المنبه للغافلين والمعلم للجاهلين، فلو جاز عليه |51/و| ما جاز عليهم= لاحتاج إلىٰ إمام آخر، والكلام فيه كالكلام في الإمام الأول؛ فإما يؤدي إلىٰ ما لا نهاية له، أو ينتهي إلىٰ معصوم.

الاعتراض:

وهذا كلام لا معنىٰ له؛ وذلك أن كونه منبهًا ومعلمًا لا يقتضي العصمة؛ لأن التنبيه والتعليم إذا كان علىٰ سبيل الأداء والتلقين فسواء كان الملقن معصومًا أو فاسقًا، ألا ترىٰ أن تلقين القرآن يحصل من المعلم وإن كان ملحدًا كحصوله منه إذا كان موحِّدًا، وكذلك التنبيه علىٰ الأدلة يحصل من الفساق كحصوله من غيرهم؛ لأن ذلك رَدٌّ للمكلف إلىٰ ما قد عرف بالأدلة.

فإن قال: التنبيه الذي يحصل من جهة الإمام علىٰ أحكام الشرع مخالف لما

---

(49) انظر: البصري، الفصل: 7/و.

(50) انظر: الهاروني، الدعامة: 185، 189-190.

(51) انظر: القمي، الكمال: 1/40-41؛ المفيد، الأوائل: 4؛ المفيد، النكت: 40/10.

(52) انظر: المرتضى، الشافي: 1/289-290، المرتضى، الذخيرة: 430-431.

يحصل على أحكام العقول.

قيل له: لا يخلو ذلك الحكم من أن يكون في شريعة الرسول -صلى الله عليه وآله- ما يدل عليه إما على الجملة أو على التفصيل، أو لا يكون؛ فإن كان هناك ما يدل عليه فإن الإمام في الشرعيات وتنبيهه عليها كهُوَ في العقليات في أن المكلف يجب أن ينظر في الدليل وصفاته، وفي أن صفات المنبه لا تؤثر في صحة الدليل وفساده. وإن كان ما ينبه عليه مما لا دليل عليه في الشريعة= فلا بد من أن يكون ذلك شرعًا مبتدأ من جهته؛ وهذا يخرجه من أن يكون إمامًا إلى أن يكون شارعًا ونبيًّا، ومن هذا حاله عندنا لا بد من أن يكون معصومًا، وقد ثبت من دين النبي -صلى الله عليه وآله- أنه لا شارع بعده؛ فسقط هذا الكلام.

دليل آخر لهم:

قالوا(53): إن حفظ الشريعة لا يخلو: أن يكون إلى الأمة، أو إلى الإمام؛ ولا يجوز أن يكون إلى الأمة؛ لأن السهو لما جاز على كل واحد منهم جاز على جميعهم، فلما لم يجز -وحالهم هذه- أن يجعل إليهم حفظ الشريعة= تَبيَّنا أنه لا بد من معصوم يحفظها.

الاعتراض:

ما قالوه يفسد عليهم بغيبة الإمام وزمان الفترة؛ وذلك أنا نقول لهم الآن وقد غاب الإمام: ما قولكم في الشريعة أهي محفوظة مخزونة أم مضيعة؟ فإن قالوا: إنها مضيعة مغيَّرة مبدلة، أدى إلى ألَّا يجب على أحد شيء من الشرائع؛ وفي هذا خروج من الإسلام. وإن قالوا: هي محفوظة مخزونة وإن غاب الإمام. قيل لهم: فما به صارت

(53) انظر: المرتضى، الشافي: 1/178-182، المرتضى، الذخيرة: 424.

محفوظة لا يمتنع أن تكون محفوظة من غير |51/ظ| حاجة بها إلى إمام معصوم.

واعلم أن الشريعة على ضربين: أحدهما يعلم ضرورة، والثاني يعلم بالاستدلال؛ وما يعلم بالاستدلال على ضربين: أحدهما طريق معرفته الأخبار المقطوع بها، نحو التواتر والأخبار إجماع المعلومة كونها، وما هذا[54] حاله لا يفتقر إلى حافظ؛ لأن الكتاب ثابت بيننا لا يأتيه الباطل من بين يديه ولا من خلفه. وكذلك النقل في هذه الأخبار على حد ما وقع في الابتداء. ولم يبق من الشرعيات إلا ما يعلم بالإجماع وما يعلم بأخبار الآحاد والاجتهاد، وقد دل الدليل عندنا على أن الإجماع حجة وأن الخطأ لا يقع من الأمة الاتفاق عليه بما قد أوضحنا في **أصول الفقه** وأسقطنا ما به يطعنون في الإجماع. فما هذا حاله الإجماعُ والمجمعون يحفظونه= لا يحتاج إلى إمام وحفَظَة. وأما ما طريقه الاجتهاد وخبر الواحد= فإن كل مجتهد مصيب، فمتى دُفع الإنسان إليه لزمه أن يجتهد إذا كان من أهله، أو يرجع إلى من هو من أهله إذا كان ظاهره الستر، فيحفظ عليه وعلى نفسه ما هذا سبيله وطريقه؛ فلا يحتاج إلى معصوم في حفظه.

إذا ثبت ما قلناه بَانَ أنه ليس في الشريعة ما يحتاج إلى حفظ الإمام له، ولو كان فيها ذلك كان لا يقتضي عصمة الحافظ؛ فبطل ما قالوه.

دليل آخر لهم:

قالوا[55]: إن الإمام هو القائم مقام الرسول -صلى الله عليه-، ولا يجوز أن

---

(54) يبدو أن هنا سقطًا يتعلق بتقسيم ما يعلم بالاستدلال: أحدهما طريق معرفته الأخبار المقطوع بها نحو التواتر وما يثبت بالكتاب المنقول بالتواتر. والثاني طريق معرفته الأخبار المعلوم كونها، نحو ما نقلته الأمة وأجمعت عليه، والثاني طريق معرفته الإجماع أو بطريق الاجتهاد. والله أعلم

(55) انظر: المرتضى، الذخيرة: 431-432.

يقوم مقام المعصوم إلا معصوم، ألا ترىٰ أنه لا يجوز أن يقوم مقام العدل إلا من هو مثله في العدالة.

الاعتراض:

هو[56] أن النبي -صلىٰ الله عليه وآله- وجب أن يكون معصومًا؛ لأنه يُعلم مِن قِبله ابتداء الشرائع، والإمام لا يُعرف من قبله ابتداء الشرائع والمصالح؛ فلا يجب أن يكون معصومًا.

وأيضًا فإنه إذا جاز أن يقوم مقام الرسول من ليس برسول= جاز أنه يقوم مقام المعصوم من ليس بمعصوم.

وأيضًا فإن هذا يوجب عليهم القول بعصمة أمراء الإمام وقضاته لقيامهم مقامه وهو معصوم عندهم؛ فلما لم يجب ذلك في الأمير والقاضي= لم يجب في الإمام ما قالوه.

دليل آخر لهم:

فإن قالوا: إن الإمام إذا كان معصومًا |52/و| كان أولىٰ وأصلح، والأصلح في باب الدين واجب.

الاعتراض:

أن يقال لهم: ولمَ زعمتم أن الإمام إذا كان معصومًا كان أولىٰ في باب الدين؟

فإن قالوا: إنه يؤمَن وقوع الخطأ منه. فيقال لهم: ما أنكرتم أن ما قلتموه يوجب عصمة أمراء الإمام وقضاته لأنه أصلح؛ للعلة التي ذكرتموها، فإن لم

(56) انظر: الهاروني، الدعامة: 187.

يجب فيهما ما قلتموه والعلة موجودة= لم يجب في الإمام.

دليل آخر لهم:

قالوا: إن الحوادث ما لم يمتنع وقوعها حالًا بعد حال في الشريعة= لم يكن بد من معرفة الشريعة فيها، وقد علمنا أنه لا نص للرسول في معرفة أحكامها؛ فلا بد من الرجوع إلى غير الرسول، وذلك الغير لا يخلو: إما أن يكون معصومًا، أو غير معصوم؛ فإن كان معصومًا فهو الذي نقول. وإن كان غير معصوم فلا يؤمَن الخطأ عليه، بل لا يؤمن أن يتعمد الخطأ ويفتي ‹به›، بل لا يمتنع اختلاف المفتين على مستفت واحد فيتناقض الحكم عليه، ويؤدي إلى التهارج والتنازع، وكل ذلك فاسد؛ فلا بد من معصوم.

الاعتراض:

اعلم أنا قد بيَّنا الجواب عن هذا الكلام في **أصول الفقه** في باب القياس وأوضحنا الكلام فيه، وبيَّنا أن المجتهد عليه أن يجتهد، فإن اختلفت عليه وجوه الاجتهاد وتساوت فهو مخيَّر. وكذلك المستفتي يكون مخيرًا بين المفتين والرجوع إلى أيهما غلب في ظنه أنه أعلمهما وأورعهما. فإذا كان الأمر كذلك كان ذلك طريق معرفة حكم الله -تعالى- في الحوادث، دون قول المعصوم وسواه.

على أنه لو لم يكن التعبد بالاجتهاد واردًا لكان يجب أن يقال: ما وجد بيانه أخذ به، وما لم يوجد قرَّر على ما كان عليه في العقل؛ إذ ليس كل شيء يجب أن يكون فيه حكم شرعي؛ وفي هذا وقوع الاستغناء عن المعصوم وبطلان ما قالوه.

دليل آخر لهم:

قالوا: إن الإمام إذا كان معصومًا كان قوله حجة ويعلم بقوله الحكم، وإذا لم

يكن كذلك يظن الحكم عند قوله، وإذا تساوت الحال في العلم وفي الظن= كان ما يؤدي إلى العلم أولى مما يؤدي إلى الظن؛ فيجب أن يكون الإمام معصومًا حتى يؤدي قوله إلى العلم بالحكم.

الاعتراض:

يقال لهم: |52/ظ| إن المصالح لا يمتنع أن تختلف فتكون المصلحة في بعض الأحكام أن يكون معلومًا وفي بعضها أن يكون مظنونًا؛ ولهذا كان الرسول -عليه السلام- يجعل الاجتهاد إلى الصحابة وهو حاضر وإن كان قوله حجة. فإن لم يمتنع ذلك لم يمتنع أيضًا ورود التعبد بالاجتهاد فيعرف الحكم من جهته. ولو تساوى الحال فيه كان يجب أن ينص الله -تعالى- على الحكم، وكان يكون أولى من حكم الإمام. وفي ذلك سقوط ما قالوه.

فهذه الوجوه أمثل ما يتعلقون به، وقد نبهنا على الجواب في سائر ما يوردونه بما أوردناه، فلا وجه يزاد عليه.

وأما من قال من الزيدية: إن الإمام لا يجوز أن يكون في باطنه زنديقًا أو كافرًا. فعلَّته[57] في ذلك أنه لو جاز ذلك لم يمتنع أن يكيد المسلمين كيدًا يؤدي إلى بطلان الشريعة وتغيُّرها؛ لأنه لا يمتنع أن يحتال في قتل علماء المسلمين وفقهائهم، وأن يتخذ الزنادقة رؤساء، فيغير الدين ويبدله من غير علم لعامةِ المسلمين به، ويخلع عرى الإسلام عروة مِن عروة حتى يأتي عليها كلها؛ فلم يجز ذلك لما فيه من المفسدة في باب الدين ولبس الطريق على المسلمين؛ فيجب أن تظهر[58] حال من هذه حاله أو يجب أن يُصرف عن هذا بضرب من الصوارف.

---

(57) انظر: الهاروني، الدعامة: 190.

(58) (ل): [نظاهَر].

وكذلك ما قاله شيوخنا المتكلمون -رحمهم الله- إن الله -تعالىٰ- لا يمكِّن أحدًا من حفظ القرآن ونقله إلىٰ بلاد شاسعة ونائية عن بلاد العرب، فيدعي النبوة ويتحدىٰ به أهل تلك الناحية. لما في ذلك من المفسدة في باب الدين وإن كان قد بيَّن له -تعالىٰ- أن ذلك يقبح منه أو مكَّنه من العلم به أو نهاه عن فعله، فإن لم يكتف بالنهي والزجر وجب صرفه عنه وإظهار ذلك عليه وهتك ستره؛ فيجب مثله في الإمام. ولا يلزم عليه أمراء الإمام وقضاته؛ لأنهم لا يتمكنون من هذه الأمور تمكُّن الإمام منها، فكما لا يلزم ذلك فيمن يغير ركنًا من أركان الشريعة أن يصرف عنه ويمنع منه ولزم فيما ذكرناه؛ فكذلك يلزم في الإمام ولا يلزم في أمرائه وقضاته.

اعلم أن هذه الطريقة لا تدل علىٰ أن |53/و| باطن الإمام يجب أن يكون كظاهره، وإنما تدل علىٰ أن ما ذكرناه لا يقع منه لأن الله -تعالىٰ- يمنع من ذلك. فأما مَن المعلوم مِن حاله أنه يعتقد الإلحاد والزندقة أو يكتم فسقًا ولا يظهر[59] لأحد منه، ولا يقع في الظاهر إلا ما هو شريعته، فهل من هذا حاله يجب طاعته أم لا؟ وهل يجب أن يشهر أمره أم لا؟ فلا تنبئ هذه الطريقة عنه؛ فلم يسلم القول بأن الإمام يجب أن يكون باطنه كظاهره.

واعلم أن كل شيء يقع من الإمام المعلوم من حاله أنه يؤدي إلىٰ سد طرق معرفة الأحكام وإلىٰ تلبيس الأدلة= يجب علىٰ الله -تعالىٰ- منعه منه، وكل ما وقع منه مما لا يؤدي إلىٰ ما ذكرناه <لا> يكون[60] علىٰ الله -تعالىٰ- منعه؛ لأن في ذلك إزالة التكليف عنه، كما لا يجب منع الكفار إذا تغلبوا علىٰ المسلمين بأكثر

---

(59) (ل): [تظهر].

(60) (ل): [ويكون].

من النهي متى لم يؤد غلبهم إلى سد الطريق في معرفة الأحكام بأن يقتلوا العلماء ويبقى التكليف على غيرهم؛ لأن هذا يؤدي إلى تكليف ما لا يطاق أو إلى ألَّا يعرفوا مصالحهم مع ثبات التكليف عليهم وهذا فاسد.

والذي يدل على ما قلناه هو أن ما له ولأجله وجبت عصمة الأنبياء إنما هو كونهم رسلًا ووجب معرفة المصالح بقولهم، والفسق يقدح في القبول منهم؛ لما فيه من التنفير، والإمام لا تجب مشاركته للرسول -عليه السلام- في هذا المعنى؛ فلم يجب أن يشاركه في العصمة.

وأيضًا فإن الإمام إنما يحتاج إليه لإقامة الحدود وسد الثغور وحفظ البيضة وقسمة الفيء وإنكاح الأيامى وأخذ الزكوات ووضع المأخوذ منها في أربابها، وكل ذلك يتأتى من الإمام وإن لم يكن مقطوعًا على باطنه، كما يتأتى منه وهو مأمون الباطن؛ فلا يجب القطع على مغيَّبه.

فصل: في أن الإمام لا يجب أن يكون أعلم أهل عصره بسائر أنواع المعلومات

اعلم أن الإمامية⁽⁶¹⁾ تذهب إلى أن الإمام لا بد أن يكون أعلم أهل العصر بجميع العلوم؛ حتى لا جنس من أجناسه ولا نوع من أنواعه إلا وهو أعلم به من سائر من هو في عصره، ومتى لم يكن كذلك فلا يكون إمامًا.

والصحيح عندنا⁽⁶²⁾ أن الإمام يجب أن يكون من أهل الاجتهاد، وأن يكون عالـمًا بأصول الدين، وأن يكون المعلوم |53/ظ| من حاله أنه إذا دُفع إلى الحوادث يمكنه معرفة أحكامها بالاجتهاد.

فالذي يدل على ما نذهب إليه هو أن التكليف على ضربين: عقلي، وسمعي؛ فالعقليات اشترك العقلاء في العلم بوجوبها وتساوت حالهم فيها، فما تؤدي إليه تكاليف العقلي قد يجوز التساوي فيه بأن يستدلوا أو يتأملوا، فيحصل لهم العلم به على السواء.

وأما السمعي فعلى ضربين: أحدهما مدلول عليه، والآخر غير مدلول عليه على التفصيل وإن كان مدلولًا عليه على الجملة؛ من حيث دُلَّ على أصوله ودُلَّ على الأمر بالاجتهاد فيه؛ فما هو مدلول عليه فلا أحد من العقلاء إلا ويمكنه النظر في دليله فيحصل له العلم به، ولا يمتنع وقوع النظر من جميعهم أو من أكثرهم فيحصل التساوي فيه. فأما ما طريقه الاجتهاد فإنما يتفاضلون فيه بكثرة النظر في أحوال الحوادث، وكل من كثر فكره كثر علمه، ولا أحد من العقلاء إلا ويتأتى له بعض ذلك.

---

(61) قارن: المفيد، الأوائل: 21؛ المرتضى، الذخيرة: 433-434، 436.

(62) قارن: الهاروني، الدعامة: 183.

فتفضيل الإمام على غيره بأن يكون أعلم لا يخلو: إما أن يكون في العقليات وقد علمنا أن ذلك وجب التساوي فيه، أو في الشرعيات <مما> يجب على الناس العلم بها وهذا قد وجب التساوي فيه، فمن لم يعرف ذلك فقد عصى، ولا يمتنع التساوي بين خلق كثير فيه بأن يطيعوا الله -تعالى- بفعله. فلم يبق إلا أن يتفاضلوا أو يفضل الإمام عليهم فيما للإنسان إتيانه وله تركه على سبيل الاكتفاء بأن يكون في الأمة من يقوم مقامه.

وإذا كان الأمر كذلك فالإمام إذا حصل فاضلَ عصره وصار أفضل من غيره في هذا الباب= لا يخرج فضل غيره له من أن يكون إذا دفع إلى الاجتهاد أمكنه [معرفة حكم][63] الحادثة وإن لم يكن قد سبر حالها. فإذا لم يمتنع في غيره لم يمتنع فيه؛ فلا فرق بين أن يكون قد سبق نظره في حكم الحادثة وبين أن يبتدئ النظر في الحالين يمكنه إمضاؤها على ما وجب، بل لا بد للنظر فيما هذا حاله من أن يتجرد للنظر في الحكم فيه حتى يمضيه، فلا وجه يقتضي كونه أعلم من غيره بجميع أنواع العلوم.

ولا فرق والحال هذه بين من يدعي أن الإمام يكون أعلم الناس بفروع الدين وبين من يدعى أن الإمام يجب أن يكون أعلم أهل زمانه بجميع الصنائع حتى يكون أعلمهم بالخياطة والبناء والنجارة، فكما كان المدعي لهذا مبطلًا؛ فكذلك ما قالوه؛ لأن |54/و| كل واحد من العلمين يتم الغرض بالإمامة دونه؛ فصح ما قلناه من أن الإمام يجب أن يكون من أهل الاجتهاد، ولا يجب أن يكون أعلم من في الزمان بجميع أنواع العلوم وإن جاز أن يكون كذلك.

---

(63) (ل): [حكم معرفة].

فصل: في بيان ما تجب به طاعة الإمام واختلاف الناس فيه

اعلم أن الشيخ أبا علي -رحمه الله- ذكر أنه تجب طاعة الإمام بوجوه ستة(64).

أحدها: أن ينص عليه إمام آخر ولا تكون فيه خلة تمنع من الإمامة. فمتى وجد هذا وجبت طاعته؛ ودليله على ذلك إجماع الصحابة على طاعة عمر لنص أبي بكر عليه.

وثانيها: هو أن يعلم المسلمون أنه ليس في الأمة أكمل بخصال الفضل التي تفتقر الإمامة إليها منه. فمَن هذه حاله وجب على الناس بيعته وطاعته إذا لم يكن فيه ما يمنع من الإمامة، ولا يجوز لهم العدول عنه. وحجته في هذا الوجه هو أن الشورى إنما احتيج إليها لطلب الأفضل والأكمل، فإذا علم ذلك فلا حاجة بهم إلى الشورى.

وثالثها: أن يكون المعلوم من حال المسلمين أنهم إذا اشتغلوا بالشورى= يدهمهم من جهة الكفار أمر عظيم، ويخافون على أنفسهم من جهة أعداء الدين؛ فحينئذ إذا غلب على ظنهم أن فيهم من يصلح له ويقوم بأمرهم، فإذا عقدوا له ولم يظهر من جهته ما يوجب عزله= لزمهم طاعته وإن جوَّزوا أن يكون فيهم من هو أفضل وأكمل منه وأنظر. واعلم أن علته في ذلك أن الأفضل إنما يطلب عند العقد، فإذا تعذر سقط مراعاة هذا الباب؛ ولهذا لو أن في زمان الإمام مَن تقدَّم حتى صار أفضل من الإمام= لم يجز عزل الإمام ما لم يكن عند العقد كونه أفضل معلومًا؛ فكذلك هذا مثله.

---

(64) انظر: عبد الجبار، المغني 20/1/253-258، البصري، الفصل: 10/ظ-11/ظ.

ورابعها: هو أن يكون من جملة الأمة جماعة يصلحون لها، فإذا اجتمع خمسة منهم على سادس وجب على الكل الرضا به. وعلته في ذلك اتفاق الصحابة عنده على أبي بكر لما عقد له عمر بن الخطاب وأبو عبيدة بن الجراح وسالم مولى أبي حذيفة وأسيد بن حضير الأنصاري وبشير بن سعد.

وخامسها: أن يكون <من> بعض أئمة الجور، فيقيم الظلمة واحدًا إمامًا، ولا يمكنه أن يتوصل إلى أن يعزل نفسه ويجمع الناس للشورى |54/ظ| ويمكنه أن يعدل ويفعل ما يفعل الأئمة <العادلون>. فإذا علموا ذلك من حاله لزمهم طاعته، ولا يجوز لهم عزله. ويمكنه أن يحتج لهذا الوجه بأن يقول: الغرض بالشورى هو أن يطلب أولى الناس بالإمامة؛ لئلا يقع المنكر وليدفع الجور والباطل، وبطاعتهم إياه يمكن الوصول إليه؛ فلا حاجه بهم إلى عزله وجعل الأمر إلى الشورى.

وسادسها: أن يكون في بعض بلاد الجور من يمكنه القيام بالمعروف والأمر به والنهي عن المنكر، ولا يمكنه ذلك إلا أن يدعي الإمامة، فإذا ادعى ذلك وبايعه بعض المؤمنين وجب طاعته، ولا يجوز عزله إذا لم يكن فيه ما يمنع من الإمامة.

هذا هو الذي ذكره -رحمه الله- في **النقض على ابن الراوندي**[65]، وحكى قاضي القضاة[66] -أدام الله عزه- في النص أنه كان يقول: إن النص عليه من الإمام لا يكفي دون أن يقع بين المسلمين الرضا به، وحكى[67] عن الشيخ أبي هاشم -رحمه الله- أنه كان يذهب إلى قول الأول. ولست أحفظ لأبي هاشم

(65) قارن: البصري، الفصل: 10/ظ.

(66) انظر: عبد الجبار، المغني: 253/1/20، 257.

(67) انظر: عبد الجبار، المغني: 253/1/20.

تفصيل هذه الوجوه، والذي يجري في كلامه وحكي <عنه> إنما هي البيعة ونص الإمام على إمام آخر.

فأما الإمامية[68] فإنها تذهب إلى أن طاعة الإمام إنما تجب بأحد أمرين: إما النص على عينه، وأما ظهور المعجز عليه.

وأما الزيدية[69] فلا خلاف بينهم أن الشرائط متى وجدت فادعى الإمامة ولم يكن قد تقدمه ولا قارنه دعوى غيره= أن طاعته تجب عند ذلك.

واختلفوا[70] في نص الإمام على إمام هل هو يوجب الطاعة أم لا؛ فمنهم من قال بأنه لا بد مع النص من الدعوى. ومنهم من قال: إن النص كاف في هذا الباب.

واختلفوا في النص على الحسن والحسين -عليهما السلام- هل كان من جهة الرسول أو كان النبي -صلى الله عليه وآله- قد نص على علي -عليه السلام- وقد نص علي على الحسن، والحسن قد نص على الحسين -عليهم السلام-. ومنهم من ذهب إلى أن النص قد وجد من الرسول -عليه السلام- على جميعهم. ومنهم من قال: إن الطاعة إنما وجبت بنص بعضهم على بعض. وتأوُّل نص النبي عليهم والكلام في كيفية ذلك ليس هذا موضع ذكره.

ولا خلاف بين الزيدية أن الطاعة لا تجب بها سوى هذين الموضعين على ما |55/و| قالت الإمامية معهم. والأصل في هذا هو أن ما ذكره الشيخ أبو علي -

---

(68) انظر: المفيد، الأوائل: 5؛ المفيد، الجارودية: 45-46؛ المرتضى، الذخيرة: 429.

(69) انظر: الهاروني، الدعامة: 211.

(70) انظر: الهاروني، الدعامة: 211، 217.

رحمه الله- في الوجوه -سوى نص الإمام على الإمام- فإنها تفرّع على القول بالاختيار وأن يكون الأمر غير مقصور على البطنين على ما نذهب إليه؛ فإن تم له ذلك صح ما ذكره، وإن لم يتم أصل الاختيار فسد ما فرَّع عليه.

فأما نص الإمام فإن أكثر الناس قد قال به وإن كان الأولى أن يفصل بين النص من جهة الرسول والنص من جهة الإمام؛ لأن طريق وجوب طاعة الإمام الشرع، ولم يثبت في الشريعة نفاذ أمر الإمام ووجوب طاعته بعد موته. وما يدَّعى من الإجماع غير صحيح لما سنبينه من بعد.

فأما ما تذهب <إليه> القطعية[71] من الإعجاز فليس مِن كلام مَن يفصل هذا الشأن؛ وذلك أن ظهور المعجز عليه لا يخلو من أحد أمور: إما أن يدل على صدقه وأنه لا يكذب فيما يخبر به وإن كان ما يخبر به يجوز أن يعلم لا من قبله من أحكام الشرع، أو يظهر المعجز عليه ليعلم أنه لا يكذب فيما يختصه، أو يظهر المعجز عليه لنأمن وقوع الجور منه، أو يظهر المعجز عليه لنعلم من جهته من مصالحنا ما لا يجوز أن نعلمه إلا من جهته؛ فإن قلنا بجواز ظهوره عليه لنعلم من جهته ما يجوز أن يعلم لا من جهته= فلا يكون في ظهوره عليه فائدة؛ لأنه لا يجب النظر فيه لـمَّا لم يحصل معه الخوف من تضييع الواجب.

وإن أظهر عليه ليعلم أنه لا يكذب فيما يخصه= وجب ظهور المعجز على كل من كان صادقًا من أفناء الناس؛ ليعلم أنهم لا يكذبون.

وإن كان ظهور المعجز عليه أنه لا يجور فالجور الذي يقع منه لا يخلو: إما أن يكون صغيرة، أو كبيرة؛ فإن كانت كبيرة فإذا علمنا وقوعه من الإمام عزلناه وعدلنا عنه إلى غيره؛ فلا حاجه بنا إلى المعجز. وإن كانت صغيرة فالمعجز لا

(71) المراد بهم الإمامية؛ سموا بذلك لقطعهم على موت موسى بن جعفر.

يؤمن من وقوعها. فقد بطل أن يكون هذا الوجه يوجب ظهور المعجز عليه. على أن ذلك يوجب ظهور المعجز على كل من أمنا وقوع الجور منه.

فلم يبق إلا أن يقال بظهور المعجز عليه لتعلم من جهته المصالح، ومن هذا حاله نحن نجوز ظهور المعجز عليه، لكنه لا يكون إمامًا، بل يكون نبيًّا ورسولًا، وقد ثبت من دين محمد بن عبد الله -صلى الله عليه وآله- ضرورة أنه لا شارع بعده.

|55/ظ| فقد بطل ما قالوه من ظهور المعجز عليه، فإذا بطلت لم يبق إلا أن يقع النص من الرسول على أعيان الأئمة، أو يقع النص على صفاتهم فيجري مجرى النص على أعيانهم، وهذا قولنا.

وإنما قلنا بوجوب الطاعة عند الدعوة؛ لأنه لا أحد قال: إن الإمامة في ولد الحسن والحسين -عليهما السلام- إلا وقد شرط في تعيين الإمام -إذا لم يكن هناك نص- الدعوةَ، فإذا تم لنا ما ذكرنا تم ما بنينا عليه؛ فعلى هذا يجب أن نبين الكلام في هذا الباب.

فصل: في بطلان قول من قال: إن الإمامة تستحق جزاء على الأعمال

اعلم أن في الناس من يقول: إن الإمامة تستحق جزاءً على الأعمال كالثواب. وفيهم من قال بخلاف ذلك، وإليه ذهب أكثر المعتزلة والزيدية(72)، وهو الصحيح.

ومن قال بالأول قال: إن الإمامة لما كانت منوطة بالتبجيل والتعظيم على وجه لزم الكافة ذلك حتى فسق من استخف بهم، وخرج من ولاية الله إلى عداوته؛ فلولا أن ذلك جزاء على الأعمال الصالحة لما كان هذا حاله.

وهذا فاسد(73)؛ وذلك أن الإمام لم يجب تعظيمه وتبجيله من حيث كان إمامًا، بل إنما وجب ذلك من حيث كان مطيعًا صالحًا خيِّرًا. ولو كان قد وجب ذلك لكان لا يجوز أن يكون ثوابًا؛ من حيث إن الإمامة تكليف، والتكليف من صفته المشقة، والثواب من صفته اللذة والراحة؛ فلم يجز أن تكون الإمامة ثوابًا وجزاءً؛ فقد بطل ما قالوه.

والذي يدل على ما قلناه وجوه كثيرة:

منها(74): أن الإمامة لو كانت تستحق على الفعل لوجب أن تستحق دائمًا، كالمدح والثواب والاستخفاف والعقاب، ولو كانت الإمامة تستحق على الفعل لوجب أن تكون استحقاقًا دائمًا، وهذا يوجب بقاء التكليف عليه وعلى الأمة ليكون إمامهم، أو يكون إمامًا عليهم في الآخرة يأمرهم وينهاهم. فلما فسد الوجهان معًا بطل أن تكون جزاءً.

---

(72) انظر: الهاروني، الدعامة: 205.

(73) انظر: الهاروني، الدعامة: 206.

(74) انظر: الهاروني، الدعامة: 206.

دليل آخر:

وهو أنا قد علمنا أن قضاة الإمام وأمراءه في أنهم يستحقون المدح والتعظيم، وأنه واجب على الرعية طاعتهم= |56/و| كالأئمة نفسها؛ فلو كانت الإمامة جزاءً لوجب أن تكون الإمارة والقضاء جزاءً على الأعمال. فلما فسد ذلك بإجماع الأمة بطل ما ذهبوا إليه.

فإن قالوا: الإمام لا يجوز عزله مع سلامة الأحوال، والأمير والقاضي يجوز عزلهما مع السلامة؛ فبان أحدهما من الآخر.

قيل له: قد كان يجوز ألَّا يجوز عزلهما كما أن الإمام لا يجوز عزله؛ لأن ذلك يجب أن يكون جزاءً، والجزاء يستحق دائمًا، على أن الإمامة لله -تعالى- يزيلها بالموت، ولا يقدح ذلك في استحقاقها بالعمل، فهلا كان يجوز عمل الأمير والقاضي وإن كان ذلك استحقاقًا. فإن رام أن يفصل بينهما لم يجد إليه سبيلًا.

دليل آخر:

وهو أن الإمامة لو كانت جزاءً لكان لا يخلو: من أن يكون لله -تعالى- إزالتها مع الاستحقاق، أو لا يكون له ذلك؛ فإن لم يكن له إزالتها والمنع منها مع الاستحقاق أدى إلى ألَّا يكون لله -تعالى- أن يميت الأئمة؛ لأن حالهم عند الموت كحالهم عند التولية؛ وهذا يوجب بقاء التكليف. وإن قالوا بأن الله -تعالى- له أن يمنعه منها مع الاستحقاق أدى إلى ألَّا نأمن أن يكون جميع من ولي من الأئمة كانوا مفضولين، وأن الله -تعالى- قد منع الفاضل من الإمامة وولى المفضول؛ وفي هذا هدم أصله؛ لأن عزمه أن يثبت أن الأمة لا تجمع إلا على أفضل الناس لأن الإمامة لا يستحقها إلا الأفضل، فإذا جوّز منع الأفضل عنها فمن أين أن من تولى أمر الأمة هو أفضل الناس. فقد بان فساد قوله.

فإن قيل: إنما أقول: إن الإمامة لا يستحقها إلا الأفضل ما دام حيًّا ومكلفًا[75]، فمتى أزيل عنه التكليف ومات لم يوجد ما جعل شرطًا في استحقاقه لها.

قيل له: إذا جاز لك أن تشرط هذا مع قولك: إنها تستحق= ليجوزن لغيرك أن يقول: إنها تستحق متى لم تتعلق المصلحة بالمفضول، فيكون المفضول أولى من الفاضل، فلا يسلم لك غرضك[76] وبطل القول بأنها تستحق.

دليل آخر:

هو أن الإمامة لو كانت جزاءً على الأعمال، وقد علمنا أن أحوال المكلفين لا تختلف فيما كُلفوا إذا أتوا به= في أن كل منهم يستحق على قدر |56/ظ| طاعته ما لا يستحقه الآخر وإن نقص قدره؛ فلو كان الأمر على ما زعم المخالف لوجب أن يكون لكل من أطاع الله -عز وجل- حظًّا فيها وقسطًا، ويجب[77] أن يكون في كل وقت أئمة كثيرة؛ لأنه لا يمتنع تساوي الخلق الكثير في الطاعة فيكون ثوابهم وما يستحقون على أفعالهم يتفق ولا يختلف؛ فكان يجب أن يكونوا كلهم أئمة، وكل ذلك يكشف أن الإمامة لا يجوز أن تكون استحقاقًا.

وليس لأحد أن يقول: إن الذي يستحق بالطاعة نسميه الإمام؛ لأنه ينبئ عن التعظيم، فلا يزول الاسم عن كل من استحق.

لأن الأسامي لا يقع فيها الاستحقاق؛ لأنها موضوعات يصح تغييرها، وإن كان هناك استحقاق فمقتضاه، وإلا فلا استحقاق على ما بيناه.

---

(75) (ل): [وملكها].

(76) [لما] + (ل).

(77) (ل): [يجب].

فصل: في هل في العقل ورود التعبد بالاختيار أم لا؟

اعلم أن الإمامية ذهبت إلىٰ أن العقل أحال ورود التعبد بالاختيار، والشرع أيضًا قد منع منه. وأما الزيدية فقد اختلفت مقالهم؛ فمنهم من قال بجواز ورود التعبد به من جهة العقل، وقال: الشرع قد ورد بخلافه وبطلانه. ومنهم من قال: ليس في العقل جواز ورود التعبد بالاختيار، بل فيه ما يمنع منه. فأما المعتزلة فقد أطبقت علىٰ جوازه في العقل وعلىٰ ورود التعبد به.

ومن قال بمقالة الإمامية نصر قولها بعلل لا يمكن الاعتماد عليها؛ فمن ذلك قوله: إن وقت الشورىٰ واختيار الإمام لا يخلو: من أن يكون الناس محتاجين إليه، أو لا يكونوا محتاجين إليه؛ فإن كانوا محتاجين ولا يجدون في ذلك الوقت= جاز أن يتفق حالهم كذلك أبدًا، وهذا يوجب الاستغناء عن الإمام. وإن لم يكونوا محتاجين إليه في تلك الحال جاز ألَّا يحتاجوا إليه أبدًا. فلما كان القول بالاختيار يؤدي إلىٰ هذا القول لم يجز ورود التعبد به.

الاعتراض:

وهذا فاسد؛ وذلك أنه ليس كل ما يحتاج إليه في وقت يوجب الحاجة إليه أبدًا، ولا كل ما وقع الغنىٰ عنه في وقت جاز وقوع الغنىٰ عنه دائمًا، بل تختلف الحال فيه، وهل ما ذكروه إلا مجرد الدعوىٰ.

علىٰ أن ما |57/و| ذكروه يفسد عليهم بزمان الفترة والغيبة؛ فأي شيء قالوه فهو قول من قال بالاختيار.

وعلىٰ أن ذلك يوجب عليهم أن يقولوا في النبي: إن العلم بنبوته لا يجوز أن يكون استدلالًا، وكذلك الإمام؛ لأن حال الاستدلال علىٰ النبوة والإمامة لا

يخلو: إما أن يكون حال الحاجة، أو حال الغنى؛ فإن كان حال الحاجة ولم يعلموا بعد وجوب الطاعة وجاز= جاز أبدًا. وإن كان ذلك حال الغنى وجاز= جاز أن يقع الغنى عن الأنبياء والأئمة.

فقد علم بهذه الوجوه بطلان ما قالوه.

علة أخرى لهم:

ومن ذلك أن الإمام خليفة رسول الله -صلى الله عليه- في أمته؛ فلا بد من أن يكون وجوب طاعته من قبَل مَن هو خليفة له، لا من قبَل من هو خليفة فيهم.

الاعتراض:

يقال لهم: ما أنكرتم أن النبي -صلى الله عليه وعلى آله- إذا دل على وجوب الاختيار وجعل الأمر إلى الأمة، واختارت الأمة لنفسها إمامًا عليها= كان ذلك الإمام، ووجب طاعته من قبل من هو خليفته وهو الرسول؟ ولا فرق بين أن ينص على عينه وبين أن يقول: إن زيدًا وعمرًا إذا قالا لكم: إن طاعة فلان واجبة عليكم؛ فأطيعوه= في أن في الحالين قد علم وجوب طاعته من قبل الرسول. فإذا كان الأمر على ما وصفنا بطل ما قالوه.

علة أخرى لهم:

ومن ذلك أنا قد وجدنا العقول قد شهدت على أن من يهتم بأمر أولاده وأهل بيته عند الموت= فإنه لا بد أن يوصي إلى من عنده أنه يقوم بأمرهم، ولا يجوز أن يجعل أمرهم إليهم، وقد علمنا أن النبي -صلى الله عليه وآله- أشفق على أمته وأرفق بهم من جميع الناس على أهاليهم وأولادهم؛ فلا يجوز أن يترك أمرهم

سدى ويجعل الاختيار إليهم.

الاعتراض:

يقال: ما أنكرتم أن الواحد منا إذا كان شفيقًا رفيقًا، وعلم من حال ورثته أنه إذا أوصى إلى رجل منهم تركوه ولم يطيعوه وتنافروا وتحاربوا حتى لا يتفق منهم الاثنان على شيء واحد، ولو أنه جعل أمرهم إليهم= وصل كل واحد منهم إلى حقه من غير أن تقع هناك فتنة؛ فإن الأولى له أن يجعل أمرهم إليهم وألَّا يولي عليهم، بل لو فعل ذلك قيل له: إنك ما أردت إلا فتنة القوم. فإذا كان الأمر كذلك، ولا يمتنع أن يكون المعلوم من حال الأمة أنها إذا اختير عليها |57/ظ| عصت وإذا اختارت أطاعت، ويكون الأولى في الحكمة أن يجعل الاختيار إليها. فإن راموا دفع ما قلنا لم يجدوا إليه سبيلًا.

علة أخرى لهم:

ومن ذلك قولهم: إن أكثر ما في الباب أن يكون الاختيار يوصل إلى عين الإمام كالنص، فبنا[78] أن ننظر أيهما أولى في الحكمة، وقد علمنا أن النص أولى؛ لما فيه من حسم المادة وقطع الخلاف؛ فيجب أن ينص عليه؛ لأن الأصلح في باب الدين واجب.

الاعتراض:

يقال لهم: ما أنكرتم أن الذي قدمناه من أنه لا يمتنع أن تتعلق المصلحة بالاختيار كما لا يمتنع تعلقها بالنص، فإذا لم يمتنع ذلك لأنه لا فرق بين من أبى

---

(78) كذا! ولعل مراده: فعلينا، أو: فحري بنا.

ذلك وبين من أبى تعلق المصلحة بالعبادات كلها= لم يمتنع ورود التعبد بالاختيار ويصير أولى من النص، ويكون النص في أنه يؤدي إلى التهارج والاختلاف= أبلغ من الاختيار. فإن راموا دفع ما قلناه لم يجدوا إليه سبيلًا.

علة أخرى لهم:

ومن ذلك أنه لو ورد التعبد بالاختيار لكان لا يخلو: من أن يكون ذلك باختيار جميعهم، أو باختيار بعضهم؛ فإن قلنا باختيار جميعهم أدى إلى تعطيل الأحكام وإبطال الحقوق؛ لأن اتفاق الأمة بأسرها لا سبيل إلى العلم به إلا بعد عمر طويل، وهذا فاسد. وإن[79] قلنا: بعضهم، لم يخل ذلك البعض من أن يكونوا معروفين بأسمائهم وصفاتهم، أو <يكونوا> أيَّ بعضٍ كان جاز؛ فإن كان أي بعض عقد جاز= أدى إلى أن يكون الفاسق والعبد ومن لا علم له ولا ووع إذا عقد= وجب طاعة المعقود له، وهذا باطل بالإجماع؛ فلا بد من أن يكونوا معينين، وتعيينهم لا يقع إلا بالنص على أعيانهم. فإذا كان لا بد من النص على أعيانهم فالنص على عين الإمام وهو واحد أولى من النص على أعيان جماعة كثيرة. فقد بان أن القائل بالاختيار متى هرب من النص وقع فيه من حيث هرب.

الاعتراض:

يقال لهم: ما أنكرتم أن ما ذكرتم من الأقسام فاسدة؛ لأنكم تركتم مذهب من يخالفكم ولم تبطلوه، وكل قسمة هذا سبيلها وجب القضاء ببطلانها؛ وذلك أن مذهب من خالفكم أن الاختيار قد[80] يرد التعبد به |58/و| بأن يقول: متى اجتمع ستة من المسلمين ممن لهم رأي واجتهاد وعلم وعدالة، وعقد منهم خمسة

---

(79) (ل): [فإن].

(80) استغلقت قراءتها، وصورتها هكذا:

للسادس، وهو من أهل الاجتهاد، وقد علم أنه أفضل أهل زمانه أو كأفضلهم، وعلم أنه من قريش، وعلم أنه لم يتقدم معه غيره= وجب عليكم طاعته. فمتى كان هذا لم يلزم شيء مما ذكرتم، وصح مذهب من خالفكم، وبطل ما أوردتموه. فإن راموا إبطال ما ذكرناه لم يتأت لهم.

علة أخرى لهم:

ومن ذلك قولهم: لو جاز ورود التعبد بالاختيار لجاز للأمة أن تختار لأنفسها فرائض ونوافل، فلما لم يجز ذلك في العقل لم يجز اختيار من تجب طاعته عليهم.

الاعتراض:

يقال لهم: ما أنكرتم أنه لا فرق بين اختيار الأمة وبين اختيار الإمام في أن كل واحد منهما لنا أن نختاره إذا وضع لهما أمارات ودلائل، وكل واحد منهما ليس لنا أن نختاره إذا لم يكن عليهما أدلة؟ فنحن قد سوَّينا بينهما من حيث إن كل واحد منهما قد يجوز ورود التعبد به وقد لا يجوز، [وأين ما][81] ذكرتم حتى يلزمنا[82] المصير إلى قولكم. ويلزمهم ما قالوه في نفس الإمام ألّا يكون له أن يختار الأمراء والقضاة كالأحكام.

علة أخرى لهم:

ومن ذلك أنه لو جاز أن يجعل إلى الأمة اختيار الإمام لجاز أن يجعل إليها اختيار الأنبياء، فلما لم يجز أن يجعل إليهم اختيار النبي -صلى الله عليه- لم يجز أن يجعل إليهم اختيار الإمام.

---

(81) (ل): [واقيما] دون إعجام.

(82) غير واضحة.

الاعتراض:

يقال لهم: ادعيتم أن حكم أحدهما حكم الآخر ألعلةٍ أوجبت الجمع بين ما قلتم، أم لا لعلة؟ فإن قالوا: جمعنا بينهما لا لعلة اقتضت الجمع. ظهرت مكابرتهم.

وإن قالوا: لعلة جمعنا بينهما. قيل لهم: فهلا ذكرتموها؟ فإن قالوا: العلة في ذلك أن كل واحد منهما داعي الأمة إلى الله -تعالى-، فلا يجوز أن يكون وجوب طاعته من قبل رعيته. قيل لهم: ولم ادعيتم صحة هذه العلة؟ وما وجه الدلالة فيها؟ فإن راموا تصحيحها لم يجدوا إليه سبيلًا.

ويقال لهم: ما أنكرتم أن الدلالة التي لها لم يجز لنا أن نختار نبيًّا تجب طاعته علينا= هو أنا لا نعرف من معه مصلحة ممن ليس معه ذلك؛ لتساوي صفاتهما وأحوالهما، فلو لم يدل على عين النبي لكان فيه جهل بالمصالح، ولا مصلحة مع الإمام يقتضي |58/ظ| العدول عنه فواتها؛ لأن كل من قام مقام الأئمة ولم يفعل فعلهم= وجب عزله وإقامة غيره مقامه، فلا يكون في توليته تعطيل المصالح والجهل بها، فلم يجب النص على عينه.

ولا فرق بين من يوجب النص على عين الإمام وبين من يوجب النص على قضاة الإمام وأمرائه عقلًا وبين من يوجب النص على الشهود وبينهم إذا أوجبوا النص على الإمام للعلة التي ذكروها، فلما بطل ذلك بطل جميع ما تعلق به هؤلاء القوم. وإنما لم نتقص القول فيه لأن الشيخ أبا علي قد أوضح بطلان عللهم في **كتابه الكبير** في هذا الباب، ولأن فيما أوردناه كفاية وتنبيه على ما تركناه.

وأما من أبى من الزيدية ورود التعبد بالاختيار فاعتل بأن قال بأن تكليف كل محلة وكل بلد لا يتعلق بتكليف غيره من النواحي والبلدان والمحالّ، فلما لم

يكن بينها تعلق وجب تساوي حال الكل في ذلك، ولو جاز -والحال هذه- ورود التعبد بالاختيار لكان لا يخلو: إما أن يكون لأهل بلد مخصوص أن يعقدوا حتى لا يكون لغيرهم ذلك، أو يكون لكل الناس أن يعقدوا؛ فإن كان لأهل بلد مخصوص كان لا يمتنع أن يعصوا فيه فلا يعقدوا، فيبقى غيرهم بلا إمام، ولا يكون لهم أن يعقدوا لأنفسهم إمامًا؛ وهذا يؤدي إلى تعطيل الأحكام وتضييع حقوق الله -تعالى- وحقوق الناس.

فإن كان لجميع الناس أن يعقدوا فلا يمتنع وقوع البيعة من أهل كل محلة من كل بلد، ومن أهل كل بلد في كل ناحية عقد الإمامة، فكان لا يخلو عند ذلك: إما أن تجب طاعة الكل، أو لا تجب طاعة أحد إذ قد تساوى حال الكل في هذا الباب؛ فإن قلنا بوجوب طاعة الكل فقد أحلنا لما فيه من تكليف ما لا يطاق. وإن قلنا: لا تجب طاعة أحد منهم أدى إلى تعطيل الإمامة. وإن قلنا: يجب استئناف العقد مع بعد ديارهم، كان لا يمتنع في الثاني مثل ما وقع في الأول؛ فيكون حاله في الثاني كحاله في الأول، خصوصًا وليس كل أهل بلد من البلاد عِيارًا على غيرهم من البلدان. فيجب بطلان القول بجواز ورود التعبد بالاختيار؛ لأنه أدى إلى هذا الفساد، وما أدى إلى الفاسد فهو باطل.

ويفصل هذا القائل بينه وبين من قال بالاختيار إذا قيل |59/و| له: إن عندك الإمامة بالدعوة في البطنين، فلا يمتنع أن يدعي منهم جماعة في حالة واحدة؛ فيلزمك في هذا ما ألزمت صاحب الاختيار بأن يقول: من ادعى الإمامة من البطنين ولا يكون غرضه الأمر بالمعروف والنهي عن المنكر= فلا تجب طاعته، ومن كان هذا غرضه لا يعتبر بكونه إمامًا، بل إذا علم أن ابن عمه في القيام بهذا الأمر كهو في نفسه فيكل الأمر إليه، ومَن هذه طريقتهم لا يؤدي الأمر فيما بينهم إلى التهارج والاختلاف.

فهذا هو أمثل ما يتعلقون به من جهة العقل في بطلان الاختيار، وإن كان القول بجواز ورود التعبد <به> من جهة العقل هو الأصح. وإنما قلنا ذلك لأنه لا يمتنع أن يرد التعبد بالاختيار على وجه يكون لبلد الإمام من الحظ في باب الاختيار ما لا يكون لغيره من البلدان، فتقع البيعة منهم، ولزم الناس الرضا بعقدهم على ما ذهب إليه من قال بالاختيار ويقول: إذا لم يقع العقد من أهل بلد الإمام فأي عقد وقع أولًا= لزم الناس المصير إليه، فإن لم يعلم وجب أن يستأنف، فإن خيف من ذلك وجب أن يقع المواضعة والاختيار على أن يجتمع الفضلاء في ناحية من النواحي فتقع الشورى بينهم إذا وقع الحصر عليهم، ولزم الباقين الرضا بفعلهم؛ لأن غرضهم بإقامة الإمام الأمر بالمعروف والنهي عن المنكر، ويكون القول في اتفاق أفاضل الأمة إذا اجتمعت للشورى كالقول في أفاضل العترة إذا اجتمعت لادعاء الإمامة وتسلم الأمر إلى من ترى الصواب تسليمه إليه. فلما لم يمتنع ذلك لم يمكن القول بامتناع ورود التعبد بالاختيار عقلًا، ووجب الرجوع فيه(83) إلى الشرع.

---

(83) (ل): [اله].

فصل: في هل ورد التعبد بالاختيار أم لا؟

اعلم أن هذا الفصل يشتمل على جملة من الكلام، منها كيفية استدلال من استدل على ثبوت الاختيار منه والكلام عليه. ومنها ذكر علل الإمامية في بطلان الاختيار من جهة الشرع.

اعلم أن الإمامية لما ادعت أن ههنا أدلة شرعية منعت من الاختيار ابتداءً= وجب أن نقدم كلامها؛ لنعرف هل الأمر على ما قالت وزعمت أم لا؟ فإن تبين أن ما ذكرت لا يدل على بطلان الاختيار، بقي الكلام |59/ظ| بين من قال: إن السمع ورد به وبين من قال: إن السمع لم يرد به وإنه إنما ورد بالنص؛ فإن كل من قال بالنص قال: إن الاختيار ليس بدين الله.

وإنما أذكر طرفًا مما تعلقت به الإمامية في هذا الباب؛ فمما تعلقت به قولها(84): إن الفضل مطلوب في الإمامة، ووجدنا لا سبيل إلى العلم بالأفضل إلا من جهة النص؛ فيجب ألَّا يجوز الوصول إلى الإمام إلا بالنص دون الاختيار.

فالجواب عن ذلك هو أن الفضل مطلوب في الإمامة، فلِمَ(85) ادعيتم أنه لا سبيل إلى العلم به إلا من جهة النص؟ وما أنكرتم أن ذلك يمكن الوصول إليه بالمشاهدة والاختبار؟ لأن المطلوب ما يظهر من العلم والزهد والشجاعة والنسب والتقدم في هذه الخصال، وكل ذلك مما يعلمه الخاص بالتجربة والامتحان، ويعلمه العامة بخبر الخاص عن حالهم. فإذا كان ذلك ممكنًا بطل ما قالوه.

---

(84) انظر: المرتضى، الشافي: 2/41-42.

(85) (ل): [لما].

دليل آخر:

ومن ذلك قولهم: إن الأمة لو كان لها أن تعقد وتولي لكان الإمام خليفة الأمة، فلما لم يكن خليفة لها لم يكن إليها عقد الإمامة، ألا ترى أن خليفة الإمام في الصلاة لا يكون خليفة القوم، وإنما يكون من قِبل الإمام لـمَّا كان خليفة له.

الكلام عليه:

اعلم أن ما ذكروه يجري مجرى الكلام في العبارة؛ لأن معنى قولنا: خليفة له= هو أن يخلفه ويقوم مقامه فيما كان يقوم به، فلما كانت الأمة غير قائمة بما يقوم الإمام به= لم يجز أن يقال: إنه خليفة لها، ووجب أن يقال: إنه خليفة للرسول؛ لما كان الرسول -عليه السلام- هو القائم بما يقوم به الإمام. ولو كان معنى قولنا: إن فلانًا خليفة لفلان، هو أنه أقامه= لكان يجب أن يقال في الإمام: إنه خليفة الأمة، بمعنى القائم بأمورهم، ألا ترى أنه يقال في الأمير: أميرها، وفي القاضي: إنه قاضي الأمة، بمعنى أنه يأمرهم ويقضي فيهم. فقد بطل ما قالوه.

دليل آخر لهم:

ومن ذلك قولهم: إن الأمة لو كان لها أن تعقد وتولي لكان لها ولاية على نفسها بأن تتصرف في نفسها تصرف الإمام؛ فلما لم يكن |60/و| لها ولاية على نفسها لم يكن لها أن تولي غيرها، ألا ترى أنه ليس لأحد في الشريعة أن يولي غيره أمرًا لا يكون له تلك الولاية، ولا يكون له أن يتولاه بنفسه؛ فلما لم يكن للأمة ولاية على نفسها لم يكن لها أن تعقد على نفسها.

الكلام عليه:

هو أن يقال لهم: لمَ زعمتم أن لو كان لها أن تعقد على نفسها لكان لها أن

تتصرف في نفسها تصرف الإمام فيها؟ وما أنكرتم أن ذلك موقوف على الشريعة؛ فإن وردت بالجمع بينهما قضي به، وإن وردت بالفرق بينهما وجب ذلك فيهما؟ وما أنكرتم أن الذي ذكرتم مجرد الدعوى؛ فلا فرق بينكم إذا قلتم فيه بما ذكرتم وبين من يقول: لو لم يكن للأمة أن تعقد على نفسها لم يكن لها أن تقدم واحدًا يصلي بها؛ فلما كان لها أن تقدم واحدًا يصلي بها كان لها أن تقيم رجلًا يحكم فيها بما لها وعليها. فإن راموا دفع ما قلناه لم يجدوا إليه طريقًا.

دليل آخر لهم:

ومن ذلك أن الأمة لو كان لها أن تولي لكان لها أن تعزل، كالإمام لما كان له أن يولي الأمراء والقضاة كان له أن يعزل. فلما لم يكن للأمة عزل الإمام وجب ألَّا يكون لها أن تولي الفاسق؛ لــمَّا لم يكن له أن يولي لم يكن له أن يعزل.

الكلام عليه:

يقال لهم: لمَ إذا كان للإمام أن يعزل وجب أن يكون للأمة أن تعزل؟ ولمَ إذا لم يكن للفاسق أن يولي يكون للأمة أن تعقد؟ وهل رجعتم في دليلكم إلى أكثر من أنكم وجدتم هكذا. فلمَ لا يكون حكم الإمام والأمة أصلًا برأسه، فيكون في الأمة من له أن يولي ويعزل، ويكون فيها من ليس له أن يولي ويعزل ويكون كالفاسق، ويكون في الأمة من له أن يولي ولا يكون له أن يعزل، كما أن في الأمة من له أن يعزل وإن لم يكن له أن يولي، ألا ترى أن المرأة لها أن تمتنع من أن يعقد عليها وليها إذا كانت بالغة، وليس ولاية الولي عليها من جهتها. فإذا لم يمتنع اختلاف هذه الأحكام لم يمتنع أن يكون للأمة أن تولي ولا يكون لها أن تعزل.

على أن من قال بالاختيار قال: إن للأمة أن تعزل إذا خرج الإمام من أن

يصلح للإمامة، كما أن لها أن تولي إذا لم يكن هناك إمام آخر؛ فقد دخل تحت موجب هذه العلة، فبطل |60/ظ| ما قالوه.

دليل آخر لهم:

ومن ذلك قولهم: إنا وجدنا تنفيذ الأحكام فرعًا على الإمامة وهي أصل له، فلو جاز أن يكون الأصل إلى الأمة لجاز أن يكون الفرع إليها؛ لأنه دونه في الرتبة؛ فلما لم يجز ذلك لم يجز أن يكون إليها الأصل.

الكلام عليه:

يقال لهم: لِمَ ادعيتم أن هذا لو كان إليها لجاز أن يكون إليها تنفيذ الأحكام؟ وما أنكرتم أن ذلك موقوف إلى الشرع، فورد الشرع بأحدهما ولم يرد بالآخر؟ ولو ساغ مثل هذا لساغ إبطال الأحكام بأن يقال: لو جاز ورود الشريعة بالصوم والصلاة والنسك والقربان لجاز أن يرد بالدَّعة والراحة والاشتغال بالملاهي، ولجاز أن يرد الشرع بخلاف ما ورد عليه؛ حتى يرد بتغيير الظهر عن وقتها وسائر العبادات. فلما لم يرد ذلك علمنا أنه لم يرد بهذه الأمور، فلما كان المدعي لهذا مبطلًا كان كذلك ما ذكرته.

دليل آخر لهم:

ومن ذلك أن الإمامة لو لم تكن بالنص لما جاز أن يختلفوا فيه، كما أن صلاة سادسة لما لم يكن منصوصًا عليها لم يختلفوا فيه.

وهذا جهل؛ لأن لمخالفه أن يقلب عليه فيقول: لو لم يكن قد ورد التعبد بالاختيار لما اختلفوا فيه. وللمخالف أن يعارضه بكل مذهب باطل اختلف الناس فيه ويقول: لو لم يكن حقًّا لما اختلفوا فيه. فلما بطل ذلك بطل ما قالوه.

دليل آخر لهم:

ومن ذلك قولهم: إنا علمنا أن الرسول -عليه السلام- قد كان لا يخلي حيًّا من أحياء العرب ولا قبيلة من قبائلها، ولا أخرج سرية إلا وقد ولى عليها من يسوسها، فلما صح أنه قد ولى أمر الأمة من يقوم به بطل الاختيار.

الكلام عليه:

هو أن يقال لهم: ما أنكرتم أنه ليس فيما ذكرتم نفي ورود التعبد بالاختيار؛ لأنه كان لا يمتنع أن تكون تلك عادته في السرايا والقبائل[86]، ثم عند الموت جعل الاختيار إليهم فيمن يلزمهم طاعته. فلما لم يمتنع ذلك لم يجب ما قالوه. |61/و| ولا فرق بين أن يأمرهم بإقامة إمام وبين أن يقيم لهم إمامًا= في أنه لا يكون قد تركهم سدى ولا يكون قد أهمل أمرهم.

فقد بان أن جميع ما يعتلون به في هذا الباب مما لا وجه له، ولا طريق لهم يثبتون به ما يريدون.

دليل آخر لهم:

وقالوا: لا يخلو الإمام الذي يقع الاختيار عليه: من أن يجب طاعته وقبول قوله، أو لا يجب؛ فإن لم تجب طاعته بطل القول بإمامته. وإن كان ممن لزمت طاعته والمصير إلى قوله فلا يخلو: من أن يكون قبول قوله وجب من حيث كان قولًا له، أو لزم ذلك من حيث دل الدليل عليه؛ فإن قلنا: لزم قبول قول من حيث كان قولًا له؛ أدى إلى وجوب تقليد من لا يوثق بقوله يقينًا ويجوز عليه الخطأ والتعمد إليه، وهذا هو الفاسد. وإن قلنا: وجب المصير إلى قوله لا من

(86) [القبائل] غير واضحة.

حيث كان قولًا له، لكن من حيث دل الدليل عليه؛ أدى إلى أن نكون متبعين آخذين بقوله من غير أن يكون لقوله تأثير، ولو جاز هذا <لجاز> أن يقال: كان النبي -صلى الله عليه وآله- تابعًا لليهود والنصارى في نبوة موسى -عليه السلام- وإن لم يكن قد صار إلى قولهم؛ من حيث كان قولًا لهم. فلما بطل ذلك صح أن الإمام لا بد من أن يكون منصوصًا عليه؛ ليلزم قبول قوله من حيث كان قولًا له.

الكلام عليه:

اعلم أنا قد بينا وجه الحاجة إلى الإمام وأنه لا يحتاج إليه ليعلمنا الدين ويعرِّفنا المصالح؛ وإنما يحتاج إليه ليقيم علينا ما يجب إقامته ويدفع عنا ما وجب دفعه، فإذا كان ذلك كذلك سقط ما بنى كلامه عليه.

على أنه يلزم المصير إلى قول الإمام من حيث كان قولًا له إذا كان قائلًا بالاجتهاد وإن كان لغيره أن يخالفه من حيث الاجتهاد، وليس له أن يمتنع مما يحكم به؛ وإنما لم يكن له ذلك وجاز له الامتناع من حكم من ليس بإمام ولا من هو مولًّى من جهة الإمام من أهل الاجتهاد= لأن أحدهما كان إمامًا والثاني كان مجتهدًا أيضًا، وللإمام مزية على غيره في لزوم المصير إلى ما يحكم به.

على أن ذلك يوجب عليهم أن يقولوا: إن العقليات وجب أن يُصار إليها |61/ظ| من حيث كانت قول الإمام، وإلا خرج الإمام من أن يكون إمامًا؛ فإن لم يلزم ذلك لم يلزم ما قالوه في الأحكام، وإلا لزم ما قالوه في متابعة اليهود.

على أن ذلك يوجب عليهم في أمراء الإمام وقضاته ألَّا يكونوا ممن تجب طاعتهم إلا من حيث كان قولًا لهم أو يخرجوا من أن يكونوا واجبي الطاعة، أو نكون إذا تبعناهم والحال هذه لدلالة سوى قولهم= متبعين لليهود. فلما لم يلزم

ذلك بطل ما قالوه.

دليل آخر لهم:

وقالوا: لو كان للأمة أن توجب على نفسها طاعة الإمام من غير نص من الرسول -صلى الله عليه- ومن الله -عز وجل- في طاعته معينًا= لكان لا فرق بين هذه الفريضة وبين سائر الفرائض، فكان يجوز أن يكونوا يختارون لأنفسهم عبادات، فلما أجمعت الأمة أن ذلك لا يجوز وليس إلى الأمة؛ فكذلك لا يجوز أن يكون إيجاب طاعة الإمام من جهتها.

الكلام عليه:

هذا الذي قالوه لا معنى له؛ لأنه لا فرق بين أن يقول الرسول -صلى الله عليه وآله-: عليكم طاعة زيد، وبين أن يقول: عليكم طاعة كل من قال خمسة من المسلمين من أهل الخير إن طاعته واجبة= في أن في الحالين يكون إيجابًا من جهة الرسول دون غيره. فبطل ما قالوه.

ذكر ما تعلق به من قال بالاختيار والكلام عليه

اعلم أن من قال بالاختيار تعلق بأشياء واستدل بوجوه كثيرة نحن نذكرها واحدًا واحدًا، ونتكلم عليها بأوجز كلام يمكننا إيراده بعون الله -تعالى-.

فمن ذلك قولهم: إن النبي -صلى الله عليه- ذكر الاختيار والإمامة، ولا يكون مع خطور المسألة بالبال وحصول الحادثة وفيها حكم من جهة الله -تعالى- ولا يبينه الرسول -عليه السلام-، فلما ذكر الإمامة وبيّن حالها حيث قال: «إن وليتم أبا بكر وجدتموه قويًّا في دين الله، ضعيفًا في دينه، وإن وليتم عمر وجدتموه قويًّا في دين الله قويًّا في بدنه، وأن وليتم عليًّا وجدتموه هاديًا مهديًا يحملكم على المحجة البيضاء». |62/و| ولم يذكر النص ولا أن ذلك يسوغ لهم، بل قررهم على ذلك وبيّن لهم، وجعل الأمر إليهم؛ فدل ذلك على أن الأمر في تعيين الإمام إلى الأمة.

الكلام عليه:

يقال لهم: من أين علمتم صحة هذا الخبر ووروده؟ أحصل لكم العلم به ضرورة أو استدلالًا؟ فإن ادعوا في ذلك ضرورة، كابروا. وأن ادعوا فيه استدلالًا، فيقال لهم: فما وجه الدلالة على صحة هذا الخبر ولمكانِ أيِّ رواية عن رسول الله -صلى الله عليه- أم أي إجماع حصل على صحة هذا الخبر، أم أي نقل ظهر فيه؟ فإن راموا تبيينه على وجه يحصل العلم بكونه على طريق الاستدلال لم يجدوا إليه سبيلًا.

فإن قالوا: علمنا صحة هذا الخبر من حيث اجتمعت الصحابة على القول بالاختيار.

قيل له: أليس الإجماع عندك دلالة قاطعة في المسألة، فما وجه تعلقك بالخبر وهو لا يستقل بنفسه ويحتاج في صحته إلىٰ ما إذا ابتدأتَ به يمكنك الاحتجاج به فيما رمت نصرته؟! فقد علم فساد التعلق بالخبر.

علىٰ أنه يقال لهم: أليس قد كان يجوز ألَّا يكون قد حصل من الرسول -صلىٰ الله عليه- نص علىٰ عين الإمام، وقد أخبرهم أنهم إن فعلوا الذي <قال> كان كذا، ثم حصل من بعد النص علىٰ عين الإمام؟ فإن قالوا: ما كان يجوز ذلك. كابروا. وإن قالوا بجوازه، بطل التعلق بالخبر؛ لأن أكثر ما فيه أنه لم ينص في تلك الحالة ثم نص من بعد.

ثم يقال لهم: أرأيتم لو كان الرسول -عليه السلام- قد سبق منه النص علىٰ عين الإمام، ثم أراد أن يخبر أن كل واحد منهم يصلح للأمر، وأنه إن ولي كيف كان يكون قيامه به= أكان في ذلك إبطال لنصه القديم؟ فإن قال به، تجاهل. وإن قال: لا يكون في ذلك إبطاله. سقط الاحتجاج بالخبر.

وقد استدل بعض من نصر مقالة الشيعة بهذا الخبر علىٰ أن الأمر لو كان بالاختيار لكان أمير المؤمنين -صلىٰ الله عليه وآله- أولىٰ بأن يعقد له من أبي بكر؛ لأنه -عليه السلام- ذكره بالضعف في بدنه وإن كان قد وصفه بالقوة في أمر الله -تعالىٰ-، وذكر أمير المؤمنين فأورد في بابه خصال الإمام كلها؛ لأن كونه هاديًا مهديًا جامع لجميع ما يكون |62/ظ| الإمام عليه، ويقتضي ظاهره أن الخطأ لا يقع منه في باب الدين، وإلا خرج من أن يكون هاديًا مهديًا.

فلو صح الخبر لدل علىٰ أن عدولهم عن أمير المؤمنين إلىٰ غيره= كان خطأ؛ لأن الرجلين إذا تساوت حالهما وكان أحدهما مأمون الباطن حتىٰ يؤمن عليه ويُعلم أن الخطأ لا يقع منه= لا يجوز العدول عنه إلىٰ من يجوز الخطأ عليه، بل

العمد والعصيان لا يؤمن وقوعه منه. فلو جعل هذا دلالة عليهم= كان أولى من أن يجعل حجة في أمر أبي بكر.

دليل آخر لهم:

وقد استدل[87] بعضهم بقوله -تعالى-: ﴿قُل لِّلْمُخَلَّفِينَ مِنَ ٱلْأَعْرَابِ سَتُدْعَوْنَ إِلَىٰ قَوْمٍ أُوْلِي بَأْسٍ شَدِيدٍ﴾ الآية[88]، وإن معنى ذلك: إن أطعتم الداعي إلى قتالهم آتاكم الله أجرًا حسنًا، ﴿وَإِن تَتَوَلَّوْا﴾ تعرضوا عن إجابة الداعي ﴿كَمَا تَوَلَّيْتُم مِّن قَبْلُ يُعَذِّبْكُمْ﴾، وأن الناس تأولوا الآية على الروم وفارس، وقد دعا أبو بكر الناس إلى محاربة الطائفتين، بل دعاهم إلى محاربة العرب التي ارتدت وغيرهم؛ فيجب أن تكون طاعته واجبة، وقد ثبت أنه لم يكن منصوصًا على عينه، فيجب ثبات[89] الاختيار من حيث إن طاعته لم تجب إلا به.

الكلام عليه:

اعلم أن قاضي القضاة أورد الكلام على هذه الآية في **نقض اللمع** وأفسد التعلق بها من وجوه:

منها: أن الدعاء إلى القتال يقع من الإمام وغير الإمام؛ فلم يجب أن يكون إذا دعا إلى القتال= دعوته تؤذن بإمامته؛ لأن وجوب الجهاد لا يتعلق بقوله.

ومنها: أن الآية تدل على أن كل من دعاهم إلى قتال أولي بأس شديد تجب طاعته ولا تدل على إمامته؛ فبطل التعلق بالظاهر.

---

(87) =أبو علي الجبائي. انظر: عبد الجبار، المغني: 20/1/224-325.
(88) سورة الفتح: 16.
(89) (ل): [سان].

ومنها: أن الوعد والوعيد لا يتعلق بطاعة الإمام من حيث الظاهر ولا بطاعة الداعي، بل يحتمل⁽⁹⁰⁾ أن يكون المراد به: وإن تطيعوا أمر الله بالجهاد يؤتكم أجرًا حسنًا، وإذا احتمل أن يكون المراد بالطاعة طاعه الله واحتمل أن يكون طاعة الداعي= فمن أين أن طاعة الداعي واجبة وأنه يدل على إمامته. وبيَّن أن أولي بأس شديد يقتضي أن يكونوا قومًا تلزم مقاتلتهم لخروجهم من الدين، والباغي كالكافر في هذا الباب. فإذا كان الأمر كذلك فأمير المؤمنين -عليه <السلام>- قد دعا الناس إلى محاربة البغاة؛ فيجب أن يكون هو المراد، أو يتساوى الحال |63/و| فيه؛ فيسقط التعلق بالآية.

دليل آخر لهم:

وقال بعضهم: إن الذي يدل على ثبوت الاختيار هو أن الإمامة لا بد منها، فلا يخلو القول في ذلك: من أن يكون بالإرث والقرابة من رسول الله -صلى الله عليه وآله-، أو بالاستحقاق جزاءً على الأعمال، أو بالنص، أو بالاختيار؛ وبطل أن يكون بالقرابة؛ لأن الطريق إلى ذلك الشرع، ولا شرع يوجب ذلك. ولا يجوز أن يكون للاستحقاق؛ لما قدمنا ذكره. فلم يبق إلا النص، ولا نص ههنا يدل على إمام معين؛ فيجب أن يكون بالاختيار.

الكلام عليه:

اعلم أن من تعلق بهذه الطريقة الكلام بيننا وبينه في هل ورد من الرسول أو من الله -تعالى- ما يدل على إمامة رجل بعينه أم لا؟ فإن تم لنا ذلك بطل ما يعتمده، وإن لم يتم ذلك فيجب الرجوع فيه إلى ما قال. وليس له إذا تمسكنا بخبر

_____
(90) (ل): [يحمل].

أو تعلقنا بلفظ= أن يتأوله ويصرفه إلى بعض الوجوه؛ لأنه غير متمسك بدلالة، فإذا أوردنا عليه ما يدل على الإمامة فليس له تأويله وصرفه إلى ما يريده؛ لأن ذلك يقتضي ثبوت الدلالة على الاختيار ثم لمكانها يتأول ما يُورد بالنص على رجل بعينه. ونحن نذكر من بعدُ ما يدل على إمامة أمير المؤمنين -عليه السلام- بظاهره(91).

دليل آخر لهم:

ومنهم(92) من يتعلق في ذلك بالإجماع على الرضا بأبي بكر وعقد الإمامة له من جهة الاختيار، ويقول: إنه لولا ورود التعبد بالاختيار لما جاز من الصحابة أن تتفق عليه؛ لأنه يكون إجماعًا على الخطأ. فلما علمنا اتفاقهم على بيعته وعلى الرضا به علمنا أن التعبد في الإمامة قد ورد بالاختيار.

الكلام عليه:

يقال له: ادعاؤك الإجماع لا يخلو من أحد وجهين: إما أن تدعي أن جميع الصحابة قد عقدوا له البيعة وبايعوه حتى لا يختلف منهم أحد ولا أنكر ولا نبَّه ولا كره مكانه، أو تدعي أن بعضهم قد عقدوا ورضي الباقون؛ فإن ادعيت البيعة من الكل، فبماذا علمت ذلك، ومن الذي يروي لك عن كل واحد من الصحابة صغارها وكبارها وخاصها وعامها؟ فإن ادعى النقل عن كل |63/ظ| واحد منها باسمه وصفته، فقد كابر وعُلم بطلان قوله؛ لأن الذي نقل عنهم البيعة عند العقد خمسة من المذكورين، ثم المحكي عنهم على طريق الجملة بعد

(91) [فيما بعد] + (ل).
(92) انظر: البصري، الفصل: 11/ظ.

البيعة إنما هو نقل بيعة أقوام مخصوصين، فمن أين له النقل في باب البيعة عن الصحابة بأسرها؛ صغارها وكبارها؟!

فإن قيل: ليس حاجة إلى النقل عن جميع الصحابة؛ لأن الذين يعتبر بهم الكبارُ من الصحابة، دون صغارهم والمتأخر منهم.

قيل له: خبِّرنا عن الإمامة أهي عندك من تكليف كل الناس حتى يلزم كل مكلف أن يعرف على الجملة وجوبَ طاعة إمامه وأنه ممن يلزمه طاعته ولا يجوز له الخروج عن أمره، أم هي على الخاص أن يعرفوا وجوب طاعته وليس لقول(93) العوام فيه اعتبار خالف أو وافق كره أو رضي؟ فإن(94) قال: إنه لا معتبر بالعوام في ذلك وقولهم وخلافهم. أخرجهم من أن يكونوا مكلفين بالعلم به وبوجوب طاعته، وألزمهم التقليد في أمر ليس طريق معرفته الاجتهاد. وإن قال: المعتبر في هذا الباب هو الخاص والعام، فقد اعترف بأن البيعة أو الرضا بالبيعة= يجب أن يكون حاصلًا من جميع الأمة؛ لأن إمامة أبي بكر هي المبتدأة وسائر أحكام الأئمة هي ترتبت عليها عندهم؛ فيجب أن يكون العلم بصحتها يحصل لكل مكلف لزمه النظر في هذا الباب.

فإذا كان الأمر كذلك كان يجب أن يحصل لنا العلم بوقوع البيعة من جميع الصحابة، بل من جميع من آمن بالرسول، وكان مكلفًا العلم بوجوب طاعة الإمام، ولو حصل منهم ذلك لكان العلم يحصل به لنا كما حصل لهم، وفي علمنا بأنفسنا وأحوالنا أنا غير عالمين بوقوع البيعة من جميع المسلمين والرضا بالبيعة= دليل على أن العلم غير حاصل لكل من ادعى العلم به.

---

(93) (ل): [بقول]، دون إعجام القاف.

(94) (ل): [وإن].

فإن قال: أنا لا أدعي في هذا الباب وقوع العلم والنقل عن كل واحد على التفصيل أنه قد بايع أو رضي بالبيعة؛ وإنما أدعي أن البيعة قد ظهرت وفشت، وبقي الرجل فيما بينهم سنتين يأمرهم وينهاهم ويتصرف فيهم تصرف |64/و| الأئمة، وما روي عن أحد منهم أنه أنكر إمامته أو خالفه أو قال: إن طاعته غير واجبة، ولو كان لنقل؛ لأنا لو جوزنا عليهم خلاف ذلك لأدى إلى ألَّا نعرف صحة شيء من الإجماعات؛ لأنا نجوز أن يكون فيهم من كان يخالفهم في سائر ما يُدعى فيه الإجماع ولم يظهر لنا ولم ينقل إلينا كما نقل سائر ما اختلفوا فيه، وفي ذلك إبطال للإجماع رأسًا. فلما بطل ذلك علمتُ أنه لو كان فيهم من يخالفهم ولم يرض بعقدهم له= لنقل إلينا كما نقل سائر ما اختلفوا فيه.

قيل له: ما أنكرت من قائل يقول لك: إن ما تمسكت به لا يمكنك ادعاؤه في أمر الإمامة؛ لأن العلم بأنهم قد رضوا به على أنه لا وجه لسكوتهم وتركهم إظهار الخلاف إلا رضاهم به واعتقادهم له، ومتى كان الأمر كذلك فلا سبيل إلى العلم بأنهم قد رضوا بما قال بعضهم؛ لأنا متى جوزنا أن يكون ما له ولأجله سكتوا عن النكير أو عن ذلك الخلاف والرد على من قال بذلك الشيء هو أمر آخر سوى كونه حقًّا عندهم= لم يسلم لنا العلم بأن القوم قد رضوا به؛ فصار ذلك دينًا لهم؛ ولهذا لم يدل جلوس أمير المؤمنين -صلى الله عليه- في بيته وسكوت كبار الصحابة عما كان يجري على عثمان على أنهم قد رضوا به؛ لما كان هناك وجه آخر جاز أن يكون سكوتهم لأجله، وهو قلة الأنصار لهم أنْ لو أظهروا الخلاف، أو مخافة الفتنة والحرب واختلاف الكلام وتشتيت الشمل وتسليط الأعداء عليهم. وكل هذه الأمور مجوَّزة فيمن خالف بيعة أبي بكر ولم يرض به.

فإن كان التمسك بالإجماع إنما هو من حيث لم يظهر الخلاف والنكير= فما ذكرناه يخرج الطريقة من أن يعلم بها كون ذلك حقًّا، وليس كذلك سائر ما

أجمعوا عليه من الأحكام والشرائع؛ لأنه قد علم من حالهم أنه لا مانع لهم عن إظهار الخلاف، ولولا كون ذلك الشيء حقًّا لما سكتوا عنه. فبان الفرق بين الموضعين.

فإن قال: لا مانع فيما ذكرته كما لا مانع |64/ظ| في اتفاقهم على الأحكام؛ لأن المعلوم من حال الصحابة أن بعضهم ينكر على البعض فيما كان يخالف فيه، وكان بعضهم لا يتحاشى من مخالفة صاحبه، خصوصًا إذا كان الحق فيه في واحد.

قيل له: ما ذكرته كلام من لا يعرف الأخبار ولم ينظر فيما كان يجري بين الصحابة في أمر الإمامة وغيرها، أليس المعلوم من حال عمر ومن بايع أبا بكر أنهم كانوا يحملون الناس على بيعته، بل كانوا يغلظون القول فيه وينكرون على من يخالف؟ أليس جرى بين عمر وبين سعد يوم السقيفة ما جرى؟ أليس قال له: دعه يقتل قاتله الله؟ أليس قال: قد هممت أن أطأ بطنه، حتى روي أن ابنه أخذ بلحيته وقال: والله لو فعلته ما رجعت وفي فيك واضحة؟ أليس جرى بينه وبين الزبير ما جرى حتى أخذوا سيفه وكسروه وجروه؟ أليس قد حضروا العباس وكلموه وناظروه في هذا الباب حتى قال: ما أنتم يا قريش وقربكم من رسول الله -صلى الله عليه-؛ فهو من شجرة نحن أغصانها وأنتم جيرانها.

فكيف يمكن والحال هذه أن يقال: لم يكن هناك وجه سوى الرضا بعقده وبيعته؛ له سكتوا؟! بل كيف يمكن ادعاء ذلك وقد كان من تولى الأمر منهم يُهاب حتى لا يظهروا خلافه في مسائل الاجتهاد؛ ولهذا قيل لابن عباس: هلا أظهرت الخلاف في زمان عمر؟ فقال: إنه كان رجلًا مهيبًا. فإذا جاز في مسائل الاجتهاد أَلَّا يُذكر خلافه هيبة منه، والمعلوم أنه لو ذكر لما نال منه مكروهًا؛ فكيف ظنك بما فيه عزله وإبطال أمره؟!

فقد علم أن ما ذكرناه يجوز، فإذنْ جوّز ذلك عند التعلق بالإجماع من حيث سكتوا.

على أنه يقال له: من أين لك ما ادعيته من سكوتهم وأنهم لم ينكروا ذلك ولم يظهروا الخلاف ولم يقعدوا عنه؟ فإن قال: لم يرو[95] عن واحد منهم. يقال له: لمَ قلت ذلك؟ أليس قد علم أن سعدًا ما بايعه طول حياته وكره إمامته وبقي على ذلك |65/و| حتى خرج في زمان عمر إلى الشام فمات أو قتل هناك؟! أليس قد ظهر عن أبي سفيان أنه قال: سلمتم يا بني هاشم هذا الأمر؟! أليس أنكر عليهم العباس بن عبد المطلب وناظرهم عليه وقال: نحن أولى بهذه الأمر منكم؟! أليس تخلف أمير المؤمنين -عليه السلام- عن البيعة وعمار وسلمان وأبو ذر والمقداد وحذيفة وعبد الله بن مسعود؟! أليس لم يحمل عن واحد من بني هاشم أنه حضر السقيفة أو بايع؟! فكيف يجوز والحال هذه أن يُدعى الإجماع فيما هذا حاله؟!

فإن قال: كل هؤلاء الذين ذكرتم قد بايعوا ورضوا في الثاني وإن كانوا قد تخلفوا في أول أمره.

قيل له: هذا ضرب من المكابرة، ولو ساغ هذا لساغ لمخالفك أن يدعي من الجهالات ما لا طاقه لك به، أليس لا يمكنك أن تروي عن واحد ممن عددنا أنه وقع منه البيعة وهو راض؟! أليس سعد قد خرج من الدنيا ولم يبايع أحدًا؟! أليس من ادعى بيعة علي والزبير ذكر أنهم كانوا ملجأين إلى ذلك محمولين عليه؛ لأن الإمامية تقول: إن أمير المؤمنين -عليه السلام- أُخذ ملببًا حتى أُخذت يساره ووضعت[96] على يمين أبي بكر. ومن نقل الآثار سواهم ذكر أن الذي

(95) (ل): [يروا].
(96) (ل): [وضعت].

جرى بينهما هو أن أبا بكر قال له: كأنك تأبى ما اتفقت عليه المسلمون؟ فقال: لا. فرضي منه بذلك؛ وادعى البيعة، وقد عُلم أن هذا لا يكون بيعة. أليس قد روى محمد بن بشر العبدي عن عبيد الله بن عمر، عن زيد بن أسلم أنه بويع أبو بكر بعد النبي -صلى الله عليه- فكان علي والمقداد والزبير يدخلون على فاطمة -عليها السلام- ويتشاورون ويتراجعون في أمرهم، فلما بلغ ذلك عمر خرج حتى دخل عليها فقال: يا ابنة رسول الله، ما من الخلق أحب إلينا منك، وايم الله ما ذلك بمانعي إن اجتمع هذا النفر عندك أن آمر أن يهدم البيت عليهم. فلما خرج جاءوها فقالت: تعلمون أن عمر قد جاءني وحلف بالله لئن عدتم ليحرقن عليكم البيت، وايم الله لتنصرفن على ما حلف عليه، فانصرفوا ورأيكم. وغير ذلك مما يطول ذكره. فكيف يمكن ادعاء الإجماع والحال هذه.

فإن قال: كل ذلك أخبار آحاد لا يقع العلم بها.

قيل له: فهل مع |65/ظ| ذلك يمكنك القطع على أنه لم يكن مما ذكرناه شيء؟ فإن ادعى ذلك، تجاهل؛ لأنه لا شيء يحيل وقوع ما ذكرناه. فإذا جوّز ما ذكرناه خرج من أن يكون عالـمًا بما ادعاه من الإجماع.

فإن قال: كل من روي عنه أنه لم يبايع فقد روي عنه أنه تولى من جهته؛ فلولا أنه قد رضي به ما كان يتولى من جهته.

قيل له: ليس الأمر كذلك؛ لأنه لم يرو ذلك إلا من أقوام مخصوصين وما تولوا لا يؤذن بالاعتراف ولا بالرضا؛ فإنما يدل تولي الأعمال على الرضا بالإمام= متى كان المعلوم من حال ذلك الإمام أنه لولا وجوب طاعته لكان بادعائه لا دليل على فسقه، وظاهره ظاهر الإسلام وأحكامه جارية على السداد؛ فتولي الأحكام من جهته لا يدل على الرضا بكونه إمامًا. والذي تولى أمير المؤمنين في زمان أبي بكر إنما هو حفظ أنقاب المدينة؛ لئلا تدخل العرب التي ارتدت المدينةَ من النقب

فتأخذها؛ وذلك لا يتصل بالإمامة ولا بالرضا، بل كان الواجب عليه توليها؛ ليكون دفع الأعداء عن حرم رسول الله -صلى الله عليه وآله-.

فقد علم بما أوردناه أن ادعاء الإجماع في زمان أبي بكر لا وجه له.

ويقال لمن تعلق بهذا: أخبرنا عن اشتغال أبي بكر وعمر وأبي عبيدة والأنصار بعقد الإمامة وتركهم رسول الله غير مدفون، وترك تجهيزه ودفنه؟ ولم اشتغلوا عنه به؟ فإن قال: لأن عقد الإمامة كان واجبًا [وخافوا تركه][97].

قيل له: فتجهيز رسول الله -صلى الله عليه وآله- لم يكن واجبًا؟! فإن قال: بلى كان واجبًا إلا أنه كان بالاشتغال بها عنه لا يضيع، وكان اشتغالهم به عن عقد الإمامة تضييعًا لأمر الإمامة. قيل: خبِّرنا عن[98] رسول الله -صلى الله عليه- أوجب عليهم أن يعقدوا ونص على أعيانهم وسماهم بذلك، أم الكتاب دل عليه، أم العقل أوجب عليهم؟ فإن قالوا: الكتاب دل عليه، أو السنة أو العقل. تجاهلوا.

فإن قالوا: قد علموه من غير دليل أوجب عليهم ذلك.

قيل له: خبِّرنا ما لا دليل على وجوبه هل يجوز أن يكون واجبًا؟ فإن قال: لا. قيل له: فإذنْ |66/و| عقد الإمامة لم يكن واجبًا عليهم وتجهيز رسول الله -صلى الله عليه- كان واجبًا، فلمَ تركوا الواجب إليه؟ وهل كان فعلهم ذلك إلا خطأ، والخطأ لا يجوز أن تتفق عليه الأمة.

فقد علم بطلان ما ادعاه من الإجماع على ما هذا حاله وأصله.

فإن قال: قد علموا أن الأنصار يريدون مبايعة سعد، فلو لم يشتغلوا به لكان

---

(97) (ل): [وخافو تر].
(98) (ل): [أن].

تقع البيعة له، وعقد البيعة لغير قريش خلاف الدين؛ فلهذا[99] اشتغلوا بالبيعة.

قيل له: فهلا كانوا يناظرونه في أن يؤخر البيعة إلى أن يُفرغ من أمر رسول -صلى الله عليه-؟ أم هل لما رجعت الأنصار إلى قوله: «الأئمة من قريش» وتركت المنازعة[100] انصرف معها إلى رسول الله -صلى الله عليه وآله-؟

فقد علم أن الاشتغال بالعقد في تلك الحال لم يكن له وجه، وكان الاشتغال برسول الله -صلى الله عليه- واجبًا؛ فقد عدلوا بما فعلوه عن الواجب. وما هذه صفته لا يجوز أن يكون صوابًا، وما لا يكون صوابًا لا يجوز وقوع الإجماع عليه؛ فقد بطل ما قاله من هذا الوجه أيضًا.

ويقال: أخبرنا عمن عقد البيعة لأبي بكر كان عند عقدهم قد وجبت طاعة أبي بكر على كافة الناس، أم كان للناس أن يتخلفوا عن البيعة؟ فإن قال: كان على الناس بيعة من بايعوه. قيل له: ولم كان ذلك على الناس، وأي اختصاص لهم، وأي أمر أوجب المصير إلى رأيهم؟ فإن رام ذكر الدلالة عليه لم يجد إليه سبيلًا؛ لأنه إنما يصير هذا عبرة[101] بعد أن يعرف الإجماع عليه في الصدر الأول، وقبل وقوع الإجماع لم يكن الإجماع حاصلًا على أن من عقد له خمسة من المسلمين وجبت طاعته.

وإن ادعى ذلك نصًّا من كتاب الله أو سنة= لحق بالقطعية وادعائها نصًّا غير معقول. كيف والمعلوم من حال من بايع أبا بكر أنه لم يتمسك في بيعته ووجوب طاعته بكتاب ولا سنة ولم تحصل بيِّنة إلا حث الناس.

---

(99) [ما] + (ل).

(100) (ل): [المتاركة]، وصُححت بـ: المتارعة.

(101) (ل): [غيره].

ذكر ما تعلق به من قال بالاختيار والكلام عليه

فقد علم أنه لم يكن تجب الطاعة بعقد الخمسة، وإذا لم تكن الطاعة واجبة بقولهم فكيف كان يحسن منهم دعاء الناس إلى ذلك؟! وهلا أخبروهم عن الاستدلال الذي استدلوا به على وجوب طاعته وأنه أولى بالإمامة من غيره. فلما لم يفعلوا |66/ظ| ذلك= علم أنهم أقدموا على الأمر من غير خبر ولا استدلال وتأمل. وكيف يجوز أن يُدَّعى عليهم أنهم استدلوا على أن أبا بكر أولى المسلمين بالطاعة وكان كل واحد منهم يجعل الأمر إلى صاحبه ويقول: امدد يدك أبايعك. وما هذا حاله لا يكون العلم قد سبق بأفضلهم، والمقدم على الشيء من غير دليل ونظر واستدلال لا يكون محقًّا؛ لأنه إنما يكون مقلدًا أو مرتكبًا لهواه.

فإذا كان الأمر كذلك بطل أن يكون العقد قد وقع في الابتداء صحيحًا، وما لا يكون صحيحًا لا يصح انعقاد الإجماع عليه.

ثم يقال له: خبِّرنا أليس فزعهم إلى البيعة والاختيار إنما هو لأنه لا يكون هناك نص؟ فإن قال: نعم. ولا بد له من ذلك. قيل له: ففي العقل أن من بايعه بعض الناس وجب على الباقين طاعته؟ فإن قال: نعم. تجاهل. وإن قال: ليس فيه ذلك. قيل له: فلم أوجبوا على الناس طاعة أبي بكر لما بايعوه وأنكروا عليهم التخلف عنه؟ فإن قال: لأن الشرع دلهم على ذلك. قيل له: فأي شرع أوجب أن من بايعه خمسة وجب على الناس طاعته؟ وهلا احتجوا به على الناس لما أنكروا بيعة أبي بكر، وهل يجوز أن يظهروا قوله -صلى الله عليه-: «الأئمة من قريش»، ولا يظهر ما يوجب طاعة الإمام إذا عقد له طائفة من المسلمين؟ وهلا احتج به أبو بكر؟ وهلا ظهر ذلك عنهم كما ظهر غيره من الأخبار؟ فإن رام أن يذكر في ذلك علة لها(102) لم يظهر النص= لم يجدها.

---

(102) أي لأجلها.

ومتى لم يكن هناك شرع يوجب طاعة أبي بكر عند بيعتهم له ولا العقل دل عليه، فلمَ كانوا يلزمون الناس طاعته؟ ولمَ كان يحسن الدعاء إليه، بل لم يحسن منهم إخبار الناس عليه؟ وإذا لم يمكن الإشارة إلى أمر له حسُن منهم النكير على من لم يبايع أبا بكر، وقد أنكروا عليهم على وجه ظهر لكل من نظر في الأخبار وعرف الآثار= عُلم أنه لم يكن العقد قد وقع ولا الرضا به على ما يجب.

ثم يقال له: خبِّرنا لمَ تُرك أمير المؤمنين والعباس وبني هاشم ولم يدخلوهم في الشورى والاختيار وتفردوا بالأمر دونهم، ألعلمهم بأنهم لا يُعتد بهم، أو |67/و| لعلمهم بأنهم إذا اختاروا وعقدوا فهم لا يخالفونهم فيه لاستقلالهم بأنفسهم، أم لأن ههنا نصًّا قد أوجب أن يكون عقد الإمامة إليهم دونهم؟ فإن قالوا: إنما لم يدخلهم في الشورى يوم السقيفة لعلمهم بأنهم تبع لا يعتد بهم. فقد أعظموا الفرية على آل الرسول -صلى الله عليه وعلى آله-. أو قال: لأنهم علموا أو ظنوا أنهم إذا اختاروا لا يقع منهم خلاف وإن كان لهم أن يخالفوا. قيل. بماذا علموا ذلك وما أمارته إن ظنوا؟ أليس أمير المؤمنين -عليه السلام- من كبار الصحابة وكان ممن يصلح لذلك الأمر؟ أليس كان يجوز أن يعتقد في نفسه أنه أولى الناس به؟ أليس كان للعباس أن يعتقد مثل ذلك؟ فهلا استأذنوهم في ذلك؟

فإن قالوا: إنما لم يرجعوا إليهم ولم يدخلوهم في الشورى؛ لأنه قد علم أن من دخل في الشورى أفضل منهم وأحق بالإمامة، وما يعتد من العباس وعلي به. قيل له: قد كانوا علموا ذلك استدلالًا أو ضرورة؟ فإن ادعى الضرورة لم يتأت له. وإن ادعى الاستدلال عليه فلا يخلو: إما أن يكون أمير المؤمنين والعباس قد عَرَفا وعرف من تبعه نحو المقداد وعمار وسلمان، ومع العلم بذلك تخلفوا عن البيعة وعن الرضا بما وجب الرضا به. فإن كان الأمر كذلك وجب أن يكونوا قد فسقوا بالتخلف عن طاعة من قد علموا وجوب طاعته؛ لأن أحدًا ما ادعى أنهم

كلهم قد بايعوه يوم السقيفة، وهذا أمر من ارتكبه فقد كفانا مؤنته.

فإن قالوا: إنما تخلفوا؛ لأن العلم به لم يكن قد حصل لهم. قيل له: أليست الخصال المطلوبة بالإمامة هي خصال يظهر الحال فيها حتى يجب العلم بها للخاصة والعامة؟ فكيف خفي مثل ذلك على من شهد له الرسول -عليه وعلى آله السلام- بأنه أفضلهم؟! أم كيف يجوز أن يستدل المغيرة بن شعبة وأصاغر الصحابة وأكابرها ويخفى ذلك على علي والعباس؟! وهلا أدخلوهم في الشورى وفي العقد والاختيار لتنجلي(103) شبهتهم؛ فيسلم العقد ولا يبقى للنزاع وجه؟!

فإن قال: إنما تفردوا بالأمر دونهم؛ لأن هناك نصًّا أوجب ذلك. كابر. فإن قالوا بان(104) ذلك منهم. خرجوا من حد |67/ظ| من يناظر.

فإذا بطل أن يكون لتفردهم بالأمر دون أمير المؤمنين وسائر بني هاشم وجه= صح أن ذلك كان خطأ منهم، ولم يكن عن تأمل، وما هذا حاله لا ينعقد الإجماع عليه.

ويقال لهم: أليس كان النبي -صلى الله عليه- أمر بإنفاذ جيش أسامة وضيق عليهم، ولم يرخص لأسامة المقامَ بالمدينة انتظارًا لأمر الرسول -صلى الله عليه وآله- وإلى ماذا يصير، وجعل أبا بكر وعمر [وأبا عبيدة](105) بن الجراح وسعد بن أبي وقاص وغيرهم من المهاجرين والأنصار تحت رايته، ولم يرخص لهم في المقام بالمدينة، وكان عمر قد تشدد في أمره حتى أنكر أبو بكر على عباس بن أبي ربيعة قوله: استعمل هذا الغلام على المهاجرين الأولين. فسمع عمر منه

(103) (ل): [لتحلو].

(104) كذا!

(105) (ل): [وعبيدة].

ذلك ورد عليه وجاء به إلى النبي -صلى الله عليه-، وخرج النبي -صلى الله عليه وآله- في علّته قد عصب رأسه بعمامة، ثم صعد المنبر فحمد الله وأثنى عليه ثم قال: «أيها الناس، ما مقالة تبلغني عن بعضكم وطعنكم في تأميري أسامة، لقد طعنتم في إمارتي أباه، وايم الله إنه كان للإمارة خليقًا، وإن ابنه من بعده لأخلق؛ فإنه كان من أحب الناس إلي». وإن ذلك كان يوم السبت لعشر خلون من ربيع الأول، وجاء المسلمون الذين يخرجون مع أسامة يودعون رسول الله -صلى الله عليه وسلم- فيهم أبو بكر وعمر، وهو يقول: «أنفذوا جيش أسامة». وفي خبر أنه دخلت عليه أم أسامة فقالت: لو تركت أسامة في معسكره حتى يتكامل(106)؛ فإنه إن خرج على حالته هذه لم ينتفع بنفسه. فقال -عليه السلام-: «أنفذوا جيش أسامة». فمضى الناس إلى المعسكر فباتوا ليلة الأحد ورسول -صلى الله عليه- ثقيل مغمى عليه، فدخل عليه أسامة وعيناه تهملان وعنده العباس والناس حوله، فتطأطأ عليه أسامة ورسول الله -صلى الله عليه- يرفع يده إلى السماء ثم ينصبها، قال أسامة: فعرفت أنه يدعو لي، فرجعت إلى معسكري، فلما كان يوم |68/و| الاثنين جاءه أسامة فقال له رسول الله -صلى الله عليه وآله-: «على بركة الله». فودعه أسامة، وصاح أسامة بأصحابه فأمرهم باللحوق بالمعسكر والرحيل. فبينا أسامة يريد أن يركب إذ أتاه من يخبره أن رسول الله -صلى الله عليه وآله- قد مات.

أليس كانت هذه الأحوال دالة على أن الأمر بخروج أسامة ومن معه أمر ضيق لا يسع لأحد منهم تركه؟ بل أليس هي دالة على أن غيرهم كان المأمور بإنفاذ جيش أسامة؛ لأنهم هم الجيش؟ فكيف ساغ لهم الاشتعال بهذا الأمر وترك ما أمرهم به الرسول -صلى الله عليه-؟!

---

(106) (ل): [سامّل].

فإن قال: إنهم علموا أن الأمر ليس على الوجوب.

قيل لهم: أليس في الخبر أنه لم يتركهم يشتغلون به -عليه السلام- وما يؤول أمره -عليه السلام- إليه؟ فإن رام دفع هذه القضية أو إخراج بعض هؤلاء من أن يكون مأمورًا بالخروج أو كانوا مع أسامة= كابروا. وإذا كان المأمور بذلك غيرهم فهل اشتغلوا به إلا خطأ واشتغالًا بما لم يكن لهم؟! أرأيت لو خرجوا وفعلوا ما أمرو به أكان ذلك لا يجوز أن يؤمروا بالخروج ومصلحة الدين تعلقت بهم، وإن كان الأمر المعلوم من حاله أنه يتم دونهم، فترك ما أمروا به واشتغالهم بما لم يؤمروا به كان خطأ منهم، وما كان يقع على هذا الوجه لا يجوز وقوع الإجماع عليه.

وكل هذه الوجوه التي أوردناها إنما نكلم بها من ادعى الإجماع على بيعة أبي بكر؛ لأنه لا إجماع يدعى. فمتى أرادوا تأويل هذه الأمور وصرفها إلى وجه يحتمل فإنما يتأتى له بعد صحة الإجماع، ولا يمكنه تأويل هذه الأمور لمكان ما ادعاه من الإجماع؛ لأن هذه الوجوه إذا صحت دلت على أن الإجماع لم يكن، كما أن الإجماع إذا صح دل على أن هذه الأمور لها وجوه؛ فلا يجوز صرف هذه الأمور عن ظاهرها بدعوى إجماعٍ غير مدلول على صحته ولا معلوم كونه.

طريقه لهم أخرى في التعلق بالإجماع:

وأحد ما يتعلقون به في صحة الاختيار هو أن الأمة اختلفت بعد وفاة رسول الله -صلى الله عليه-، فقال الأنصار: منا أمير ومنكم أمير[107]. |68/ظ| وقالت قريش: بل منا. وقال: بنو هاشم: لا بل ذلك لنا وفينا. وليس أحد فيهم ينكر الاختيار وأن الأمر بالاختيار؛ وإنما كان الاختلاف في معدن الإمامة وتعيين الإمام به؛ ولهذا كان العباس يقول لعلي: امدد يدك أبايعك، الخبر.

---

(107) [قال] + (ل).

الكلام عليه:

يقال لهم: لمَ قلتم إنه لم يكن لنفس الاختيار وإن الأمر لا يتعين إلا به منكر من الصحابة، أبدلالةٍ علمتَ ذلك أم بالضرورة؟ فإن رام الضرورة كابر. وإن قال: ذلك بالدليل. قيل له: بكتاب الله علمت ذلك أم بالسنة أم بالعقل أم بالإجماع؟ فإن قال: علمت أنهم لم يختلفوا في أن الأمر بالاختيار بالإجماع. قيل له: تدعي في ذلك إجماع الصحابة والنقل عنهم نصًّا، أم تدعي الإجماع من بعدهم؟ فإن ادعى إجماعًا من بعد الصحابة، فقد كابر؛ لأن بعد الصحابة ما اتفقوا على أن الصحابة اتفقت على الاختيار. فإن ادعى إجماعها على أنها اتفقت على الاختيار. فيقال له: تدعي في ذلك الإجماع قولًا منهم، أو فعلًا؟ فإن ادعى قولًا، تجاهل. وإن قال: إنما أدعي ذلك فعلًا؛ وهو أنهم عقدوا لأبي بكر ولم ينكر عليهم أحد ولم يتخلف عنه مكلف. عاد الكلام إلى الطريقة الأولى ونبين أن ما تمسك به لا وجه له، ومتى تعلق بما ادعاه أخيرًا أمكنه الابتداء، فلا حاجة به إلى أن يقدم دعاوى لا برهان عليها، بل يلتجئ إلى هذا الموضع. فقد بان فساد التعلق بهذه الطريقة.

ثم يقال له: خبِّرنا أليس المشهور المعلوم من العباس أنه كان يقول: ما أنتم يا قريش من شجرة نحن أغصانها وأنتم جيرانها، هل كان يدعي فيه أن الأمير بالقرابة والنسب؟! أليس قد روي عن زيد بن أسلم عن أبيه أنه قال: سمعت عمر بن الخطاب يقول: خرجت أنا وأبو بكر حتى دخلنا على علي -صلى الله عليه- في بيت فاطمة -عليها السلام- وعنده المهاجرون، قلت: ما تقول يا علي؟ قال: أقول خيرًا، نحن أولى برسول الله -صلى الله عليه وآله- وما ترك. قلت: فالذي بخيبر(108)؟ قال: نعم. قلت: فالذي بفَدَك؟ قال: نعم. قلت:

(108) (ل): [بحن].

والذي نفسي |69/و| بيده حتى تحزُّوا رقابنا بالمناشير.

أليس هذا الخبر يدل ظاهره أن الأمر يدعيه لنفسه من غير بيعة ولا اختيار؟ فمن أين مع هذا يمكنكم ادعاء الإجماع والرضا بالاختيار.

فأما ما ذكروه من قول العباس: امدد يدك أبايعك؛ فإن المراد به تعيين الطاعة وإظهار الدعوة؛ لأن الإمام لا تجب طاعته دون أن يدعي الإمامة، وكان العباس يلتمس منه ذلك؛ فلا يكون فيه قدحًا لما ذكرناه.

ثم يقال لهم: خبِّرونا أليست العترة وأتباعها كلها تدعي أن أمير المؤمنين كان منصوصًا عليه، وأنه كان مذهبه واعتقاده، وأنه كان منكرًا للاختيار، فيجوز مع هذا أن يحصل لكم العلم بأن أمير المؤمنين كان راضيًا بالاختيار، أم تجوزون ما رووه واعتقدوه؟ فإن قالوا بجواز ذلك. بطل تعلقهم بالإجماع. وإن قالوا: علمنا ذلك ولا يجوز ما ادعيت على أمير المؤمنين وأصحابه. قلنا لهم: أبالدلالة علمتم ذلك أم بالضرورة؟ فإن قالوا: بالدلالة علمنا ذلك. قيل لهم: وما تلك الدلالة؟ فإن قالوا: سكوته عن النكير. قيل لهم: سكت عن النكير في وقت كان يمكنه الإنكار أم في وقت لم يمكنه ذلك؟ فإن قالوا: سكت عن النكير مع التمكن. قيل لهم: بماذا علمتم ذلك؟ وما أنكرتم أنه سكت عن النكير في وقت لو ظهر لكان يقع من التحزُّب والاختلاف والقتل والفساد ما يزيد على الخطأ في الإمامة، وما هذا حاله لا يجوز للآمِر بالمعروف أن يظهر النكير؛ لأن ما يقع من إنكاره أشد مما أنكر.

فإذا كان الأمر كذلك فمن أين لكم خلافه خصوصًا ولم تقم الدلالة عندنا على أن هذا الخطأ في هذه المسألة مخرج عن الدين ويزيل ظاهر الولاية، ولو أنكر عليهم لكان لا بد من أن يدعي الإمامة، ولو ادعى ذلك وكان القوم عنده أنهم

لا يطيعونه، وفي التخلف عن طاعته مع ادعائه يكون خروجًا من الدين، والزمان زمان فتنة، وارتدت العرب[109] حول المدينة. فانظروا فيما هذا حاله هل كان يجوز له أن يظهر النكير على وجه يبالغ فيه؟ فإن راموا دفع ما قلناه والقدح فيه كابروا ودفعوا ما علم من حال الصحابة ضرورة.

طريقه أخرى لهم في التعلق بالإجماع:

|69/ظ| وأحد ما تعلقوا به هو أن الإمامة لو كانت بالنص لكانت الأمة قد اجتمعت على الخطأ؛ لأن من لم يدع النص وقد نص عليه= فقد أخطأ من وجهين: أحدهما: أنه لم يدع ما كان يجب عليه ادعاؤه وإظهاره. والثاني: لم ينكر على الناس العدول عن المنصوص إلى من لم ينص عليه. والثاني[110] بترك النكير على من كان منصوصًا عليه ومأمورًا بالقيام بأمر المسلمين، فلم يقم به وترك أمر الرسول. فلما لم يجز اتفاق الأمة على الخطأ من وجهين؛ بطل النص، وإذا بطل النص صح الاختيار.

الكلام عليه:

اعلم أن هذا الكلام يتوجه على الإمامية دوننا؛ إذ ادعت أن النبي -صلى الله عليه- نص على <علي> -عليه السلام- نصًّا اضطرت الصحابة إلى قصد رسول الله -صلى الله عليه وآله-، وأن أمير المؤمنين كان الواجب عليه القيام بالأمر إلا إذا خاف على نفسه الهلاك.

وأما نحن فعندنا أن النبي -صلى الله عليه- نص على علي نصًّا إذا نظر الناظر

---

(109) (ل): [النعرب].

(110) كذا! ويبدو أن قبلها سقطًا يتعلق بالأمة وأنها أخطأت من وجهين أيضًا: أحدهما: أنها عدلت عن المنصوص عليه إلى من لم ينص. والثاني بترك النكير ... إلخ.

فيه علم وجوب طاعته، وكان الأمر توجَّه نحوه بشرط السلامة وألَّا يكون هناك ما يؤدي إلى تشتيت الشمل والفساد في الدين.

فإذا كان الأمر كذلك لم يتوجه ما قالوه علينا؛ لأن أمير المؤمنين لما علم من حال القوم أنه إن ادعى الإمامة تركوه، وإن حاربهم وقاتلهم لم يقو بهم، وأنه يؤدي إلى تسليط الكفار عليهم وأعداء الدين= لم يجب عليه إظهار الأمر وادعاء الإمامة، بل كان له السكوت عنه انتظارًا للتمكين منه.

فأما الأمة فمن كان منهم علم وجوب طاعة أمير المؤمنين –صلى الله عليه–، نحو عمار وأبي ذر والمقداد وسلمان وحذيفة وغيرهم؛ فإنهم كلهم لم يتركوا أمر رسول الله –صلى الله عليه– ولم يعدلوا عنه إلى غيره. فأما سواهم فلم يظهر لنا أنهم اضطروا إلى قصد رسول الله –صلى الله عليه– فخالفوه، ويجوز أن يكونوا تركوا الاستدلال بقوله –عليه السلام– وعدلوا عنه لشبهة دخلت عليهم أو لأمور دهمتهم عند اجتماع الأنصار في السقيفة، ثم لما وقعت البيعة لم يُنعموا النظر، فاستمروا عليه وهم بعض الأمة.

فإذا كان الأمر كذلك لم يكن اتفاقًا من الأمة على الخطأ كما ادعوه، وبطل ما بنوا عليه الكلام.

على أن الإمامية عندها |70/و| أن التقية واجبة، ومن مذهبها أن أمير المؤمنين –صلى الله عليه– وأصحابه كانوا في التقية قد لزمهم إظهار هذه الأمور، ومن لم يكن ذلك لازمًا لهم لم يقع منهم الاتفاق على الخطأ؛ لأن الاتفاق على الخطأ إنما يكون إذا كان الحال حال السلامة. فقد بان أن هذا المذهب –وإن كان غير مرضي عندنا– فقد عصمهم طاعة عمر لمكان نصه عليه، فلما انعقد الإجماع علم أنه يلزمهم موجب هذه الطريقة.

طريقة أخرى لهم في التعلق بالإجماع:

وأحد ما يتعلقون به هو أن أبا بكر نص على عمر وأقامه مقامه، ولم يكره ذلك أحد من الأمة ولا تخلف عن عمر. فلولا أن طاعة أبي بكر كانت واجبة كان لا يجوز انعقاد الإجماع على وجوب طاعته، فإذا وجبت طاعته لا بالنص؛ بطل النص وصح الاختيار.

الكلام عليه:

يقال لهم: لمَ ادعيتم اتفاق الأمة على عمر ودخولهم تحت طاعته؟ وهل ذلك إلا دعوى منكم؟ فلا بد عند هذا من الرجوع إلى أن القوم كانوا بين مطيع قابل وبين ساكت عنه، والسكوت يدل على الرضا. وقد بينا أن السكوت إنما يدل على الرضا متى لم يكن لسكوتهم وجه معقول إلا الرضا بذلك الشيء، ولو صح ذلك كان جميع ما يقع من أهل الشام على طريق التفصيل ولم ينكر عليهم لـمَّا كان المعلوم من حالهم أن سكوتهم عنه إنما هو لأمر آخر سوى الرضا به، فلم يمكن أن يجعل فعلهم مجمعًا عليه وإن سكت عنه الصحابة؛ فكذلك سكوت أمير المؤمنين والصحابة عن الاعتراض -لو كان الأمر كما زعموا- من أن السكوت لا يدل على الرضا؛ لِـما جوزنا أن سكوتهم لوجه آخر سوى الرضا. ولا يلزم على هذا سائر ما يُحتج بالإجماع عليه؛ لأن المعلوم من حال من يدعي به الإجماع أنه لم يكن لسكوتهم عنه وجه إلا الرضا به.

فقد بان فساد التعلق بهذه الطريقة، فكيف وقد علمنا أن سعدًا ما رضي بأبي بكر ولا نقصه على عمر وولايته حتى جرى بينهما بعد أن تولى الأمر من المناظرة ما جرى، وقال سعد في وجه عمر: خلصني الله من جوارك؛ فبئس الجار أنت. |70/ظ| وخرج إلى الشام حتى خرج من الدنيا هناك غير راض بإمامة واحد منهما.

ذكر ما تعلق به من قال بالاختيار والكلام عليه - 149 -

أليس خالد بن الوليد ما رضي بإمامته ولا أطاعه في أمره وما خاطبه بأمير المؤمنين؟! أليس قد اشتهرت قصته وظهرت وما جرى بينهما من المناظرة بإلزام عمر إياه المحاسبة وتركه ستين ألف درهم من ماله وأخذ الباقي لبيت المال؟! أليس لم يبايعه إلى أن مات ولم يرض بإمامته؟!

أليس قد قال أبو بكر لعبد الرحمن بن عوف: كلكم قد ورم أنفه من ذلك يريد أن يكون الأمر له. لما استخلف عمر؟! أليس قد رويتم أنه قد قيل لأبي بكر: وليت علينا فظًّا غليظًا؟! أليس قد روى الشعبي أن طلحة والزبير وعثمان وعبد الرحمن بن عوف كانوا جلوسًا عند أبي بكر في مرضه يعودونه، قال أبو بكر: ابعثوا إلى عمر. فأتاه فدخل فلما دخل حسَّت أنفسهم أنه اختاره؛ فتفرقوا عنه وخرجوا وتركوهما جلوسًا، فجلسوا في المسجد وأرسلوا إلى علي -عليه السلام- ونفر معه، فوجدوا عليًّا في حائط من الحيطان التي كان رسول الله -صلى الله عليه وآله- تصدق بها، فتوافوا إليه واجتمعوا وقالوا: يا علي ويا فلان، إن أبا بكر مستخلف عمر، وقد علم وعلم الناس أن إسلامنا قبل إسلام عمر، وفي عمر ما فيه(111) التسليط ولا سلطان له، فادخلوا بنا عليه نسأله؛ فإن استعمل عمر كلمناه فيه وأخبرناه عنه. ففعلوا، فقال أبو بكر: اجمعوا الناس أخبركم من اخترت لكم. فخرجوا فجمعوا الناس إلى المسجد، وأمر من يحمله إليهم حتى وضعوه على المنبر، فقام باختيار عمر عليهم، ثم دخل، فاستأذنوا عليه فأذن لهم فقالوا: ماذا تقول لربك وقد استخلفت علينا عمر؟ فقال لهم: إني قد استخلفت عليهم خير أهلك.

أليس من هذا حاله وهذه قصته لا يجوز أن يُدعى فيه الإجماع؟! أليس يجب على العاقل التأمل فيما يطلق من القول فلا يورد من الكلام [ما عند البحث

(111) (ل): [فيه].

يخجل][112] منه.

فقد بان صحة ما قلنا وأن الأمر لم يكن متفقًا عليه، وأن ما ادعوه من الإجماع لا معنى له.

طريقة أخرى لهم في التعلق بالإجماع:

وأحد ما تعقلوا به هو[113] أن آخر أيام عمر |71/و| لم يكن له مخالف، بل كانت الصحابة بأسرها قد اتفقت عليه حتى ما تخلف عنه أحد، كلهم أخذوا عطاياه وتصرفوا له وتولوا من جهته، ولو لم يكن إمامًا ما جاز ذلك؛ فلما صحت إمامته صح بصحتها الاختيار والقول بإمامه أبي بكر؛ إذ لا قائل في الأمة قال بإمامة عمر إلا وقد قال بها ذكرناه.

الكلام عليه:

اعلم أن هذه الطريقة لا يمكن التمسك بها مع القول بأن موت صاحب المقالة لا تبطل مقالته، وأن ذلك بموته لا يصير مجتمعًا على خلافه. وأما من قال بأن الأمة إذا اختلفت على قولين وماتت[114] إحدى الطائفتين صار قول الباقين حجة ومجمعًا عليه، فمن كان هذا قوله كان كلامه في هذه المسألة وهذه الطريقة أقوى؛ وذلك أن سعدًا وخالدًا جميعًا ماتا على خلافهما، فإذا كان الأمر كذلك فللمخالف أن يقول: نثبت الدلالة على هذه المسألة، فأنا أخالفكم فيها وأقول: إن موت صاحب المقالة لا يخرج مقالته من أن تكون ثابتة متى كان المعلوم من حاله أنه لو بقي حيًّا لنصر مقالته ولبقي على خلافه.

---

(112) [ما عند البحث يخجل] غير واضح.

(113) انظر: عبد الجبار، المغني: 281/1/20؛ البصري، الفصل: 23/ظ-24/و.

(114) (ل): [ومات].

وهذا يؤدي إلى أن الأمة لو اختلفت في مسألة على قولين فذهب الأكثر إلى أحدهما وذهب الأقل إلى الآخر، فدَهَمَ الأكثر أمرٌ من الأمور ماتوا فيه أو قتلوا= يصير قول من بقي بمجرده حجة. وهذا فاسد؛ إلا أن الاستقبال لهذه المسألة خروج من مسألة الإمامة؛ فلهذا لم نستقص الكلام فيها، وقد أوضحنا القول في **أصول الفقه** فيها، فلا وجه لإيراده ههنا.

ومتى بني الكلام على هذا في مكالمتهم هو أن يقال لهم: خبِّرونا أليس لما عقد له أبو بكر الإمامة ونص عليه قد كره قوم ورضي بها قوم على ما رويتم عن أمير المؤمنين -عليه السلام- [...،...،...][115] من قبل؟ فإن قالوا: لا. كابروا. وإن قالوا: نعم. قيل لهم: خبِّرونا عمن كره ذلك هل صح لكم عنهم الرجوع إلى قوله عما ذهبوا إليه من أنهم أولى منه وأفضل؟ فإن ادعوا رجوعهم، طولبوا بالدلالة على صحته والنقل عنه على وجه يحصل العلم به ويزيل الشك والتجويز في بقائهم على الكراهة. فإن راموا الدلالة عليه لم يتأت لهم ذكرها.

فإن قالوا: فالذي يدل عليه أنهم قد أخذوا جائزته وعطاياه وائتمروا له وتولوا من جهته. قيل له: خبِّرنا |71/ظ| عن هذه الأمور أهي دلالة على أنهم قد رضوا بمكانه وكونه إمامًا لهم أم لا؟ فإن قالوا: نعم. قيل لهم: فما وجه الدلالة معه؟ فإن قالوا: إن هذه الأمور لا تصح إلا من الإمام. قيل لهم: ما أنكرتم أن أخذ العطايا لا يدل على الرضا بإمامته ولا الائتمار بأمره، ألا ترى أن الواحد منا قد يأتمر لسلطانه ويتولى من جهته أمورًا فيها صلاح المسلمين، ويأخذ عطاياه= ومع ذلك لا يقول بوجوب طاعته، وأنه لو تمكن أزاله عن المسلمين. فإذا كان هذا فيما بيننا موجودًا معلومًا فما الذي يؤمننا في زمان عمر عن هذا؟ فإن راموا

(115) ثلاث كلمات أغلبها مطموس.

دفع هذا التجويز بأمر من الأمور لم يمكنهم ذلك.

ويقال لهم: أليس يجوز أن يكون في نفس كل واحد منهم أمور لا يظهرها لغيره خوفًا أو طمعًا وقد كان من قبل أظهرها على وجه أسقط عن نفسه الفرض؟ فإن أبى ذلك، كابر. وإن جوز ذلك، قيل له: أليس قد خالفوا عمر عند نص أبي بكر عليه ولم يرضوا به وأظهروا الكراهة من أنفسهم؟ فإن قال: بلى. قيل له: أليس آخر عهده في أنه طاعة له وقول بإمامته كهو في أوله في أنه حادثة واحدة والحكم فيه واحد؟ فإن قال: نعم. قيل له: فما أنكرت من أن يكون هذا حكم الصحابة في أمر عمر بأن(116) كان غير لازم لهم إظهار خلافه وقد أظهروه من قبل. فإن رام دفع هذا لم يجد إليه سبيلًا.

ثم يقال لهم: ما أنكرتم أن أمير المؤمنين -عليه السلام- وأصحابه إنما لم يظهروا النكير عليه؛ لأنه قد سبق منهم الإنكار على من قال بالاختيار، وقد عرف ذلك من مذهبهم؛ لأن عمر كان المناظر له وللعباس في أمر أبي بكر، وقد سمع عمر مقالة جماعتهم عند نص أبي بكر عليه. فلما كان ذلك معلومًا عنده لم يلزم أمير المؤمنين -عليه السلام- إظهار النكير في كل حال، والمعلوم من حال عمر في آخر أيامه أنه كان يرجع إلى أمير المؤمنين فيما يقع له من المهمات، فلا يعمل أمرًا ولا يقطع شعرة إلا بمشورته، نحو ما رويتم أنه قال: ما من معضلة إلا وسددها ابن أبي طالب. ونحو ما روي أنه قال: لو لا علي لهلك عمر. وكان المعلوم من حاله إذا أراد إمضاء حكم أن يصعد على المنبر ويجمع الصحابة ويستشيرهم ويقول: رحم الله |72/و| أمرأ عنده في هذا مشورة أو رأي أظهر ذلك.

فلما كان هذا حاله وهذه طريقته، ولم يكن يحكم بما ليس من الدين= لم يجب

---

(116) (ل): [فان]، بإهمال الفاء.

إظهار النكير عليه؛ إذ في إظهاره الاختلافُ والتفرق وتشتيت الشمل وتفرق الجمع، مع ما كان قد رزق الله -تعالى- المسلمين في أيامه من الفتوح. وإذا كان الأمر كذلك، وكان سكوتهم في آخر أيامه احتمل هذا= لم يجب عليه إظهار النكير. فإن رام دفع ما أوردناه لم يجد إليه سبيلًا.

طريقة أخرى لهم في التعلق بالإجماع:

وأحد ما يتعلقون به اتفاق الصحابة على الرضا بالشورى(117)، وأن عمر جعل الأمر بينهم شورى؛ فلولا أن ذلك حق لما اتفقت الصحابة عليه، خصوصًا وكان أمير المؤمنين -عليه السلام- في جملة من قد أدخل نفسه في الشورى.

الكلام عليه:

اعلم أن هذا أضعف ما يتكلم به؛ لأن جعله الأمر شورى حكم من أحكامه أقصى ما يمكن أن يقال فيه، فيكون الكلام في هذا الحكم كالكلام في سائر ما حكم به، بل هنا يتفرع على إمامته، فلا يجوز التمسك بالفرع في تصحيح الأصل؛ لأنه لا فرق بين من تمسك بهذه الطريقة وبين القائل بالقياس إذا تمسك بفرع قاله بالقياس ويقول: قد قلنا بهذه المسألة ولم ينكر علينا= ‹أن› المتمسك بهذه الطريقة ‹يكون› مبطلًا؛ فكذلك من تمسك بترك النكير عليه عند جعله الأمر شورى. فلما بطل ذلك بطل ما قالوه.

على أن في قصة الشورى من التخليط ما العدول عنها أولى من التمسك بها، وسنذكر بعدُ طرفًا منها إن شاء الله.

_____
(117) انظر: البصري، الفصل: 12/ظ.

فهذه الوجوه التي عليها من الإجماع مدار كلامهم وعليها اعتمادهم، فقد أوضحنا لهم فساد التعلق بها.

طريقة أخرى لهم في بطلان النص:

اعلم أن منهم من يبني الكلام في صحة الاختيار على عدم النص وأنه لا يجوز أن يكون هناك نص، ويدل على عدم النص بوجه، وإذا فسد النص صح الاختيار.

فمما يتعلقون به في بطلان النص قولهم: إنه لو كان هناك نص لما جاز أن يذهب عن الصحابة عند الاجتماع والاحتجاج، وقد قالت الأنصار: منا أمير ومنكم أمير. وتعلق أبو بكر بقوله: «الأئمة من قريش»، وبقول: إن العرب لا تنقاد إلا لهذه القبيلة، |72ظ| وهي مخ العرب وأحسنها وجوهًا وأعذبها كلامًا وأقومها نطقًا، وهم المهاجرون تركوا ديارهم وأهاليهم، إلى ما شاكل ذلك. فلو كان هناك نص لاحتج به عليهم؛ إذ الاحتجاج به أقوى من الاحتجاج بقوله: «الأئمة من قريش» وما شاكله.

وهذا فاسد؛ وذلك أن النص متى لم يكن على وجه يضطر الناس إليه= لا يمتنع أن يذهب على أهل السقيفة أن النبي -صلى الله عليه- نص على علي، وأنه أراد بقوله: «من كنت مولاه فعلي مولاه»، الإمامة، إلى غير ذلك. فإذا لم يمتنع عليهم الذهاب عن الاستدلال بما فيه دلالة على النص= لم يمتنع منهم الاحتجاج بما هو عندهم أقوى.

هذا هو الصحيح، دون ما تقوله الإمامية: إنهم إنما عدلوا عن الاحتجاج بنص النبي -صلى الله عليه- على علي -عليه السلام-؛ لأنه كان في قلوبهم العدول عن طاعته بعد رسول الله -صلى الله عليه- ومخالفة أمره طمعًا في الدنيا

الخسيسة. لأن ذلك قولهم فيهم على وجه لا دليل عليه، والقول في الصدر الأول وتكفيرهم مع الغنية عنه= لا وجه له.

فإن قيل: فهلا احتج به يوم السقيفة.

قيل له: ما يلزم الاحتجاج والمناظرة في وقت إلا وقد احتج فيه بقدر الطاقة؛ وذلك أنه لما ناظره عمر= قال: أنا أولى برسول الله -صلى الله عليه- وما ترك. ولولا ادعاء النص على نفسه وإلا كان لا يكون أولى؛ لأنه لا يستحق مكانه ولا يورث. فقد علم أنه كان يدعي نصًّا، ولكن القوم لم ينعموا النظر؛ يبين ذلك أن يوم الشورى لما مُكِّن من الكلام أورد كل ما يدل على إمامته وعلى كونه منصوصًا عليه؛ لأن أكثر ما ذكره يدل على أنه هو الإمام بعد رسول الله -صلى الله عليه-. فقد بان سقوط هذا الكلام.

ومما يتعلقون به هو[118] أن عليًّا لو كان منصوصًا عليه لكان لا يسعه القعود عن الدعوة والقيام بها؛ إذ قد وجد من الأنصار ما يمكنه الخروج بهم، ألا ترى |73/و| أن العباس وطلحة والزبير وعمارًا وأبا ذر وغيرهم ممن تدعون أنهم تخلفوا عن بيعه أبي بكر كانوا أنصاره، فهلا خرجوا معه، خصوصًا وأفرس العرب كان معه الزبير بن العوام، وهو في نفسه ممن لا يصلى بناره.

والاعتماد على هذا مما لا وجه له؛ لأن العدد القليل مع التحرز من هيجان الفتن وتفريق الجمع لا يمكنهم نصرة من يريدون نصرته؛ فلهذا لا يدعي بهم الإمامة. وجميع ما ذكره يلزمه في قتل عثمان؛ وذلك أن أكابر الصحابة وأصاغرها كانوا بالمدينة، ولم يكن قد غاب عنها إلا القليل، فهلا اجتمعوا ودفعوا عنه القتل؟! أم هل دلكم خذلانهم إياه على استحقاقه للقتل؟! فلما لم يصح ذلك، بل

(118) انظر: عبد الجبار، المغني: 283/1/20.

له أن يقول: إن القوم وإن كانوا هناك فقد كان في أوباش كثير وفي اتبابه[119] الذين له؛ فلهذا سكتوا.

فإذا كان له ذلك فهلا رضي لخصمه ما اختار لنفسه من الاعتذار. فقد علم فساد ما تعلق به أيضًا.

وأحد ما يتعلقون به أيضًا قولهم: لو كان علي[120] منصوصًا عليه لكان لا يحتج على طلحة والزبير بالبيعة والنكث بقوله: بايعتماني ثم نكثتما البيعة. حتى قال له القائل: بايعتك والسيف على رقبتي. فلو كان هناك نص لكان لا يعدل عن الاحتجاج[121] بالأقوى إلى الاحتجاج بالأوهى.

وهذا لا معنى له؛ لأن القوم لو اعترفوا بكونه إمامًا منصوصًا لكانوا لا يخرجون عن طاعته، وكان يمكنهم رد قوله وإنكار دعواه، ولم يكن يمكنهم إنكار بيعته والدخول تحت طاعته، واحتج عليهم بما عند القوم أنه حجة؛ وهذا يدل على أن الرضا معتبر؛ وألَّا معتبر بالظاهر؛ لأن الزبير دفع أمير المؤمنين بإكراههم إياه على البيعة، ويدل ظاهر القصة على أن القوم كانوا يظهرون خلاف ما يضمرونه طمعًا أو رهبة. فقد سقط ما قاله.

وأحد ما يتعلقون به قولهم[122]: إن أمير المؤمنين لما تمكن من الولاية وقعد مقعد الإمامة لم يكن قد نقض |73/ظ| على القوم أحكامًا، ولو لم يكونوا أئمة عنده لكان يجب رد ما حكموا به ونقضه بحسب الإمكان.

---

(119) كذا!

(120) (ل): [عليًّا].

(121) [به] + (ل).

(122) انظر: عبد الجبار، المغني: 295/1/20.

وهذا لا يلزم أحدًا من طوائف الشيعة؛ لأن الإمامية عندها أن أمير المؤمنين -عليه السلام- وقد تولى الأمر كان في التقية أشد منه قبل دخوله في الأمر، فلو نقض أحكام القوم لخرج الناس عليه ولعدلوا عن طاعته؛ لشغف القوم بهم؛ ولهذا يتأولون جميع ما يروى عنه -عليه السلام- في مدحهم والثناء عليهم. فلم يلزمهم من هذا الوجه ما قالوه.

فأما عندنا فإن جميع ما حكموا به لا يخرج من وجوه ثلاثة: إما أن يكونوا قد حكموا بشيء هم وغيرهم فيه سواء، فأي رجل قام به صلح له. أو حكموا بشيء ليس ذلك لكل واحد منهم، وما هذا حاله على ضربين: أحدهما حكم منصوص عليه معلوم، والثاني طريقه الاجتهاد. وكلا الوجهين إذا قام به من ليس بكافر ولا فاسق قطعًا= لم يجب نقضه؛ لأن ذلك إنما وجب في الفاسق لأنه خارج من ولاية الله إلى عداوته، فلا يكون من أهل الولاية، ومن أخطأ في الإمامة فظن أنه إمام وليس بإمام، ونصب نفسه منصب الإمام= فلا يصح عندنا أن ذلك يبلغ حد الفسق إذا لم يكن في مقابلته من قد وجبت طاعته ودعا إلى نفسه. فإذا لم يجب ذلك عندنا سقط كلامهم عنا. هذا على أصولنا.

فأما من قال من الزيدية بتفسيق القوم= دفع هذا الكلام عن نفسه بأن قال: إنما لم ينقض أحكامهم؛ لأنه لو أقدم على ذلك تخلف عنه الناس وشمت به العدو، ولم يمكنه القيام بما افترض الله عليه؛ فلم يلزمه تدارك ما قد مضى، فإنما لزمه القيام بالواجب من يومه.

فإذا كان هذا مذهب مخالفيهم= لم يلزم ما قالوه من نقض أحكامهم ودفع قضاياهم. هذا لكم عمر بن الخطاب حين أظنه أقسم في أمر خالد بقوله: لو وليت من أمر المؤمنين شيئًا لأقيدنك بمالك بن نويرة؛ فقد تحقق عندي أنك قتلت مالكًا على الإسلام؛ رغبة منك في امرأته. ثم لما ولي الأمر لم يفعل من ذلك

شيئًا، بل مات خالد[123] على فراشه؛ |74/و| وليس الجواب عنه إلا أنه كان إمامًا وقد رأى من المصلحة ألَّا يقتله؛ ولهذا صرف ودفع طعن من طعن فيهم. فإذا ساغ ذلك ساغ لمخالفيهم مثله.

ومن ذلك تعلقهم بدخول أمير المؤمنين في الشورى وقولهم: لو كان منصوصًا عليه لكان لا يدخل نفسه في الشورى، ويقول: أنا منصوص عليَّ، وكان لا يقف موقف التهمة ولا يبطل أمر نفسه؛ إذ لا يساوي نفسه بهم في استحقاق الإمامة؛ فدل هذا على بطلان النص، فإذا بطل النص صح الاختيار.

وهذا لا معنى له؛ وذلك أن دخوله في الشورى فعل من الأفعال لم يعلم قصده فيه ضرورة فيحتج بقصده، فإذا لم يعلم ذلك احتمل وجوهًا: منها أن يكون قد دخل فيها رضا بما فعلوا؛ لأنه يلتمس الإمامة من هذا الوجه. ويحتمل أن يكون دخوله فيه ليتمكن من إيراد الحجج والمناظرة والأمر بالمعروف. ويحتمل أن يكون قد غلب على ظنه أنه إذا دخل في الشورى [مع ما][124] اختص به من الفضل ألَّا يُعدل بالأمر عنه، فيتوصل إلى حقه على وجه يرضى القوم به ولا يؤدي إلى الفرقة والخلاف. فلما احتمل هذه الوجوه لم يصح التعلق به، بل الواجب أن يحمل دخوله في الشورى على ما يوافق الأدلة الدالة على كونه منصوصًا عليه.

فإذا ثبت ألَّا ظاهر لهم يمكن التمسك به، وصار ما نذهب إليه في فعله مساويًا لما ذهبوا إليه في احتمال الفعل له= سقط الاحتجاج به.

ومن ذلك قولهم: لو كان منصوصًا عليه لكان لا يجوز أن يتولى من جهتهم،

(123) (ل): [خلد].

(124) (ل): [معما].

وقد علم أنه تولى للقوم أعمالًا، [فدل][125] دخوله تحت طاعتهم على أنه لم يكن منصوصًا عليه؛ إذ كونه منصوصًا عليه يمنع من الدخول تحت طاعة من ليس بواجب الطاعة.

وهذا لا يصح الاحتجاج به؛ وذلك أن الذي يحرم= أن يتولى من قبله من يُقطع على كفره وفسقه ويَظهر جوره، فأما من لم يُعلم ذلك من حاله وجوِّز خلافه= لم يمتنع أن يتولى من قبله. وكونه غير واجب الطاعة لا يقضي بتحريم طاعته إذا كان المطاع فيه حقًّا وصوابًا.

هذا، ولم يتول أمير المؤمنين من جهتهما الإمارة ولا السرية ولا القضاء؛ فيحتج بذلك على من قال بوجوب طاعته، والذي تولى لأبي بكر هو حفظ الأنقاب |74/ظ| التي كانت بالمدينة؛ لئلا يدخل العرب المدينة إلى حرم رسول الله -صلى الله عليه وعلى آله-؛ وهذا من الواجبات أمر أبو بكر به أو لم يأمر. والذي تولى لعمر إنما هو حفظ المدينة عند غيبته إلى الشام؛ وكان ذلك واجبًا عليه عندنا إذا تمكن على أي وجه يمكَّن منه؛ لأن رسول الله -صلى الله عليه وآله- كان أوجب عليه ذلك وأخبر أن المدينة «لا يصلح لها إلا أنت أو أنا». وإذا كان ذلك من واجباته فتوليته إياه لا تأثير له.

فإن قال: أليس في قبول الولاية إيهام الرضا بإمامته والدخول تحت طاعته؟

قيل له: إنما يلزم ذلك متى علم أنه إن امتنع من ذلك لم يؤد إلى الفساد، ومتى لم يكن المعلوم من حال أمير المؤمنين أنه لو تمكن من الأمر ما اعتد به وبأمره. فأما إذا كان المعلوم من حال أمير المؤمنين أنه إنما سكت عند أمره لئلا يؤدي إلى التشاجر والفساد وأنه يعتقد استحقاق الولاية لنفسه= فلا يكون ذلك موهمًا ولا مبينًا.

---

(125) (ل): [فهل دل].

ومتى ادعى المخالف في هذه الأمور ‹أن› دخوله فيها كان دخول مسلم للأمر مقر بوجوب طاعتهم= طالبناه بالدلالة عليه ونازعنا⁽¹²⁶⁾ في ذلك، ولا يمكنه الاستدلال على صحة ما يدعيه أكثر من أن يقول: هذا هو الظاهر من الأمر. وما يجري هذا المجرى لا يجوز الاحتجاج به؛ لأنه طريق للظن، وما اختلفنا فيه مما الحق فيه واحد؛ فالمحتملات لا يجوز أن يحتج بها فيه.

ومن ذلك قولهم⁽¹²⁷⁾: إن عليًّا -عليه السلام- لو كان منصوصًا عليه لما ظهر منه الاعتراف بالقوم وتوليهم والرضا بهم ودفع النص على نفسه، وزجر من يتناول من عرضهم ويتكلم فيهم؛ فلما ظهر ذلك منه بالأخبار الصحيحة دل على ثبوت الاختيار وبطلان النص. فمن ذلك ما روي أن أبا بكر وحيث قال: أقيلوني= قال له علي -عليه السلام-: ما نقيلك ولا نستقيلك؛ قدمك رسول الله -صلى الله عليه-.

ومن ذلك قول العباس: اخرج إلى الناس فأخبرهم أن رسول الله -صلى الله عليه- قد جعل الأمر فينا من بعده؛ لئلا ينازعنا أحد. فقال علي -عليه السلام-: أنا أول الناس صدقه حيًّا، فلا أكون أول الناس كذب عليه ميتًا. فقال له العباس: هات يدك أبايعك فيقول الناس: هذا ابن عم رسول الله بايعه عم رسول الله -صلى الله عليه وآله-؛ |75/و| فلا يختلف علينا اثنان. فأبى.

ومن ذلك ما روى أبو وائل والحكم أنه قيل لعلي -عليه السلام-: ألا توصي؟ قال: ما أوصى رسول الله -صلى الله عليه- فأوصي، ولكن إن أراد الله بالناس خيرًا فسيجمعهم على خيرهم كما جمعهم بعد نبيهم على خيرهم. وهو

---

(126) (ل): [ونازعا].

(127) انظر: عبد الجبار، المغني: 20/1/284-289.

يعني أبا بكر.

ومن ذلك ما روى صعصعة بن صوحان أنا دخلنا على أمير المؤمنين -عليه السلام- حين ضُرب فقلنا له: استخلف علينا. فقال: إني أخاف أن تتفرقوا عنه كما تفرقت بنو إسرائيل عن هارون، ولكن إن علم الله فيكم وفي قلوبكم خيرًا اختار لكم، كما علم الله في قلوب أصحاب محمد خيرًا فاختار لهم أبا بكر.

ومن ذلك ما روى الحارث ومحمد بن علي -عليه السلام- والشعبي عن علي أنه أقبل أبو بكر وعمر فقال رسول الله -صلى الله عليه وآله-: يا علي هذان سيدا كهول أهل الجنة. ومن ذلك ما روي عن الصادق عن أبيه -عليهما السلام- قال: جاء رجل من قريش إلى أمير المؤمنين -عليه السلام- فقال: سمعتك تقول: اللهم أصلحنا بما أصلحت به الخلفاء الراشدين، فمن هم؟ قال: فاغرورقت عيناه بالدموع ثم أهملتا وقال: حبيباي وعمَّاك أبو بكر وعمر.

ومن ذلك ما روى عنه أنه(128) قال: سمعت عليًّا يقول: إن الله جعل أبا بكر وعمر حجة على من بعدهما إلى يوم القيامة.

ومن ذلك أنه سئل عن أبي بكر وعمر فقال: على الخبير والله سقطت، كانا والله إمامي هدى راشدين مرشدين.

ومن ذلك ما روى سويد بن غفلة أنه مر بقوم وهم ينالون أبا بكر وعمر، فدخل على أمير المؤمنين -عليه السلام- فأخبره(129) بذلك وقال: لولا علمهم أنك تضمر لهم خلاف ما تظهر ما قالوا ذلك، في قصة طويلة، ثم إنه أنكر ذلك وخرج إلى الناس وخطب وقال فيهما بعد مدحهما: إني بريء ممن تكلم فيهما،

---

(128) (ل): [حين].

(129) (ل): [فأخبرهم].

وإنه لا يحبهما إلا مؤمن تقي، ولا يبغضهما إلا فاجر ردي. وذكر في هذه الخطبة بيعة أمير المؤمنين لأبي بكر من غير كره، وأنه أول من سنَّ ذلك من بني عبد المطلب وهو له غير كاره وراض، وأنه من الراضين، وأن عمر ما خرج من الدنيا حتى رضي به الكل، وأنه ذكر فيها أن من أحبني أحبهما، وذكر فيها أن من تناولهما فعليه ما على المفتري.

ومن ذلك ما روى أبو حكيم: إني كنت بحضرة أمير المؤمنين -عليه السلام- فدخل رجل |75/ظ| يدعي على رجل أنه تناول أبا بكر وعمر، وشهدوا عليه؛ فأمر أمير المؤمنين -عليه السلام- بضربه ثم أمر بإخراجه من البلد، ثم حضر المسجد وخطب، وذكر في خطبته أن خير هذه الأمة أبو بكر وعمر، ولو شئت سميت الثالث.

ومن ذلك ما روى الحسن عنه أنه قال: لقد أمر رسول الله -صلى الله عليه- أبا بكر أن يصلي بالناس وإني لشاهد، فرضينا لدنيانا من رضيه رسول الله -صلى الله عليه- لديننا.

ومن ذلك ما روى أسيد بن صفوان أن أمير المؤمنين -عليه السلام- خطب اليوم الذي مات أبو بكر فيه وقال: في هذا اليوم انقطعت خلافة النبوة. وقال فيها: رحمك الله يا أبا بكر، كنت أول القوم إسلامًا وأخلصهم إيمانًا وأشهدهم يقينًا، الخبر.

فهذه الأخبار مع شهرتها وظهورها عنه تدل على أنه كان غير منصوص عليه؛ فإذا بطل النص صح الاختيار.

وهذا أرَكُّ ما يجوز أن يتعلق به من الطريق؛ وذلك أن هذه الأخبار ليس فيها شيء معلوم مقطوع بصحته فيصح الاحتجاج به؛ فسقط التعلق بها ولولا أنا

ذكر ما تعلق به من قال بالاختيار والكلام عليه

خشينا الإطالة لأوردنا على كل واحد من هذه الأخبار ما لا يشكل معه على عاقل في فساد التعلق بها وضعف من يلتجئ إليها، ولكن نكيل عليهم مثل ما كالوا علينا بأن نقول: إن جاز التعلق بهذه الأخبار مع ضعفها ووهنها وإنكار المخالف لها= ليجوزن لمخالفهم التعلق بما يضادها وينافيها مما روي عن أبي بكر وعمر وغيرهما مما يدل على أن القوم تجاذبوا الولاية وطلبوا المملكة، وعدلوا عن الطريقة المثلى وظلموا واتبعوا الهوى؛ ومما يروى عن أبي بكر الظاهر المشهور من قوله: وليتكم ولست بخيركم. وفي هذا من الشهرة ما قد علم كونه؛ أضاف الولاية إلى نفسه وأنه تولى، ونفى كونه أفضل بأن قال: ولست بخيركم. فخبروني أي الكلامين أصح إثبات غيره له أم نفيه عن نفسه؟!

ومن ذلك قوله: لي شيطان يعتريني عند الغضب؛ فإن اعوججت فقوموني. أليس ذلك اعترافًا(130) بأن عند الغضب لا يمكنه القيام بما أمره الله؛ لغلبة الشيطان عليه، وأنه يحتاج إلى أن يقوَّم؟ أليس ذلك يدل على أنه يأبى القعود مقعد رسول الله -صلى الله عليه-؟ فأي الأخبار أصح ما ذكرتموه أم هذه الأخبار؟!

ومن ذلك ما روي عن امتناعه عن البيعة يوم السقيفة وقوله: بايعوا أحد هذين إن شئتم. أليس هذا شكًّا منه في حالهما أو اعترافًا منه بفضلهما عليه؟ أليس قد روي عنه أنه قال في الصلاة: لا يفعلن خالد ما أمرته به. وكان قد أمره بقتل أمير المؤمنين حتى التفت أمير المؤمنين -عليه السلام- وقال لخالد: كنت تفعل ذلك؟ فقال: نعم القتول. مع مناظرة عمر في أمر خالد حين [قتل مالك](131) بن نويرة، وقوله: خفت بني هاشم على نفسك قبل الفراغ من صلاتك وقلت: يا

---

(130) (ل): [اعتراف].

(131) (ل): [قال ملك].

خالد لا تفعل ما أمرتك. أيجب قبول هذا الخبر؟ فأي شيء حكمتم به فيما روينا فخذوا مثله عنا.

ومن ذلك ما روى ليث بن سعد عن صالح بن كيسان عن حميد بن عبد الرحمن بن عوف أنه قال أبو بكر في مرضه الذي مات فيه: ما آسى على شيء إلا على ثلاث فعلتهن ليتني كنت تركتهن ليتني كنت تركتهن ليتني كنت تركتهن؛ تركت بيت فاطمة لم أكشفه وإن كان قد أغلق علي الحرب، وليتني ليلة طلت بني ساعدة كنت ضربت على يد أحد الرجلين فكان هو الأمير وأنا الوزير، وليتني حين أتيت بفجاءة السلمي |76/و| كنت قتلته نجيحًا أو ألقيته سريحًا ولم أكن قد أحرقته بالنار. أليس هذا الخبر مع شهرته وصحة طريقته يدل على ندامته على الإمامة وما تولى من بيت فاطمة -عليها السلام-؟! أليس هذا اعترافًا(132) منه بأن الثلاث كلها جنايات وقعت منه؟!

ومن ذلك ما روي عن عمر من الأخبار، منها قوله عند ذكر من يصلح للإمامة: لو كان سالم حيًّا ما تخالجني فيه الشكوك. أليس هذا خروجًا(133) من الإجماع عندكم؟ يقول في أمير المؤمنين: لو أنه تولى الأمر يكون هاديًا مهديًا إلا أن به دعابة. فعدل بالإمامة عنه ويقول فيه دعابة، ويتأسف على سالم مولى أبي(134) حذيفة.

ومنها ما روي عنه من الطعن في ولاية أبي بكر، وهو قوله: كانت بيعة أبي بكر فلتة وقى الله شرها، فمن عاد إلى مثلها فاقتلوه. أليس ظاهر الخبر مع شهرته يوجب القدح في طاعة أبي بكر؟

---

(132) (ل): [اعتراف].

(133) (ل): [خروج].

(134) [أبي] - (ل).

ومنها ما روى ابن عمر أنه قال لعبد الرحمن بن أبي بكر إنه خير من أبيه إنه ليس سواء. أليس قد روى عبد الله بن عياش[135] الهمْداني عن سعيد بن جبير أنه قال: ذكر أبو بكر وعمر[136] عند عبد الله بن عمر فقال رجل من القوم: كانا والله شمسي هذه الأمة ونورها. فقال ابن عمر: بل اختلفا لو كنتم تعلمون، وأشهد أني عند أبي يومًا وقد أمرني أن أرامي أحلاسًا وأصلح منها، إذ استأذن عبد الرحمن بن أبي بكر فقال عمر: دويبة[137] <سوء> وهو خير من أبيه. فأوحشني ذلك فقلت: يا أبت عبد الرحمن خير من أبيه؟ فقال: ومن ليس بخير من أبيه لا أم لك. وأذِن لعبد الرحمن فدخل فكلمه في أمر الحطيئة أن يرضى عنه، وقد كان حبسه في شعر قاله، فقال عمر: إن فيه تأديبًا، فدعني أقوِّمه بطول السجن. فألح عليه عبد الرحمن فأبى، فخرج عبد الرحمن. فأقبل عليَّ عمر وقال: أوفي غفلة أنت إلى هذا اليوم عما كان من أفحج بني تيم بن مرة وتعديه علي وظلمه لي؟ فقلت: يا أبت لا علم لي بذلك ولا بشيء منه. فقال: يا بني وما عسيت أن تعلم. قلت: والله لهو أحب إلى الناس من ضياء أبصارهم. قال: إن ذلك لكما وصفت على رغم أبيك وسخطه. فقلت: يا أبت أفلا[138] تجلي أفعاله بمقام في الناس تبين ذلك عنه؟ قال: وكيف لي ذلك مع ما ذكرت أنه أحب إلى الناس من ضياء أبصارهم؛ إذنْ ترضخ هامة أبيك بالجندل. قال: ثم تجاسر فجسر، فما دارت الجمعة حتى وقف به في الناس فقال: معاشر الناس، كانت بيعة أبي بكر فلتة وقى الله شرها، فمن عاد إلى مثلها فاقتلوه. |76/ظ| وكان الذي جرأ عمر على ذلك [مع ما][139]

---

(135) (ل): [عبَّاس].

(136) كتب بعدها في الحاشية: [خ من رهبة].

(137) (ل): [دونيه].

(138) (ل): [فلا].

(139) (ل): [معما].

كان في صدره أنه بلغه عن قوم أنهم هموا بأفاعيل كانت هي التي تهيج من عمر؛ فإنه باب فتحه عمر من السخط على أبي بكر.

ومنها ما روى شريك عن محمد بن مسلمة عن أبي موسى الأشعري قال: خرجت أريد عمر ونحن بمكة، فلقيت المغيرة بن شعبه قال: أين تريد؟ قال: فأعلمته، فمضينا جميعًا فذكرنا أبا بكر فقال عمر: كان أعتى وأظلم، كان والله أعتى وأظلم، كان والله أحسد قريش كلها. ثم قال: والهفاه على ضئيل بني تيم بن مرة، والله لقد تقدمني ظالـمًا وخرج إلي منها آثمًا. فقلنا له: قد تقدمك ظالـمًا قد عرفناه، فكيف يخرج إليك منها آثمًا؟ قال: إنه لم يخرج منها إلا بعد يأس منها، والله لو كنت أطعت زيد بن الخطاب ما تلمَّظ بشيء من حلاوتها أبدًا، ولكن قدَّمت وأخَّرت وصعَّدت وصوبت ونقضت وأبرمت؛ فلم أجد بدًّا من الإغضاء [على ما نشب به][140] منها، فلم تجبني نفسي وأمَّلت إنابته ورجوعه، فوالله ما فعل حتى [نَغِرَ بها بشمًا][141]. قال له المغيرة: فما منعك منها وقد عرضها عليك يوم السقيفة بدعائه إياك، ثم أنت الآن متغضب متأسف عليها؟ فقال له عمر: ثكلتك أمك يا مغيرة، إني كنت لأعدُّك من دهاة العرب، أكنت غائبًا عما كان هناك؟! إن الرجل ماكرني فماكرته؛ فوجدته أحذر من قطاة لـمَّا رأى شغف الناس وإقبالهم عليه بوجوههم= أيقن أنهم لا يريدون به بديلًا؛ فأحبَّ -مع ما رأى من حرص الناس وشغفهم به- أن يعلم هل تنازعني نفسي إليها بإطماعي فيها والتعريض لي بها، وقد علِم وعلمتُ لو قبلت ما عرض علي منها= لم تجب الناس إلى ذلك، وكان أشد الناس كراهة، والخبر بطوله.

---

(140) (ل): [له لستّ فيه].

(141) (ل): [انفر منها]، دون إعجام. ونغر: اغتاظ، وتذمر. والبشَم: التخمة. انظر: الجوهري، الصحاح: مادة (نغر) ومادة (بشم).

أليس هذا الخبر وما تقدم يدلان أن القوم دخلوا في الأمر مدخل [..][142] وتجاوزوا وتركوا طريقة السداد؟ أو تقبلوا ما روينا أو ترددونه؟

ومن ذلك ما روى زيد بن أسلم أنه بويع أبو بكر بعد النبي -صلى الله عليه-، فكان علي والزبير والمقداد يدخلون على فاطمة بنت رسول الله -صلى الله عليهما- ويتشاورون في أمرهم، فلما بلغ ذلك عمر خرج حتى دخل عليها فقال: يا بنت رسول الله -صلى الله عليه وعليك- ما من الخلق |77/و| أحب إلينا منك، وايم الله ما ذاك بمانعي إن اجتمع هؤلاء النفر عندك أن آمرهم أن يحرق عليك البيت، الخبر. وفي بعض الأخبار: أن أهدمه عليهم. أليس روي أن عمر جعل الأمر شورى وأمر بقتل من يتخلف عن بيعة من بايعه أكثر القوم؟ أليس هذا يدل -أن لو كان- على خلاف ما يوجب الإسلام؟

ومن ذلك ما روى شهر بن حوشب أن عمر لما دوَّن الدواوين بدأ بالحسن والحسين -عليهما السلام- وأقعدهما على حجره وقبل عينيهما، فقال عبد الله بن عمر: قدمتهما عليَّ ولي الصحبة؟ فقال: اسكت لا أم لك، أبوهما خير من أبيك، وأمهما خير من أمك. أليس هذا الخبر يدل على أنه تقدم عليه مع العلم بأنه خير منه، مع أن الفضل مطلوب في الإمامة؟

ومن ذلك ما روى الليث بن سعد عن الزهري قال: لما بويع عمر تخلف علي -عليه السلام- عن بيعته، فأجلس رجلًا بعذره، فقال عمر: أين علي؟ فقال الرجل: ذهب في بعض حاجته. فقال عمر: ذهب في حاجته، والله ليخبرن بها أو لأضربن عنقه. فذهب الرجل فأخبره، فأقبل علي فمر بمجلس[143] من مجالس

(142) كلمة استغلقت قراءتها، ورسمها مع التي قبلها هكذا:
(143) (ل): [مجلس].

الأنصار ثم قال: ينذر دمي إن تخلفت في حاجة لي. فجاء حتى بايع. أليس مثل هذا عندكم لا يجوز على مثل عمر؟

ومن ذلك ما روى أبو الأسود الدؤلي عن ابن عباس قال: كنت أماشي عمر بن الخطاب في بعض سكك المدينة يده في يدي، إذ قال لي: يا ابن عباس، ما أظن صاحبك إلا مظلومًا. يعني عليًّا -عليه السلام-. فقلت في نفسي: والله [لا يسبقني](144) بها. فقلت: يا أمير المؤمنين أدِّ إليه ظلامته. فانتزع يده ومضى وهو يهمهم، ثم وقف فلحقته فقال: يا ابن عباس ما أظن القوم منعهم من صاحبك إلا أنهم استصغروه. فقلت في نفسي: هذه شر من الأولى. فقلت: يا أمير المؤمنين والله ما استصغره الله -تعالى- حين أمره بأخذ سورة براءة من أبي بكر فيؤديها. فسكت. أليس هذا الخبر يدل على أن عمر كان عارفًا أنه كان متمكنًا من دفع الظلم عنه ورد الأمر إليه فلم يفعل؟

ومن ذلك ما روي عن عمر أنه قال لابنه حين أنفذه إلى عائشة يسألها الموضع في جوار رسول الله -صلى الله عليه وآله- في حجرتها: اذهب إلى أم المؤمنين عائشة فقل: عمر يقرأ عليك السلام، |77/ظ| ولا تقل: أمير المؤمنين؛ فإني اليوم لست للمؤمنين بأمير. أليس هذا يدل على أنه خلع نفسه وانعزل عن الإمامة عند الموت؟

خبِّرونا قولكم فيما رويناه من الأخبار وفيما(145) تركناه بما أوردناه من صنف هذا الشأن= أتقبلونها كلها مع تضادها واختلافها وضعف طرقها وكونها غير مقطوع على صحتها، أو تردونها وتعلمون على ما توجب الدلالة، وتختصرون من الأخبار على ما قد قامت به الحجج؟ فإن قبلوها كلها لزمهم الخروج من

(144) (ل): [ليستغني].

(145) (ل): [فيما].

ولاية جميع الصحابة ونسبتها إلى الكفر والفسق. وإن قالوا: لا نقبل إلا الصحيح. بطل احتجاجهم بما تمسكوا به من الأخبار.

واعلم أنا لم نورد هذه الأخبار على وجه الاحتجاج بها أو أنا نعتقد صحتها؛ وإنما أوردناها على طريق الدفع لما أورده المخالف، فليس لأحد أن ينسبنا في الصحابة إلى ما لا نذهب إليه فيهم.

طريقة أخرى لهم:

أحد ما يتعلقون به في ثبوت الاختيار قولهم(146): إن النبي -صلى الله عليه- قرر المسلمين على ما فعلوه في يوم مؤتة في تأمير خالد بعد قتل الأربعة(147) الذين نص رسول الله -صلى الله عليه- عليهم، فلما صوَّبهم الرسول ولم ينكر عليهم؛ دل على أن للناس أن يولوا على أنفسهم من يتولى أمورهم.

الكلام عليه:

اعلم أن التمسك بهذا مما لا وجه له؛ لأن القوم إنما عدلوا إلى الاختيار بعد فقد النص، ونحن نعترف لهم أن النص متى فُقد واحتاج الناس إلى من(148) يقوم بأمرهم= لهم أن يقدموا على أنفسهم من يقوم بأمورهم، فيكون الكلام بيننا وبين من تعلق بهذه الطريقة في هل هنا نص من الرسول -صلى الله عليه وآله- أم لا؟ فإن أريناه= زال احتجاجه عنا، فإن تعذر علينا ذلك لزم ما قاله.

---

(146) انظر: البصري، الفصل: 16/ظ.

(147) كذا! والمنصوص عليهم ثلاثة كما هو معروف: زيد بن حارثة وجعفر بن أبي طالب وعبد الله بن رواحة.

(148) [من] + (ل).

على أنه كان لا يمتنع أن يقال: إن الناس لهم أن يؤمِّروا[149] على أنفسهم إذا دُفعوا إلى محاربة عدو ولا يكون لهم إمام، ولا يكون لهم أن ينصبوا لأنفسهم إمامًا.

فهذه هي طرائق من يقول بالاختيار، قد أوضحنا الكلام فيها ولم نتقص؛ خشيه الإطالة، وأسقطنا ما يضعف الكلام فيه من احتجاجاتهم؛ لـمَّا كان فيما أوردناه تنبيه على ما تركناه.

|78/و| فأما طريقة الزيدية في إبطال الاختيار فإنما هي أحد أمرين: أحدهما: إثبات النص وإيجاده، فإذا ثبت النص بطل الاختيار. والثاني: هو أن الاختيار لا يدل العقل عليه؛ لأن الإمامة حكم شرعي، وكيفية وجوب طاعة الإمام يجب أن يكون شرعيًّا، ولا شرع ههنا دل على ثبوت الاختيار؛ فيجب أن يفسد القول به. ومتى قيل لهم: إن دليل الشرع قد دل على ثبوت الاختيار، فأفسدوا ما تعلق به المخالف في نفسه.

(149) (ل): [يامّروا].

فصل: في بيان الخلاف في النص

والدلالة ألَّا منصوص عليه سوى أمير المؤمنين، وإبطال قول المخالف فيه

اعلم أن من قال بالنص اختلفوا؛ فمنهم من قال(150): إن المنصوص عليه كان العباس. ومنهم من قال(151): إن المنصوص هو أبو بكر. ومنهم من قال: إن المنصوص عليه أمير المؤمنين علي -عليه السلام-، وهو الصحيح؛ وذلك أنا قد بينا أن الإمامة لا تستحق بالإرث، فسقط قول من قال بإمامة العباس وكونه منصوصًا عليه. ولأنه لو كان منصوصًا عليه لكان لا يقول لأمير المؤمنين -عليه السلام-: هات يدك أبايعك. وكان لا يقول لبني هاشم: خالفتموني في ثلاث -يعني أمير المؤمنين- قلت لك: امدد يدك أبايعك، فعصيتني فيه حتى أدى الأمر إلى ما أدى إليه. ولأن النص الذي يُدعى عليه إما أن يكون مقطوعًا به، أو غير مقطوع به؛ فإن كان مقطوعًا به وجب أن يكون العلم به قد حصل لنا، وإن كان غير مقطوع به فلا حجة فيه؛ فبطل ادعاء النص على العباس.

فأما من ادعى النص على أبي بكر= تعلق بأخبار، منها أن رسول الله -صلى الله عليه وآله- قدمه في الصلاة في آخر أيامه؛ فدل ذلك على أنه أولى الناس بالقيام بما كان رسول الله يقوم به.

ومنها ما روي عنه -عليه السلام- أنه قال: «هاتوا كتفًا -أو لوحًا- أكتب عليه عهدًا لا يختلف على أبي <بكر> اثنان بعدي». ثم قال: «دعه؛ فإن الله يأبى أن يجتمع المسلمون على غيره». وقوله: «يأبى الله ورسوله والمؤمنون إلا أن

---

(150) = الراوندية. انظر: البلخي، المقالات: 430، 432.
(151) = قوم من المرجئة ومن الحشوية. انظر: البلخي، المقالات: 430.

يكون أبو بكر».

ومنها خبر الامرأة التي قالت لرسول الله -صلى الله عليه-: إن جئت فلم أرك؟ -وهي تعرض بالموت- فقال: «ائتِ أبا بكر».

ومنها ما روي أنه سأله عمرو بن العاص عن أحب الناس إليه؟ فقال: «عائشة». فقال: من الرجال؟ قال: «أبوها». وما روى أنه لما قال له أهل خيبر من |78/ظ| يفي لنا بالشرط بعدك؟ فقال: «أبو بكر».

ومنها خبر الأعرابي الذي قال له: إن لم أرك إلى من أذهب؟ فقال له: «إلى أبي بكر».

ومنها قوله لأنس: «ائذن له -يعني أبا بكر- وبشره بالجنة والخلافة بعدي سنتين». ومنها قوله: «اقتدوا باللذين من بعدي: أبي بكر وعمر». ومنها أمره بسد الأبواب إلا حجرة أبي بكر.

ومنها ما روي عن أنس أن النبي -صلى الله عليه- قال: «بشروا أبا بكر بالجنة والخلافة بعدي»، وأن يبشر عمر بالخلافة بعد أبي بكر، وإن يبشر عثمان بالخلافة بعده.

ومنها ما روي أنه قال لما بنى مسجد قباء وضع حجرًا ثم قال لأبي بكر: «ضع حجرك إلى حجري». ثم قال لعمر: «ضع حجرًا». ثم قال لعثمان: «ضع حجرًا إلى حجر عمر». ثم قال: «هؤلاء الخلفاء بعدي».

ومنها ما روي أن أبا بكر قال: يا رسول الله رأيت علي برد حبرة وكان فيه رقمان[152]. قال: «صدقت رؤياك؛ يولد لك وتلي الخلافة بعدي سنتين».

---

(152) (ل): [دقتان]، دون إعجام القاف.

وهذه الأخبار زعموا أنها من الكثرة والظهور بلغت مبلغ التواتر، وهذا مما لا يمكن الاعتماد عليه؛ وذلك أنه لا خبر من هذه الأخبار إلا وقد اختلف فيه وفي طريقه، وفي كون هذا إذا كان الخبر ظاهرًا وما لم يكن منها قد ظهر= فلا إشكال أن الاشتغال به ضرب من العبث، ولو أخذنا نستقصي الكلام على هذه الأخبار وما يعارضها لطال الكلام ولخرجنا عن الغرض؛ فالأولى تبيين فساد التعلق بها، فيسلم لنا ما نذهب إليه. فالذي يدل على ذلك هو أنا قد علمنا أن أبا بكر تمكن من إيراد حججه غاية التمكن عند المناظرة مع الأنصار، وأنه من أول أمره إلى آخره لم يكن هناك من يمنعه من ادعاء النص على نفسه، ثم مع ذلك لم يدع لنفسه ولم يحتج به، ولو كانت هذه الأخبار صحيحة لما جاز له العدول إلى البيعة وإلى قوله لعمر: هات يدك أبايعك، وقوله للأنصار: بايعوا أحد هذين إن شئتم. فلما علمنا ذلك علمنا أن هذه الأخبار لا أصل لها ولا يصح التعلق بها.

وهذه الطريقة غير لازمة لنا؛ لأن أمير المؤمنين -صلى الله عليه- لم يتمكن من المناظرة والمحاجة، وخاف وقوع الفتنة، فلما فارق أحد الرجلين صاحبه لم يكن من هذه الطريقة ما يلزم من قال بالنص على أمير المؤمنين، ولزمت البكرية، ودل على بطلان قولها.

[الأدلة على وجوب طاعة أمير المؤمنين وكونه منصوصًا عليه]

واعلم أنه قد استدل على وجوب طاعة أمير |79/و| المؤمنين وعلى كونه -عليه السلام- منصوصًا عليه= بأدلة كثيره يصح منها بعضها ويفسد بعضها، ونحن نشير إلى صحة الصحيح منها وفساد الفاسد، وندل على صحة الصحيح.

فمن ذلك استدلال من يذهب إلى أن الإمام يجب أن يكون باطنه كظاهره من الزيدية والإمامية، وهو أنه قد ثبت أن الإمام لا بد من هذا المعنى فيه، ثم

اختلف الناس فيمن الإمام في الصدر الأول؛ فقال بعضهم: هو العباس. وقال بعضهم: أبو بكر. وقال بعضهم: علي -صلى الله عليه-. وقد ثبت أن أحدًا <لم يدع> العصمة للعباس ولأبي بكر؛ فيجب أن يكون الإمام هو الذي تدعى له العصمة، وهو أمير المؤمنين -عليه السلام-، وإلا فقد خلا الصدر الأول ممن وجبت طاعته، وهذا باطل الإجماع.

واعلم أن هذه الطريقة بُنيت على موضع الخلاف، وهو ادعاء العصمة، والمتكلم في هذه المسألة لا يتأتى له الكلام إلا بأن يتكلم فيها، وقد ثبت أن العصمة غير مشروطة في الإمام؛ فلم يصح التعلق بهذه الطريقة.

طريقة أخرى لهم:

وهي أن الأمة اختلفت فيمن كان واجب الطاعة بعد رسول الله -صلى الله عليه- بلا فصل، مع اتفاقها على أن أمير المؤمنين كان يصح لها واختلافها في غيره؛ فإن كان أحد القولين وأحد الرجلين لا بد من تركه فالأولى ترك القول فيمن اختلفوا في هل يصلح للإمامة أم لا، فإذا سقط القول بوجوب طاعتهم صح وجوب طاعة من اتفقوا على أنه يصلح لها.

واعلم أن هذه الطريقة لا يصح الاحتجاج بها؛ وذلك أن اتفاقهم على أن عليًّا -عليه السلام- يصلح الإمامة لا يمتنع من قيام الدلالة على وجوب طاعة غيره وعلى أن غيره يصلح لها كصلاحه هو، فإذا كان الأمر كذلك فالكلام في هل ههنا ما يدل على وجوب طاعة أمير المؤمنين ويمنع من وجود طاعه غيره أم لا؟ واتفاقهم على أنه يصلح لها= لا يدل على أحد الموضعين؛ فيجب العدول عن هذه الطريقة إلى غيرها.

طريقة أخرى لهم:

هو أن الأمة أجمعت على وجوب طاعة أمير المؤمنين -عليه السلام- عند البيعة وادعائه الإمامة، واختلفوا في وجوب طاعة غيره، وبالاختلاف لا تجب الطاعة، ولا دليل على وجوب طاعتهم، وكل من لا دليل على وجوب طاعته وجب نفي ذلك، وإذا انتفى وجوب طاعة أبي بكر وعمر وعثمان وجب القول بوجوب طاعة |79/ظ| أمير المؤمنين بعد رسول الله -صلى الله عليه وآله- بلا واسطة، وكل من قال بهذا قال: إن أمير المؤمنين -عليه السلام- كان منصوصًا عليه.

فإن قال: لم قلتم إنه لم يكن هناك من يوجب طاعته؟ قيل له: لعدم الدلالة. فإن قيل: ولم ادعيتم عدم الدلالة؟ قيل: لأن أدلة الله -تعالى- هي العقل والكتاب والسنة والإجماع، وكل هذه الأدلة ليس فيها ما يدل على طاعة القوم. فإن رام السائل إيراد شيء مما قدمنا ذكره من حجج القوم فقد بينا فساد ما يتعلق به.

وهذه الطريقة لا بأس بها، إلا أنها تفتقر إلى إبطال ما يتعلق به المخالف من الحجج حتى تتم.

طريقة أخرى لهم:

وهي أنه قد ثبت أن أمير المؤمنين -عليه السلام- كان أفضل الصحابة ⟨في⟩ الخصال(153) المطلوبة في الإمامة، وهو أفضل من جميعهم في باب الثواب؛ فيجب أن يكون هو الإمام دون غيره، وهو الواجب الطاعة، فإذا ثبت ذلك ثبت

---

(153) (ل): [والخصال].

كونه منصوصًا عليه؛ إذ ليس في الأمة من قال: إنه أكمل الصحابة ولا عذر هناك في العدول عنه، مع هذا جوّز العدول عنه.

اعلم أن هذه الطريقة مبنية على أصلين يقع الخلاف فيهما:

أحدهما: أنه أفضل الصحابة.

والثاني: أنه لم يكن هناك منع يقتضي العدول عنه إلى غيره مع كونه أفضل.

والذي يدل على كونه أفضل في الخصال المطلوبة في الإمامة قوله -عليه السلام-: «أقضاكم علي». فدل على أنه أعلم من جميع الأمة فيما تختص به الأئمة من القضاء من القضايا والأحكام. وقد ثبت أن أحدًا ما ادعى لأبي بكر من الشجاعة ما علم حصوله في أمير المؤمنين -عليه السلام-، وكذلك فقد ثبت سخاؤه، وقد ثبت كونه من أجل قريش، وقد ثبت زهده[154] وعبادته، ولأنه لا أحد يفضله فيما ادعى، فإما أن يكون مساويًا له أو دونه، وقد أثبت الرسول -صلى الله عليه- له من الفضيلة ما لم يثبت لأحد من الصحابة في باب العلم بوجوب كونه أفضل.

فأما الفضل في باب الثواب فلو اعتبر لكان الذي يدل على كونه أفضل= قوله -عليه السلام-: «اللهم ائتني بأحب خلقك إليك يأكل معي من هذا الطائر». وقد أوضح الطريقة في صحة هذا الخبر وأنه مجمع على كونه= الشيخ أبو عبد الله[155] -رحمه الله-، وبيّن أن ظاهر هذا الخبر يدل على كونه أفضل؛ فأغنى عن الإطالة فيه.

فإذا ثبت ذلك، وثبت |80/و| أنه لا عذر يقتضي العدول عنه يمكن ذكره=

(154) (ل): [زهدته].

(155) = الجعل البصري. انظر: عبد الجبار، المغني: 120/2/20، 122-124.

ثبت وجوب طاعته وتحريم العدول عنه على ما قلناه.

على أن الكلام في هل كان هناك عذر أم لا= ليس من نفس هذه المسألة فنتكلم فيها، ولا علة تذكرها البترية ومن قال بإمامة المفضول في عدول الناس عن أمير المؤمنين إلا وينتقض ذلك بالنبي وبسائر أخباره أن الله -تعالى- جعله إمامًا.

طريقة أخرى لهم:

وهو أنه لا خلاف بيننا وبين أكثر المعتزلة أن أمير المؤمنين كان مقطوعًا على مغيَّبه حتى قد ألزمَنا الرسولُ موالاته في كل حال، وألَّا يجوز منه وقوع الكبيرة. فإذا ثبت ذلك، وقد علمنا أن مع التمكن بالعلم بالشيء لا يجوز العمل على الظن، وعلمنا أن الستر والعفاف والإيمان مطلوب في الإمامة، ومعلوم أن هذه الأمور لا يمكن العلم بها في غير أمير المؤمنين، وقد علم ذلك منه بهذا الخبر، وقد قطع على مغيبه؛ فلزم المصير إلى طاعته؛ إذ من سواه لا يُعلم من حاله ما علم من حاله. ولا يمكن أن يقال: أنتم لم تكلفوا العلم بالباطن في الإمامة. وذلك أنه إنما لم يمكن ذلك لعدم الطريقة، وههنا قد كان لنا طريق إلى العلم به؛ فلا حاجه إلى المصير إلى ما يقتضي الظن؛ فبان[156] أن أمير المؤمنين كان أولى الناس بالإمامة. وقد ثبت عدم العذر في القعود عنه؛ فيجب أن يُخطأ من عدل عنه، وإذا ثبت خطأوهم دل على وجوب طاعة أمير المؤمنين -صلى الله عليه-؛ من حيث إن أحدًا لم يفصل. فإذا قلنا بوجوب طاعته؛ لزم القول بأنه كان منصوصًا عليه.

---

(156) (ل): [مان].

التعلق بالكتاب طريقه من وجوه:

اعلم أن أحد ما يتعلقون به مَن قال بالنص قوله -تعالىٰ-: ﴿قَالَ لَا يَنَالُ عَهۡدِي ٱلظَّٰلِمِينَ ١٢٤﴾ الآية[157]؛ استثنىٰ -تعالىٰ- من جملة من دخل تحت سؤاله -عليه السلام- الظالمين، بنا[158] أن ننظر من الذي كان قد دخل تحت سؤاله؛ فوجدنا ذريته علىٰ ضربين: مؤمن، وغير مؤمن؛ فقلنا: إن السؤال من الرسول لا يجوز أن يقع إلا بإذن من الله -تعالىٰ- له فيه، ولا يجوز أن يقع الإذن في السؤال بأن تكون الإمامة للكفار والفساق من ذريته في حال كفرهم وفسقهم؛ فوجب ألَّا يكون قد سأل إلا في المؤمنين. ثم وجدنا الله -تعالىٰ- فرق بين الظالمين وبين غيرهم ممن تناولهم سؤاله له؛ فعلمنا أن الذي أخرج من الجملة من كان كافرًا أو فاسقًا وإن كان مِن بعده |80/ظ| قد تاب وآمن.

فإذا كان كذلك، وعلمنا أنه لم يكن في الصدر الأول ممن ادعىٰ الإمامة من لم يكفر بالله طرفة عين إلا أمير المؤمنين؛ فيجب أن يكون هو الإمام دون من عبد الأوثان وإن تاب.

واعلم أن هذه الدلالة إنما تدل علىٰ الإمامة علىٰ الوجه الذي نقول متىٰ سلم أنه ليس للنبي -صلىٰ الله عليه- أن يسأل الله -تعالىٰ- أن يجعل الولاية إلىٰ أولاده وإن كانوا كفارًا أو فساقًا؛ فإن تم هذا الموضع تمت الدلالة. ومتىٰ لم يُبن علىٰ هذا ولم يسلم المخالف= فله أن يقول: كان لإبراهيم -عليه السلام- أن يسأل ذلك؛ لأن العقل لا يحيله، فإذا لم يحله العقل فله أن يسأل، فلما سأل وَرَد الجواب علىٰ الوجه الذي علم الله -تعالىٰ- من مصالح عبيده ألَّا يولي عليهم إلا مؤمنًا في

---

(157) سورة البقرة: 124.

(158) كذا!، ولعل المراد: علينا، أو: حريّ بنا.

حال ولايته وإن كان كافرًا من قبل.

فقد بان أن الدلالة تدور على هذا الموضع؛ فإن سلم سلمت، وإلا بطلت.

فأما من حمل الولاية على النبوة فقد ترك الظاهر؛ لأن الآية واردة بلفظ الإمامة، ولأنه -عليه السلام- أعطي منزلة الإمامة بعد النبوة؛ لقوله -تعالى-: ﴿ وَإِذِ ٱبْتَلَىٰٓ إِبْرَٰهِـۧمَ رَبُّهُۥ بِكَلِمَـٰتٍ فَأَتَمَّهُنَّ ۖ قَالَ إِنِّى جَاعِلُكَ لِلنَّاسِ إِمَامًا ۖ ﴾[159]، فالآية ناطقة بأنها لم ترد إلا في الإمامة.

طريقة أخرى لهم:

وقد تعلق بعضهم بقوله -تعالى-: ﴿يَـٰٓأَيُّهَا ٱلَّذِينَ ءَامَنُوٓا۟ أَطِيعُوا۟ ٱللَّهَ وَأَطِيعُوا۟ ٱلرَّسُولَ وَأُو۟لِى ٱلْأَمْرِ مِنكُمْ ۖ ﴾[160]؛ فقال: إن الله -تعالى- قد أوجب علينا طاعة أولي الأمر، فلا بد من أن ينص على عينه وإلَّا[161] يكون تكليفًا لما لا يطاق، وقد أبطلنا النص على من سوى أمير المؤمنين؛ فيجب أن يكون المراد به أمير المؤمنين وأولاده -عليهم السلام-. ولا يلزم عليه المفتي؛ لأنه ليس من أولي الأمر في شيء؛ لأن أولي الأمر من له الأمر، والمفتي ليس له الأمر؛ لأنه يجعل الخيار إلى المستفتي ولا يُلزِم، وأولو الأمر هو من يوجِب ويُلزم، وليس المفتي له هذا الحظ.

وأجود ما يتعلق به من الوجوه من هذه الآية هو أن الأمة أجمعت على أن أمير المؤمنين قد أريد بهذه الآية واختلفوا فيمن سواه؛ فيجب أن يعلم وجوب طاعته من هذه الآية، فإنْ غيره دخل فيها احتاج إلى دليل.

---

(159) سورة البقرة: 124.

(160) سورة النساء: 59.

(161) (ل): [وان لا].

وليس لأحد أن يقول: |81/و| إن عموم الآية يقتضي وجوب طاعة كل من أمر.

وذلك لأن[162] الآية إنما اقتضت وجوب طاعة من له أن يأمر، وقد اختلفوا فيمن سواه هل لهم أن يأمروا أم لا؛ فيجب ألَّا يدخلوا تحت هذه الآية إلا بالدلالة.

واعلم أن هذه الآية إنما تدل على وجوب طاعته في ذلك الوقت، فأما من قبل أو من بعد فقد اختلفت الأمة فيه، والآية غير ناطقة، فمن تعلق بها لا بد من أن يضم ذكر عدم الدلالة على وجوب طاعة غيره إليها، وذلك بانفراده -لو تمسك به- لكان له من التعلق مثل ما له إذا تمسك بالآية. فأما ضم الأخبار الدالة على إمامة أمير المؤمنين -عليه السلام- إلى الآية فلا وجه لها؛ لأنها تستقل بنفسها دون الآية، فلا معنى لضمها إليها.

طريقة أخرى:

وأحد ما يتعلق به قوله -تعالى-: ﴿وَأُوْلُواْ ٱلْأَرْحَامِ بَعْضُهُمْ أَوْلَىٰ بِبَعْضٍ فِي كِتَٰبِ ٱللَّهِ﴾[163]، فجعل -تعالى- أولي الأرحام بعضهم أولى ببعض؛ فيجب أن يكون من له من رسول الله -صلى الله عليه- قرابة= أولى ممن ليس له ذلك؛ فدل هذا على أن عليًّا -عليه السلام- أولى بمكان رسول الله -صلى الله عليه- وبأمته وبسائر ما تركه من أبي بكر.

وليس لأحد أن يقول: إن هذه الآية وردت في شأن المواريث.

---

(162) (ل): [إنما].
(163) سورة الأنفال: 75.

لأن عموم اللفظ يقتضي الحقوق والأموال والأحوال وغيرها.

وليس لأحد أن يقول: إن ذا الرحم جعله الله -تعالىٰ- أولىٰ به، ولم يجعله أولىٰ بما ترك.

لأن المعقول من عُرف أهل اللسان إذا قالوا: إن فلانًا أولىٰ بفلان، أن المراد به أنه أولىٰ بأن يقوم بأسبابه من غيره. ولولا قيام الدلالة علىٰ أن العباس لم يرد بهذه الآية وإلا كنا نقول بأنه أولىٰ من غيره لو كان مساويًا له.

وليس لأحد أن يقول: إن قوله: ﴿أَوْلَىٰ بِبَعْضٍ﴾ لو كان مرسلًا لكان علىٰ ما قال، لكنه مقيد بكتاب الله، وقد نظرنا فيه فلم نجد ما يدل علىٰ أن أمير المؤمنين -عليه السلام- أولىٰ بمكان رسول الله -صلىٰ الله عليه- من غيره؛ فلم يدل الظاهر علىٰ وجوب طاعته.

وذلك أن هذه الآية من كتاب الله -تعالىٰ-، وقد بيّن فيها أن بعضهم أولىٰ من بعض، ويجوز أن يكون المراد بكتاب الله اللوح المحفوظ، ويجوز أن يكون المراد به فيما فرض الله ونبيُّه، فلما كان الأمر كذلك سقط ما سأل عنه |81/ظ| السائل.

فإن قال: ما أنكرتم أن الآية مجملة لا يصح التعلق بها؛ وذلك أن قوله: ﴿أَوْلَىٰ﴾ ليس فيه بيان ما فيه أولىٰ من غيره؛ فلم يصح التعلق به.

قيل له: الظاهر حقيقة فيه وفيما ترك من حقوقه وجميع ما هو عليه. يبين ذلك أنه لو استثنىٰ منه التركة والحقوق والولاية لصح، نحو أن يقول: أولىٰ ببعض إلا فيما يتعلق بأعيانهم. فلما صح الاستثناء علم أنه عام في سائر المعاني. وهذا في بابه بمنزلة قوله -تعالىٰ-: ﴿وَٱلْأَخِرَةُ خَيْرٌ وَأَبْقَىٰٓ ١٧﴾[164] في أنا نعلم أنها خير للمؤمنين من جميع الوجوه.

(164) سورة الأعلى: 17.

فهذا غايه ما يمكن أن يُنصر به التعلق بهذه الآية.

طريقة أخرى:

وأحد ما تعلقت به الإمامية قوله -تعالى-: ﴿وَمَن يُشَاقِقِ ٱلرَّسُولَ مِنۢ بَعۡدِ مَا تَبَيَّنَ لَهُ ٱلۡهُدَىٰ﴾ الآية[165]، وقالت: بنا[166] أن ننظر أن المؤمنين الذين أرادهم الله -تعالى- بهذه الآية من هم؛ أهم الأمة بأسرها أم الأئمة؟ وقد علمنا أن الأمة تختلف أفعالها وأقوالها، والخطأ جائز على كل واحد منها، فاقتضى جوازه عليها؛ فعلمنا أن المراد به من لا تختلف أفعاله وأقواله من الأئمة المعصومين.

وهذه الآية لا يصح التعلق بها؛ لأن الظاهر يقتضي وجوب اتباع سبيل المؤمنين الذين هم الأمة المعرفة بالألف واللام، وقد أوضحنا الكلام في هذه الآية في **أصول الفقه** ووجه الاحتجاج بها، فلا معنى لما قالوه. على أن ما ادعوه من الأئمة المعصومين شيء لا علم لنا به، ولا يجوز حمل الآية على ما لا يُعلم. فقد فسد التعلق من هذا الوجه أيضًا.

طريقة أخرى:

وقد تعلقت هذه الطائفة أيضًا بقوله: ﴿كُنتُمۡ خَيۡرَ أُمَّةٍ أُخۡرِجَتۡ لِلنَّاسِ تَأۡمُرُونَ بِٱلۡمَعۡرُوفِ وَتَنۡهَوۡنَ عَنِ ٱلۡمُنكَرِ﴾[167]، ويستدلون على ذلك بأنه لا خلاف أن العترة والأئمة دخلت تحت هذه الآية واختلفوا فيمن سواهم؛ فيجب ألَّا يدخل تحتها من قد اختلف فيه إلا بدلالة. فإذا ثبت كونهم خير الأمة ومن

(165) سورة النساء: 115.

(166) سبق التعليق على هذه اللفظة.

(167) سورة آل عمران: 110.

صفتهم الأمر بالمعروف والنهي عن المنكر= ثبت كونهم أئمة بالنص.

اعلم أن عموم الآية وظاهر الخطاب يقتضي أنه خطاب لجميع الأمة؛ لأن الأمة بمنزلة الحاضر المخاطَب في جميع ما يخاطب القديم -تعالى-؛ |82/و| لعلمه بهم على طريق التفصيل وقصده إياهم بالخطاب؛ فكأنه قال: كنتم -يا محمد- خير أمة أخرجت للناس. فإذا كان هذا هو الظاهر لم يسلم ما قالوه.

طريقة أخرى:

وأحد ما تعلقت به هذه الفرقة قوله -تعالى-: ﴿فَسْـَٔلُوٓاْ أَهْلَ ٱلذِّكْرِ إِن كُنتُمْ لَا تَعْلَمُونَ ﴿٤٣﴾﴾[168]، فقالوا: قد اختلف الناس في تأويل هذه الآية؛ فقال بعضهم: المراد بأهل الذكر أهل الكتاب. وقال بعضهم: الأئمة. وقد ثبت أن الله -تعالى- لا يجوز أن يأمرنا أن نسأل الكفار؛ فيجب أن يكون المراد به الأئمة، وإذا لزمنا المصير إلى قولهم[169] فيما لا نعلم؛ اقتضى كونهم أئمة من جهة الله -تعالى- ومنصوصًا عليهم.

وهذا لا معنى له؛ وذلك أن قوله: ﴿فَسْـَٔلُوٓاْ أَهْلَ ٱلذِّكْرِ إِن كُنتُمْ لَا تَعْلَمُونَ﴾ أمر لمن لا يعلم أن الله -تعالى- لم يبعث إلا رجالًا يوحي إليهم بأن يسألوا أهل الذكر الذين هم من المؤمنين، وقد كانوا من قبل من أهل الكتاب، فأريد بهذه الآية الرد على اليهود حين زعمت أن في بني إسرائيل خرجت جماعة من النساء نبيَّات، فبين الله -تعالى- كذبهم، وردَّهم إلى العلماء الذين أسلموا من اليهود[170]. فقد سقط ما قالوه.

---

(168) سورة النحل: 43.

(169) (ل): [قوله].

(170) (ل): [المسلمين].

طريقة أخرى لهم:

وقد تعلقت هذه الطائفة بقوله -تعالى-: ﴿وَلْتَكُن مِّنكُمْ أُمَّةٌ يَدْعُونَ إِلَى ٱلْخَيْرِ وَيَأْمُرُونَ بِٱلْمَعْرُوفِ وَيَنْهَوْنَ عَنِ ٱلْمُنكَرِ﴾[171]؛ فقالوا: بيَّن الله -تعالى- أن منا طائفة هذه صفتهم، فلا بد من أن يكون إنما أراد به وجوب طاعتهم علينا إذا هم أمروا بالمعروف ونهوا عن المنكر. فإذا ثبت ذلك وجب أن ينص على أعيانهم لنعلمهم فنصير إلى طاعتهم؛ وهذا يوجب النص.

اعلم أن هذه الآية لا يصح التعلق بها دون أن نبطل جواز ورود التعبد بالاختيار؛ لأنه متى لم نبطل ذلك ويجوز ورود التعبد بالاختيار= فللمخالف أن يقول: قد بيَّن الله -تعالى- كونهم بما دل على طاعتهم إذا اختارهم الأمة، ولا فرق بين أن يدل على وجوب طاعتهم إذا عقد لهم من جهة الاختيار وبين أن ينص على أعيانهم= في أن الآية قد أُعطيت حقها، وقد بينا أن العقل لا يحيل ورود التعبد بالاختيار؛ فلم يسلم التعلق بها.

طريقة أخرى:

وأحد ما استدلت به العترة قوله -تعالى-: ﴿إِنَّمَا وَلِيُّكُمُ ٱللَّهُ وَرَسُولُهُۥ وَٱلَّذِينَ ءَامَنُوا۟ ٱلَّذِينَ يُقِيمُونَ ٱلصَّلَوٰةَ وَيُؤْتُونَ ٱلزَّكَوٰةَ وَهُمْ رَٰكِعُونَ ﴿٥٥﴾﴾ الآية[172]، واعلم أنه يستدل بهذه[173] الآية من وجوه[174] ثلاثة:

---

(171) سورة آل عمران: 104.

(172) سورة المائدة: 55.

(173) (ل) فوقها: [من].

(174) (ل): [بوجوه].

أحدها: أن الأمة أجمعت على أن أمير المؤمنين -عليه السلام- دخل[175] تحتها واختلفوا فيمن سواه؛ فيجب أن يكون الظاهر من الاتفاق يدل على إمامته وكونه وليًّا للمؤمنين دون من سواه؛ إذ لا دليل على أن غيره قد أريد بها.

ولا يمكن أن يقال: إن عموم قوله يقتضي دخول غيره معه ممن شمله اسم الإيمان.

وذلك أن لفظة الجمع قد تذكر ويراد بها الواحد تعظيمًا له وتفخيمًا لأمره، فإذا جاز ذلك وكان الخلاف في المراد بهذه اللفظة مع أنها لفظة الجمع= لا يصح الاحتجاج بها[176] نفسها، بل وجب الرجوع إلى غيرها؛ إذ الخلاف وقع فيها مع العلم بأنها لفظة الجمع؛ فقال قائل: أريد بها كل المؤمنين. وقال الآخر: بل أريد بها أمير المؤمنين وحده. فإذا كان الأمر كذلك لم يصح الاحتجاج بعموم اللفظ.

والوجه الثاني: هو أن العترة أجمعت على أن الآية أنزلت في أمير المؤمنين خاصة، وإجماع العترة حجة لما نستدل عليه. فإذا ثبت أنها نزلت فيه والظاهر دل على الإمامة؛ وجب القول بها فيه.

والوجه الثالث: هو أن الله -تعالى- قرن ذكر المؤمنين بصفة لم توجد إلا في أمير المؤمنين، وهو قوله: ﴿وَيُؤۡتُونَ ٱلزَّكَوٰةَ وَهُمۡ رَٰكِعُونَ﴾[177]، وقد علمنا أن إعطاء الزكاة ما وجد من أحد سواه؛ لما روي من الأخبار الظاهرة وروتها العترة بأسرها. فإذا كان الأمر كذلك علم أن ولي المؤمنين من وجد منه إعطاء الزكاة في حال الركوع.

---

(175) (ل): [ودخل].
(176) (ل): × [بها].
(177) سورة المائدة: 55.

وجملة ما يسأل في هذه الآية قولهم[178]: إن الآية عامة في جميع المؤمنين، فلمَ ادعيتم تخصيصها في رجل بعينه؟ وقولهم[179]: إن الولي لا يقتضي الإمامة، وإنما يقتضي النصرة والموالاة في الدين. وقولهم[180]: إن الراكعين ورد على طريق النعت لهم وألَّا يبنى على الحال. فمتى تم لنا الجواب عن هذه المواضع تمت الدلالة على أي وجه استدل بها.

والذي يسقط ما قالوه أولًا من أن الآية عامة هو ما ذكرناه أن العترة أجمعت على كونها خاصة فيه. وأيضًا فإن الله -تعالى- وصفهم بصفة لم توجد إلا في واحد، وهو قوله: ﴿وَيُؤْتُونَ ٱلزَّكَوٰةَ وَهُمْ رَٰكِعُونَ﴾، |83/و| وهذا يقتضي أن يكون ولي المؤمنين من يكون حال ركوعه إيتاؤه الزكاة، وهو بمنزلة قول القائل: أبوك الذي يعطي وهو قائم. وقد علمنا أن من أعطى وهو غير قائم لم يدخل تحت هذه الكلمة؛ فكذلك من آتى الزكاة لا في حال الركوع= لم يدخل تحت هذه الآية.

فإن قال: فهل النزاع إلا في هذا الموضع؟! وما أنكرتم من أن يكون لا فرق بين أن يعطي الزكاة في حال الركوع وبين أن يكون معتقدًا لها فاعلًا لها قبل الصلاة وبعدها، ويجري ذلك مجرى النعت والوصف لهم، كقوله: ﴿ٱلتَّٰٓئِبُونَ ٱلْعَٰبِدُونَ ٱلْحَٰمِدُونَ ٱلسَّٰٓئِحُونَ ٱلرَّٰكِعُونَ ٱلسَّٰجِدُونَ﴾[181]؟

---

(178) انظر: عبد الجبار، المغني: 134/1/20.
(179) انظر: عبد الجبار، المغني: 136/1/20.
(180) انظر: عبد الجبار، المغني: 135/1/20.
(181) سورة التوبة: 112.

قيل له: ما أوردناه يسقط ما ذكرته. على أنا قد اتفقنا على أن هذه اللفظة حقيقة فيمن آتى الزكاة في الحال وفيمن آتى الزكاة وهو راكع، واختلفنا هل هي فيمن آتى الزكاة لا في حال الركوع؛ فوجب صرف الآية إلى الموضع الذي اتفقنا أنها حقيقة فيه دون ما اختلفنا فيه.

فإن قال: هب أن الأمر كما قلتم، فمن أين لكم أن أمير المؤمنين -صلى الله عليه- آتى الزكاة وهو راكع؟

قيل: إنما علمنا ذلك بالأخبار الظاهرة المستفيضة على وجه لا يكون الدافع لها إلا مكابرًا؛ فلا فرق بين من يدفع ذلك وبين من يدفع الأخبار التي وردت في أصول الشريعة ولم يقع العلم بها ضرورة ومن نحو أخبار الزكاة وخبر الإجماع وقوله: «لا تنكح المرأة على عمتها ولا على خالتها» إلى غير ذلك.

فلما صح أن هذه الأخبار ثابتة مع حصول العلم بها من طريق الاستدلال؛ فكذلك ما روينا أن أمير المؤمنين -عليه السلام- أعطى الخاتم المسكين وهو يصلي، وأن الرسول -عليه السلام- سأله: «هل أُعطيت شيئًا؟» فقال: نعم، خاتمًا من فضة أعطاني ذلك المصلي وهو في الركوع. فقرأ رسول الله -صلى الله عليه- الآية عليه وعلى الناس.

على أن العترة أجمعت على صحة هذا الخبر، وإجماعهم حجة؛ فوجب العمل بصحته، وسقط ما قاله السائل.

فإن قال: هب أنا سلمنا لكم أن الآية نزلت في أمير المؤمنين -عليه السلام- خاصة، وأنها لفظة ما وجدت إلا فيه، فمن أين لكم أن لفظة الولي تقتضي الإمامة؟ وما أنكرتم أن يكون المراد بها النصرة، كقوله -تعالى-: ﴿ٱللَّهُ وَلِيُّ

ٱلَّذِينَ ءَامَنُوا۟﴾[182]، يريد به الناصر، أو المراد به الموالاة كقوله -تعالى-: |83/ظ| ﴿وَٱلْمُؤْمِنُونَ وَٱلْمُؤْمِنَٰتُ بَعْضُهُمْ أَوْلِيَآءُ بَعْضٍ﴾[183]، المراد به الموالاة في الدين؟

قيل له: إن لفظة الولي حقيقتها في اللغة هي فيمن يتولى أمر غيره ويتصرف فيه بالأمر والنهي، وعلى هذا المعنى أول الآية؛ لأن قوله: ﴿إِنَّمَا وَلِيُّكُمُ ٱللَّهُ وَرَسُولُهُۥ﴾[184]، المراد به: إليه أمرنا والتصرف فينا؛ ولهذا يقال فيمن يتولى التصرف في اليتيم: وليُّه. ولهذا يقال في أولياء المرأة: أولياؤها. وقرن الولي في السلطان. وإذا كان هذا حقيقة هذه الكلمة بالعرف وباللغة وجب أن يكون أمير المؤمنين هو الذي إليه أمرنا والتصرف فينا.

على أن أكثر ما في الباب أن نسلم له أن اللفظة حقيقة في النصرة والموالاة في الدين وفي الولاية والإمامة، فنقول: يجب حمل الآية على الوجوه كلها فنقول: إن أمير المؤمنين -عليه السلام- هو ناصر المسلمين وهو يواليهم في الدين وهو الذي يتولى عليهم؛ إذ لا تضاد ولا تنافي بين هذه المعاني واللفظة حقيقة في جميعها؛ فوجب حملها عليها.

وليس لأحد أن يقول: إن الآية متى حملناها على الإمامة اقتضت كونه إمامًا مع الرسول، فوجب ألَّا تحمل عليها إلا بدلالة سوى الظاهر.

وذلك أن الدليل قد دل على أن الرسول -عليه <السلام>- أولى بالأمر من الإمام، وأن الرسول لا يتصرف <في> الأمر <إلا> بأمر من القديم -تعالى-؛

(182) سورة البقرة: 257.
(183) سورة التوبة: 71.
(184) سورة المائدة: 55.

فصار هذا الشرط بمنزلة المنطوق به مع اللفظ؛ فكأنه قال: إنما وليكم الله ورسوله إذ لم يكن منه أمر، والذين آمنوا إذ لم يكن من الرسول أمر ولا أمكن ذلك منه. فصار الشرط مع اللفظ مقترنًا، فلم يسقط التعلق بالظاهر، كما أن آيات الوعيد لم يُسقط التعلق بظاهرها انضمامُ الشرائط إليها، نحو عدم التوبة ووجود الثواب أقل من العقاب أو عدم الثواب والغفران. فصح بما ذكرناه سقوط ما تعلق به السائل.

فعلى هذا يجب أن يجري الكلام في هذه الأدلة.

طريقة أخرى:

وأحد ما تعلقت به العترة قوله -تعالى-: ﴿أَفَمَن كَانَ عَلَىٰ بَيِّنَةٍ مِّن رَّبِّهِۦ وَيَتْلُوهُ شَاهِدٌ مِّنْهُ﴾(185)، قالوا: فجعل الله -تعالى- تاليه منه وشاهدًا معه، وتاليه احتمل أن يكون في كونه على بينة، واحتمل أن يكون تاليه في وجوب طاعته، واحتمل أن يكون |84/و| تاليه في الدعاء إلى الله -تعالى- والقيام مقامه. فلما احتمل اللفظ هذه الوجوه كلها حملناه عليها.

على أن لوجوب الطاعة والدعاء إلى الله من المزية ما ليس لغيره من المعاني، وهو أن قوله: ﴿وَيَتْلُوهُ﴾، يقتضي أن يكون تاليًا ونائبًا(186) ويكون بعده، وسائر المعاني التي تتأول عليه يقارب الرسول فيها ولا يكون فيها تاليًا له، بل يكون معه إلا في الإمامة ووجوب الطاعة.

فإن قال: ما في قوله: ﴿وَيَتْلُوهُ شَاهِدٌ مِّنْهُ﴾ الدلالة على أن أمير المؤمنين -

(185) سورة هود: 17.

(186) (ل): [ونانبا].

عليه السلام- هو الذي يتلوه وهو الذي منه، وما أنكرتم أن يكون المراد به ﴿وَيَتۡلُوهُ شَاهِدٞ مِّنۡهُ﴾، أي من أمته، إلى غير ذلك؟

قيل له: يدل على ذلك قول النبي -صلى الله عليه وآله-: «علي مني وأنا منه»، وقوله: «علي مني كزرِّي من قميصي»، وقوله يوم أحد: «علي مني»، وقول جبريل -عليه السلام- للنبي -صلى الله عليه-: «إنه لا يؤديها إلا أنت أو رجل منك»؛ فاسترجعت السورة من أبي بكر، فأداها رجل منه وهو علي بن أبي طالب -صلوات الله عليه-.

فبان أن المراد بالآية هو أمير المؤمنين -عليه السلام- لا غيره، وهو التالي له في وجوب الطاعة؛ إذ لا أحد من رسول الله -صلى الله عليه- تلاه وهو منه سواه، بل من ولي أمر الأمة قد دل الرسول على أنه ليس منه على هذا المعنى وأن عليًّا منه لـمَّا عزله به؛ فصحت الدلالة وتمت.

طريقة أخرى:

وأحد ما يَتعلق به في وجوب طاعة أمير المؤمنين -صلى الله عليه- مَن قال بالنص= قوله -تعالى-: ﴿هَلۡ يَسۡتَوِي ٱلَّذِينَ يَعۡلَمُونَ وَٱلَّذِينَ لَا يَعۡلَمُونَۗ﴾[187]، فقال: قد وقع النزاع فيمن كان أولى بالإمامة، ثم علمنا أن أمير المؤمنين -صلى الله عليه- كان أعلمهم؛ فوجب ألَّا يستوي معهم في استحقاق الإمامة، بل يجب أن يفضلهم.

والذي يدل على كونه أعلمهم ما ظهر واستفاض من قوله -عليه السلام-: «أقضاكم علي»، مع ذكر الأفاضل من الصحابة، وليس لأبي بكر ذكر في العلوم؛

(187) سورة الزمر: 9.

فوجب أن يكون علي أفضل منه في باب العلم. فإذا ثبت ذلك ثبت أنه لا تجب مساواته في باب الإمامة، بل يجب أن يكون أولى منه.

فإن قال: ما أنكرتم أن يكون قوله: ﴿هَلْ يَسْتَوِي ٱلَّذِينَ يَعْلَمُونَ وَٱلَّذِينَ لَا يَعْلَمُونَ﴾(188)، لا يصح الاحتجاج بظاهره.

قيل له: هذا وإن كان كما ذكرت فإنه احتمل أن يكون المراد به لا |84/ظ| يستويان في الفضل ولا يستويان في جواز التقدم ولا يستويان في وجوب الطاعة ولا يستويان في سائر الخصال، فلما احتمل اللفظ هذه الوجوه، ولم يكن معنا ما يخرج بعض هذه المعاني من أن يكون مرادًا= وجب حمله عليها كلها، فصح بهذه الدلالة أن أمير المؤمنين -عليه السلام-كان أولى بالإمامة من غيره، فإذا ثبت ذلك ثبت كونه منصوصًا عليه.

فهذه الطرائق التي يُتعلق بها من جهة الكتاب.

الطرائق التي يستدل بها من السنة وما جرى مجراها:

اعلم أن في الإمامية من يدعي أن النبي -صلى الله عليه- نص على علي -عليه السلام- نصًّا ظاهرًا اضطر الصحابة كلها بذلك وعلمت، ثم أنكرت وجحدت لعلة من العلل، وهو غلبة الشهوة عليها والحسد وحبها للدنيا وتوليها، ويقول: لا يمتنع مثل ذلك على أكثر الأمة، وكونهم صحابة لا يخرجهم من جواز عليهم(189) ابتغاء للرئاسة، ولا يوجب هذا كتمان الفرائض؛ إذ ليس في الفرائض الانقيادُ لغيره مع الاعتراف بالرسول ولا الأنفة؛ فلم يلزم جواز كتمان الفرائض على كتمانهم النص على علي -عليه السلام-. ويقولون: لا يمتنع أن يكون الشيء

(188) سورة الزمر: 9.

(189) كذا قدَّمها.

في عهد رسول الله -صلى الله عليه- يعلم ضرورة ثم يقع الاختلاف ويخرج من أن يكون معلومًا رأسًا، ألا ترى أنه كان معلومًا للصحابة كيفية حج النبي -صلى الله عليه- ضرورة، ثم اختلفت الأمة ورواتها؛ فقال بعضهم: حج قارنًا. وقال بعضهم: كان مُفردًا. وقال بعضهم: كان متمتعًا. وكذلك كان الأذان والإقامة معلومين ضرورة في عهد رسول الله -صلى الله عليه- يفعل في كل يوم وليلة خمس مرات، ثم اختلفت الأمة في صفتهما بعد ظهور شأنهما. وكذلك كان قراءته بالجهر بالتسمية وإخفائها معلومًا، ثم وقع الاختلاف من بعد. وكذلك رفع اليدين، وكذلك القراءة، إلى غير ذلك مما لا تحصى كثرته، ثم خرج الآن من أن يعلم ضرورة. فلم يمتنع أن يكون النص هذا سبيله، ووجب أن يُعرف ذلك بالاستدلال، وقد روى ذلك أسلافنا وأئمتنا مع كثرتهم ووفور عددهم وبُعْد ديارهم واختلاف هممهم؛ فوجب أن يدل على صدقهم.

واعلم أن الزيدية لا تنكر |85/و| أن يكون النبي -صلى الله عليه- لـمَّا نص على علي -عليه السلام- يوم غدير خم، وحين قال: «أنت مني بمنزلة هارون من موسى»، وحين قال أنت: «أنت أخي ووصيي وقاضي ديني وخليفتي في أمتي»= اضطر جماعة من الصحابة إلى مراده وكتموه لأغراض لهم؛ فبعضهم ابتغاء الرئاسة، وبعضهم خوفًا من غيرهم، وبعضهم حسدًا لأمير المؤمنين -عليه السلام-. وإنما ينكرون أن تكون الأمة بأسرها قد اضطرت إلى ذلك اضطرارًا كاضطرارها إلى وجوب الصلاة، وجوزوا أن تكون الصحابة عدلت عن الاستدلال بما يدل على إمامته ولم يضطروا إليه.

فإذا كان الأمر كذلك فلا يخلو حال من ادعى من الإمامية النص على أمير المؤمنين -عليه السلام- من أن يقول: إن النص قد وقع على حدِّ ما وقع من الصلاة؛ حتى ما كان فيهم إلا من قد عرف وجوب طاعته كما عرف وجوب

الصلاة من دين محمد -عليه السلام- ثم كتم، فإن ذهب إلى هذا المذهب أدى إلى ألَّا نثق بالأخبار ولا بشيء من الشرائع والديانات.

ويدل على بطلان قولهم= أن مع الكتمان لا يمكن الوصول إلى العلم به، فإذا لم يمكن الوصول إلى العلم به أدى إلى ألَّا نكون مكلفين به أو كلفنا ما لا نطيق؛ وفسد الوجهان جميعًا، وصح ما نقول من أن النص ورد على وجه اضطر بعضهم ولم يضطر الباقون، ومن اضطر= كتم بعضهم وسكت بعضهم، وعاد إلى ما يجوِّز ويخرج الطريقة من أن تكون حجة على المخالف؛ إذ لا سبيل مع الكتمان إلى العلم به، فلا بد من الرجوع إلى الاستدلال بألفاظه -عليه السلام-؛ فسقط جميع ما يوردون في هذا الباب.

يؤكد ذلك أن جميع ما أوردوا مما اختلفت الأمة فيه لـمَّا لم يمكن العلم بصحة الصحيح منها وفساد الفاسد= لم يكن العلم به واجبًا، وصار المجتهد فيه مخيرًا. فقد بان أنه لا سبيل إلى ادعاء النص على وجه يوجب الاضطرار.

طريقة أخرى:

وأحد ما يستدلون به على أن أمير المؤمنين -عليه السلام- كان أولى الناس بالإمامة هو أن النبي -صلى الله عليه- ما أنفذه في سرية ولا أخرجه في غزاة ولا تركه في قوم إلا وجعله أميرًا عليهم، ولا يقدِّم عليه أحدًا من الصحابة، |85/ظ| ولم يؤمر عليه من كان منهم قد بلغ الثريا في الفضل والكمال. فلولا أن أمير المؤمنين -عليه وعلى آله السلام- كان أولاهم بالأمر لما اتفقت عادة رسول الله -صلى الله عليه- فيه.

ولا يمكن أن يقدح في هذه الطريقة بخروجه مع أبي بكر إلى مكة؛ لأن الناس قد اختلفوا؛ منهم من قال: إن أبا بكر عاد إلى المدينة وخرج بالناس علي -عليه

السلام-. ومنهم من قال: إنهما خرجا معًا إلا أن أمير المؤمنين كان هو الوالي عليه وعليهم. وأعدلهم قال: إن أمير المؤمنين -عليه السلام- تولى قراءة السورة وخرج أميرًا فيه، وإن أبا بكر خرج يحج بالناس.

فإذا كان الأمر كذلك لم يكن لأحد عليه ولاية، وفي الناس من أوجب الاقتداء بأفعاله؛ فلزم تقدم أمير المؤمنين -عليه السلام- على سائر الصحابة.

وهذه الدلالة تدل على أنه أولى الناس بالإمامة إذا لم يكن هناك مانع ولا حصل فيهم من ساواه في الرتبة، فإذا فقد هذان علم كونه أولى بالإمامة، ولا واحد قال بهذه المقالة ولا عذر إلا وقد قال إنه منصوص عليه.

طريقة أخرى:

وأحد ما يستدل به على أن أمير المؤمنين أولى الناس بالإمامة هو أن النبي -صلى الله عليه- كان لا يقيم أحدًا مقام نفسه في الأمور سواه. يبين ذلك أنه -صلى الله عليه- لما خرج من مكة أمره(190) بالنوم على فراشه وببذل المهجة في مرضاته، وجعل إليه حوائجه بعد خروجه ورد ودائع الناس بمكة لما خرج إلى المدينة. ولما وقع من حال خالد بن الوليد من قتل المسلمين وإقدامه على ما أقدم عليه، ودعاء رسول الله -صلى الله عليه-: «اللهم إني أبرأ إليك مما فعل خالد(191)»، ثم إخراجه بالمال وإقامته مقام نفسه في إصلاح ما أفسده. وكذلك قصة دحية الكلبي حيث انصرف من عند قيصر وقد أعطاه، وقطع هنيد(192) بن عارض عليه وشكايته إلى رسول الله -صلى الله عليه-، فبعث النبي -صلى

---

(190) (ل): [أمر].

(191) (ل): [خلد].

(192) (ل): [هند].

الله عليه- زيد بن حارثة فقتلوا الهنيد وابنه وسبوا الكثير وساقوا الغنم، وقد كان القوم أسلموا من قبل، فأخبر النبي -صلى الله عليه- أن الذي أصابه زيد مسلمون؛ فوجَّه [86/و] -صلى الله عليه- بعلي -عليه السلام- في إصلاح ذلك وردهم إلى مواضعهم ورد المال إليهم. وكذلك نبي الله -صلى الله عليه- اختصاصُه به وأنه جار له مجرى نفسه يوم المباهلة بإخراجه معه وابنته وابنيه وليس معهم سواهم، ثم أمر الناس بأن يكونوا مع الصادقين، والصادقون أصدق منهم يوم المباهلة؛ وهذا يمكن أن يجعل ابتداء دلالة في المسألة.

ومن ذلك رد أبي بكر وإقامته مقام نفسه حين قال له جبريل -عليه السلام-: «إنه أمر لا يصلح له إلا أنت أو رجل منك».

ومن ذلك إقامته مقام نفسه بالمدينة عند خروجه إلى تبوك.

ومن ذلك إقامته مقام نفسه في أهله وعترته، واختياره له بالوصية، وقوله: «أنت أخي ووصيي وقاضي ديني»، وقد روي: «وقاضي دِيني -بكسر الدال- وخليفتي في أمتي» في بعض الروايات.

فهذه الأمور وأشباهها تدل على أنه كان أولى بإصلاح أمور المسلمين وبقيامه مقام الرسول، وأنه لم يكن فيهم أولى منه؛ إذ لا ‹أحد› منهم إلا وهو له حاصر. يبين ذلك أن أمر الأمة أجل وأعظم وأفخم من أمر بعضها، فلما لم يكن يختار -صلى الله عليه- لإصلاح أمور بعض الأمة إلا عليًّا؛ فوجب ألَّا يكون هناك أولى منه لكل الأمة والقيام مقامه.

طريقة أخرى:

وأحد ما يستدل به على وجوب طاعة أمير المؤمنين -صلى الله عليه- اتفاق العترة، وقد ثبت أن اتفاقها حجة؛ فوجب القول به وبكونه منصوصًا عليه

وبكونه واجب الطاعة بعد رسول الله -صلى الله عليه- بلا واسطة.

فإن قيل: هل هذا إلا مجرد الدعوى؛ لأنه لا فرق بين أن تدعوا[193] إجماع العترة وكونه حجة وبين أن تدعوا[194] وجوب طاعة علي -عليه السلام- وكونه منصوصًا عليه.

قيل له: قد ثبت من أصولنا ما بنينا الكلام عليه، وليس كل من قال إن اجماع أهل البيت حجة= قال بأن الإمام بعد رسول الله -صلى الله عليه- إلا علي -صلى الله عليه-؛ لأنه قد حُكي عن الشيخ أبي عبد الله -رحمه الله- أنه يقول: إن إجماع العترة حجة. وقد حُكي عنه أنه قد حَكى عن الشيخ أبي علي -رحمه الله- هذه المقالة، وقد رأيت له ما يدل على هذا؛ لأنه قال في **كتاب الإمامة** على ابن الراوندي -حيث قال: إن الله [تعالى يقول][195]: ﴿إِنَّمَا يُرِيدُ ٱللَّهُ لِيُذۡهِبَ عَنكُمُ ٱلرِّجۡسَ أَهۡلَ ٱلۡبَيۡتِ وَيُطَهِّرَكُمۡ تَطۡهِيرٗا ٣٣﴾[196]-: إنه لا يمتنع أنهم لا يتفقون على الخطأ وإن كانت الإمامة في غيرهم. فإذا كان الخلاف في أحد المسألتين غير الخلاف في الأخرى= لم يمتنع بناء إحداهما[197] على الأخرى، فالمنازع لنا في الإجماع يكون منتقلًا عن سؤاله في الإمامة.

على أنا ندل على صحة ما ذهبنا إليه فنقول: قوله -تعالى-: ﴿إِنَّمَا يُرِيدُ ٱللَّهُ لِيُذۡهِبَ عَنكُمُ ٱلرِّجۡسَ أَهۡلَ ٱلۡبَيۡتِ وَيُطَهِّرَكُمۡ تَطۡهِيرٗا ٣٣﴾[198] لا يخلو: إما

---

(193) (ل): [تدعو].

(194) (ل): [تدعو].

(195) (ل): [يقول تعالى].

(196) سورة الأحزاب: 33.

(197) (ل): [أحدهما].

(198) سورة الأحزاب: 33.

أن يكون المراد به تطهيرهم في سائر أفعالهم اختلفوا فيه أم اتفقوا عليه، أو المراد به أن يطهرهم فيما اتفقوا عليه دون ما اختلفوا فيه؛ وعلى الوجهين جميعًا يجب أن يكون ما اتفقوا عليه حقًّا وصوابًا.

ولا يمكن أن يقال: إن الآية نزلت في نسائه دون سائر أهل بيته.

لأن سبب الآية لا معتبر به؛ لأن المعتبر بالآية دون السبب النازلة ⟨لأجله⟩.

ولا يمكن أن يقال: إن ظاهر الآية يقتضي أن يُعتبر سائر بني هاشم.

لأن أحدًا ما اعتبرهم، وإنما اعتبر من اعتبر هذه الطائفة والآية دلت عليه؛ فوجب القول به.

وأيضًا قوله -صلى الله عليه-: «إني تارك فيكم الثقلين: كتاب الله، وعترتي أهل بيتي، ما إن تمسكتم بهم لن تضلوا أبدًا»، يدل على كون إجماعهم حجة.

واعلم أنا نسأل على هذا الخبر أسئلة:

منها: أن الخبر غير مقطوع به.

ومنها: أن المراد بالعترة الأمة؛ لأن عترة الرجل عشيرته وناصره.

ومنها: أن أكثر ما فيه أن العترة هم العشيرة، ومن العشيرة بنو هاشم وغيرهم.

ومنها: أن النبي -صلى الله عليه- نفى الإضلال بالتمسك بالعترة والكتاب على الجمع، ونحن نقول: إنه يجب التمسك بشيء يتفق عليه العترة(199) والكتاب ينطق به، فمن أين أنه إذا اتفقت على شيء ولم يكن ذلك في الكتاب=

---

(199) [عليه] + (ل).

لزم المصير إليه.

ومنها: أنه -وإن صح- عارضه قوله -صلى الله عليه-: «أصحابي كالنجوم بأيهم اقتديتم اهتديتم».

ومنها: أن الخبر وإن دل فلنا مثله في أبي بكر وعمر، وهو قوله: «اقتدوا باللذين من بعدي أبي[200] بكر وعمر».

فالجواب عما ذكره أولًا هو أن أحدًا من الأمة ما دفع |87/و| هذا الخبر ولا رده، بل كل منهم تمسك به وتأوله على مذهبه؛ فصار مقطوعًا به؛ إذ بهذه الطريقة يتوصل إلى أن قوله -عليه السلام-: «لا تجتمع أمتي على الضلالة»= مقطوع به، بل خبرنا أولى؛ لأن الدلالة على صحة الإجماع غيره، وخبرهم هو الدال على صحة الإجماع. فإذا ساغ لهم التمسك بهذه الطريقة والاستدلال بهذا الخبر= ساغ لنا مثله، بل ما قلناه أولى كما بيناه.

فأما الجواب عما أوردناه ثانيًا هو ما ثبت عن أهل اللغة أن العترة اسم لولد الرجل، وقد حكي عن ابن السكيت أنه قال: العترة في نَبْت البادية يُشبَّه ولد الرجل به. وقد قيل: إن عترة الرجل قسطه وأصله. وقد قيل: إن عترة الرجل عشيرته وأهل بيته. وعلى كل الأحوال دخل أولاده وأقاربه الأدنون تحت الخبر، وما سواهم مختلف فيه؛ فوجب حمل الخبر على ما بيناه دون ما شككنا فيه. وكل من ادعى وجوب التمسك بالعترة لم يدع إلا لعلي وأولاده وأولاد أولادهم؛ فإذا دل الخبر عليه وجب أن يحمل عليهم دون غيرهم؛ إذ قد علمنا بالإجماع أن مَن سواهم غير مراد بالخبر؛ فسقط ما قالوه.

فأما الجواب عما ذكرناه ثالثًا من أن عترته بنو هاشم فقد سقط بما ذكرناه،

(200) (ل): [أبو].

وهو أن أحدًا ما ادعى لهم ذلك.

وأما الجواب عما ذكرناه رابعًا أن النبي -صلى الله عليه- علق نفي الإضلال بالتمسك بهما على الجمع= فهو أن الأمر لو كان على ما قاله السائل لكان لا يكون لضم الكتاب إلى العترة معنى، كما أنه لو كان المراد بالكتاب ما وافق العترة= كان لا يكون لذكر الكتاب معنى؛ فلما قرر نفي الضلال بالتمسك بهما= علم وجوب الرجوع إليهما اتفقا على الشيء أم تفرق أحدهما وسكت الآخر.

وأما الجواب عما ذكر خامسًا من قول النبي -صلى الله عليه- فقد علم أن المراد به لا كل الصحابة؛ لأن في الصحابة الفساق، وفي أصحابه العوام ومن لا يجوز الرجوع إلى قوله؛ فكأنه أراد بعض أصحابه، ونحن نقول: إن بعض الصحابة كالنجوم من اقتدى بهم من العوام فيما اجتهد فيه وكان طريقه الاجتهاد= فقد اهتدى، وليس في هذا نفي ما قلناه.

وأما الجواب |87/ظ| عن قوله: «اقتدوا باللذين من بعدي أبي بكر وعمر»، فالخبر غير موثوق به، من أخبار الآحاد، مدخول عليه في سنده. ولو صح لكان المراد به أمر العوام بتقليدهم فيما طريقه الاجتهاد؛ إذ لا يجوز أن يأمر الرسول -صلى الله عليه- بالاقتداء بهم إلا فيه. وليس كذلك ما قلنا؛ لأن الأمر قد توجه بالتمسك بالعترة، والعترة جماعة كثيرة، وقد علم الله -تعالى- من حالها ما علمه من حال هذه الأمة وأنها لا تتفق على الخطأ؛ فصح أن إجماع العترة حجة، وفي صحة ذلك وجوب طاعة أمير المؤمنين -عليه السلام- وكونه منصوصًا عليه.

طريقة أخرى:

وأحد ما يدل على إمامة أمير المؤمنين -عليه السلام- قوله: «الحسن والحسين إمامان قاما أو قعدا، وأبوهما خير منهما». فنص -صلى الله عليه- على إمامتهما

على سائر أحوالهما، وقدم أباهما عليهما.

والكلام في تصحيح هذا الخبر فَلَنا فيه طريقان: أحدهما: إجماع العترة. والثاني: نقل الأمة وظهوره فيما بينها وعدم المنكِر له.

وليس لأحد أن يقول: إن المراد بقوله: «إمامان»، أنهما سيصيران إمامين عند البيعة بدلالة أن اللفظ اقتضى كونهما إمامين مع الرسول.

وذلك لا يصح؛ لأن أحدًا لا يكون واجب الطاعة مع وجود الرسول؛ وذلك أنا قد بينا أن نص الرسول -عليه وعلى آله السلام- في باب الإمامة لا يتناول حال حياته؛ لما دل الدليل على أن طاعته أولى من طاعة غيره، كما أن أمر الله -تعالى- بطاعة الرسول يقتضي تقديم أمر الله -تعالى- على أمره وأنه لا يتقدم أمره. فإذا كان الأمر كذلك صار أيام حياته مستثناة منه، وبقي الباقي على ظاهره.

يبين ذلك أنا متى لم نقل بإمامتهما أدى إلى ألَّا يكون لنصه على إمامتهما معنى أكثر من أن يكونا إمامين، وكان يبطل قول الرسول -عليه السلام-: «وأبوهما خير منهما»؛ لأن استحقاقهما الإمامة عند المخالف إنما هو بالبيعة، وكذلك حال أبيهما. فلما لم يجز حمل كلام الرسول -عليه السلام- على ألَّا فائدة فيه، بل لا يمكن صرف قوله: «قاما أو قعدا» على مذهب المخالف |88/و| إلى وجه صحيح= بطل ما ذهب إليه، وصح النص عليهما وعلى أبيهما -صلوات الله عليهم أجمعين-.

طريقة أخرى:

ومما يدل على ذلك قوله -عليه السلام-: «أنت مني بمنزلة هارون من موسى إلا أنه لا نبي بعدي». وقد علمنا أن لهارون -عليه السلام- من موسى -صلى الله

عليه- أمورًا كثيرة: منها الخلافة؛ لقوله: ﴿ٱخۡلُفۡنِي فِي قَوۡمِي﴾[201]، والنبوة، والأخوة. فوجب دخولها كلها تحت قوله: «أنت مني بمنزلة هارون من موسى»؛ لأن من حق الاستثناء أن يخرج من الكلام ما لولاه لوجب دخوله تحته، فلولا أن اللفظ كان شاملًا لجميع الخصال ما استثنى منه النبوة.

وليس لأحد أن يقول: إن هارون إنما كان خليفة في حال حياته، فنظير هذا أن يكون علي خليفته عند غيبته في حال حياته.

وذلك أنه قد علق الكلام بحال الموت؛ لقوله: «إلا أنه لا نبي بعدي». فلولا أن بعد الموت قد دخل تحت المراد= لما جاز أن يستثني منه معلقًا بذلك الوقت.

فإن قال: ليس المراد بقوله: «لا نبي بعدي»، بعد الموت، وإنما أراد لا نبوة بعد نبوتي.

قيل له: ليس الظاهر ما ذكرته، بل يكون مجازًا من الكلام، وظاهر اللفظ يفيد كونه بمنزلة هارون من موسى إلا النبوة في سائر أحواله، فهذا هو الواجب أن يستدل به من الخبر.

ولا يجوز أن يقال: قد ثبت أن النبي -صلى الله عليه- قد ولاه على المدينة وما عزله، فيجب أن يحتاج في عزله إلى الدلالة.

وذلك أن التعلق به إنما هو تعلق بحكاية فعْلٍ، فيجب أن ينظر فيه كيف كانت التولية أهي إلى وقت الرجوع، أم على سبيل الاطلاق؛ فلما احتمل الوجهين، وهو حكاية فعل= لم يصح التعلق بظاهره. ولا اعتبار بالسبب مع اللفظ، وما يتأول عليه من أنه أراد -عليه السلام- تطييب قلبه ويسكن ما به من

---

(201) سورة الأعراف: 142.

قول المنافقين فيه= فإن ذلك التأويل لا يمنع الظاهر من أن يدل على الإمامة ولا وجه لإفساده؛ فصح الاستدلال على ما بيناه.

طريقة أخرى:

ومما يدل على إمامته -عليه السلام- قول الرسول -صلى الله عليه وآله-: «ألست أولى بكم منكم لأنفسكم؟» قالوا: نعم يا رسول الله. قال: «فمن كنت مولاه فعلي مولاه». وهذا في مثل ذلك الحال والحر حر تهامة، فجمع الناس وخطب في نصف النهار وبيَّن ذلك من حاله؛ فدل على وجوب طاعته.

|88/ظ| فإن قال: ما الدلالة على صحة هذا الخبر وقد علمتم أن في الناس من يقول: إن غدير خم لا أصل له؟

قيل: لم يختلف قول شيوخنا البصريين في صحة هذا الخبر وكونه معلومًا، وذكر قاضي القضاة -أيده الله- أن النظر في هل هو معلوم ضرورة أم استدلالًا، فأما في كونه معلومًا فلا خلاف بين شيوخنا؛ من أنكر غدير خم لم ينكر الخبر؛ وإنما أنكر هذا المكان وقال بأنه لا يعرف في البادية مكانًا بهذه الصفة. فصح الخبر.

فإن قال: وما في الخبر من الدلالة على إمامته؟

قيل له: الولاية تنبئ عن وجوب الطاعة وعمن له التصرف في أمور الأمة، فلما كان -صلى الله عليه- قد قررهم وقال: «ألست أولى بكم من أنفسكم»، ثم عطف عليه بقوله: «من كنت مولاه فعلي مولاه»= صار كأنه قال: من كنت أولى به من نفسه وأهله وماله= فعلي أولى به، وإلا خرج الكلام من أن يكون متعلقًا بعضه ببعض، فإذا بطل نظامه خرج عن الإفادة.

فإن قال: لمَ ادعيتم أن مولى بمعنى أولى؟

قيل له: لأن اللفظ يصلح له، ألا ترى إلى قوله -تعالى-: ﴿مَأْوَىٰكُمُ ٱلنَّارُ هِيَ مَوْلَىٰكُمْ﴾(202)، يعني هي أولى بكم. فلما صلح اللفظ له والتقرير وقع بلفظة «أولى»، ثم عطف عليه بحرف العطف= دل على أنه هو المراد. فسقط بهذا الخبر سؤالهم.

على أنا لو تعلقنا بظاهر قوله: «فعلي مولاه»= لدل على المراد؛ لأن مولى القوم هو سيدهم المتصرف فيهم؛ ولهذا يقال في سيد العبيد: مولاهم. وإذا كان ذلك حقيقة فيمن له التصرف، وكان هذا معنى الإمامة= صح الاستدلال به.

على أن نظائر(203) ما يقال في معنى المولى يشاركه وجوبُ الطاعة في أن يكون حقيقه فيه؛ لاطراده في هذا المعنى كاطراده في غيره؛ فوجب حمله على الكل إلا ما قام دليله، وقد أسقطنا ما يسأل على هذا الخبر.

على أنا لو ذهبنا في هذا الخبر مذهب المعتزلة وقلنا: إن الخبر دليل على عصمة أمير المؤمنين -عليه السلام- وإن موالاته واجبة على جميع الأحوال، والقطع على مغيبه(204)= لدل على إمامته؛ إذ قد ثبت أن |89/و| مع هذا العلم لا يجوز العدول إلى من يجوز عليه العمد والخطأ الذي يؤدي إلى الخروج من الدين بالفسق والكفر، وليس في الصحابة إلا من هذا حاله؛ فوجب تقديمه عليهم في الإمامة والمصير إليه دونهم؛ إذ قد وجب مراعاة العدالة في الإمامة، ومع العلم لا يجوز المصير إلى الظن، كما أن مع وجود الرسول والتمكن من السؤال عنه= لا

(202) سورة الحديد: 15.

(203) (ل): [نضائر].

(204) انظر: عبد الجبار، المغني: 146/1/20، 149؛ البصري، الفصل: 32/ظ.

يجوز المصير إلى الاجتهاد.

فهذه هي الطريق التي يستدل بها على وجوب طاعة أمير المؤمنين -صلى الله عليه- من الاستنباط والكتاب والسنة والإجماع، وقد سبرناها ونبهنا على صحة الصحيح منها وفساد الفاسد.

فصل: في وجوب طاعة الحسن والحسين -عليهما السلام- ووجه استحقاقهما للإمامة

اعلم أنه لا خلاف بين أهل البيت -عليهم السلام- في وجوب طاعتهما، فمتى كان الكلام على المخالف لمن ينكر وجوب طاعتهما فالذي يدل عليه هو أنه قد ثبت وجوب طاعة أمير المؤمنين -عليه السلام- بما دللنا عليه بلا واسطة، وكل من أثبته إمامًا بلا واسطة أثبتهما إمامين بعده؛ فوجب طاعتهما لوجوب طاعة أبيهما.

وأيضًا فإن قوله -صلى الله عليه- فيهما: «إنهما إمامان قاما أو قعدا»= يدل على وجوب طاعتهما، وقد بينا وجه الدلالة من قبل.

وأيضًا فإن العترة أجمعت عليه، وثبت أن إجماعها حجة[205].

|89/ظ| فأما[206] الكلام على من قال: إن الإمامة لا تثبت إلا لأولاد الحسين -عليه السلام-= هو قوله: «ما إن تمسكتم به لن تضلوا»، فالظاهر يقتضي أن كل واحد منهم إذا تمسكنا به لا نضل، كما إذا تمسكنا بكل آية من كتاب الله -تعالى- على الانفراد لا نضل.

وأيضًا فإن الإمام إنما يحتاج إليه ليأمر بالمعروف وينهى عن المنكر، فلو خُلينا والعقل لكان لا اختصاص لأحد، [فإذا دلنا][207] الشرع على إخراج من سوى البطنين من أن يكون الأمر له= أخرجناه، وبقي الباقي على ما كان عليه لا

(205) بياض في بقية الصفحة بقدر ستة أسطر ونصف السطر.

(206) قبلها بياض من أول الصفحة بقدر سطرين.

(207) (ل): [فانما دل بنا]، دون إعجام الفاء.

اختصاص لبعضهم على بعض.

وأيضًا فإن كل من قال بأن الإمامة في أولاد الحسين -عليه السلام- قال بالعصمة أو بالعصمة والإعجاز، فإذا أبطلنا القول بهما صح أن الأمر إنما يثبت بالدعوة. وكل من قال: إن الطاعة إنما تجب بالدعوة دون نص المعصوم أو الإعجاز والعصمة= قال بأن الإمامة غير مقصورة على إحدى⁽²⁰⁸⁾ الطائفتين دون الأخرى.

وكل هذه الأدلة تفسد قولهم: أنْ قد اتفقنا على أن الأمر يجوز أن يقوم به هؤلاء واختلفوا فيمن سواهم. لأنا قد دللنا على من سواهم. هذا، ونحن لا نعترف بوجوب طاعة من يُدعى ‹له› منهم العصمة وظهور المعجز عليه، ولا وجوب طاعة من يُدعى أن المصالح لا تعرف إلا من جهته؛ فبطل ما ادعوه علينا من الاتفاق، وسلم قولنا على المخالف بحمد الله ومنه.

---

(208) (ل): [أحد].

فصل: في بيان الحكم في الصحابة

ومن فزع إلى الاختيار وعدل عن النص عند وفاة رسول الله -صلى الله عليه-

اعلم أن الأمة قد اختلفت؛ فمنهم من قال: إن جميع ما فعلوه هو الحق والصواب، ولم يكن هناك نص عدلوا عنه. وقد أفسدنا هذه المقالة.

ومنهم من قال بأنهم عدلوا عن النص وتركوا الواجب ثم اختلفوا؛ فمنهم من قال بتكفيرهم وارتدادهم، وهم الرافضة. |90/و| ومنهم من قال بخطئهم وأنهم ظلموا ولم يفسقهم ولا كفرهم ولا أخرجهم من الولاية. وهو الصحيح عندنا.

والذي يدل على خطئهم هو ما بينا من ثبوت الحق لأمير المؤمنين -عليه السلام- وعدولهم عن الصواب وتركهم الاستدلال وأخذهم مكانه، وكل ذلك قبيح، والقبيح لا بد من أن يُخطأ صاحبه ويثبت كونه ظالـمًا أيضًا.

فأما الدلالة على بطلان قول من قال بتكفيرهم= هو أن الكفر ينبئ عن استحقاق عقاب عظيم وعن إحباط الثواب مع تعلق أحكام كثيرة به، وقد علمنا أن طريق معرفته السمع، ولا سمع قد دل على كون هذا الفعل كفرًا؛ فيجب بطلان هذه المقالة. يبين ذلك أن أمير المؤمنين -عليه وعلى آله السلام- كان أعرف بهم وبأن هذه الجناية إلى أي حد تبلغ، فلو كان كفرًا لكان لا يصلي خلفهم ولا يزوجهم، وقد علمنا ضرورة أنه زوج <أم كلثوم من> عمر حتى ولدت له زيد بن عمر، لما قال عمر: سمعت رسول الله -صلى الله عليه- يقول: «كل سبب ونسب ينقطع إلا سببي ونسبي». وكذلك المعلوم من حال أمير

المؤمنين -عليه السلام- أنه كان يُرجع إليه في المشورة والتدبير وكان يُتحاكم في أمور فوض(209) القوم إليه، ولو كانوا كفارًا لما جاز له ذلك، وكان لا يحل له ترك أحكامهم عند التمكن منها ويأتي عليها بالنقض؛ فلما لم يفعل شيئًا من ذلك علم أن القوم عنده لم يفسقوا ولم يكفروا. هذا وكان يضرب ويطرد ويؤدب من يفسقهم ويكفرهم على ما رويناه من قبل.

وكل ما ذكرناه في الكفر فهو قائم في الفسق؛ فيجب ألَّا يقال به. فثبت بهذه الجملة تحريم القول بتفسيقهم وتكفيرهم.

فإن قال قائل: كيف تجاسرتم بالإقدام على تخطئة الصحابة مع ما ظهر من الرسول -عليه السلام- في مدحهم وإنزال السكينة عليهم ورضاه عنهم، وهم أهل بيعة الشجرة، وهم المهاجرون الأولون الذين لم يبلغ مرتبتهم من بعدهم، وفرق الله بينهم وبين من أنفق وقاتل من بعد الفتح، وهم أهل بدر وأحد؟! وهل هذا منكم ألا تقدُّم بين يدي الله ورسوله.

قيل له: هذا متاع العامة وترقيقات الحشوية؛ وذلك أنا قد دللنا على صحة ما قلناه، وكل ما دل عليه الدليل وجب القول به، أليس الله -تعالى- حكى عن أنبيائه ما وقع منهم من الزلل والخطأ؟ أفترى |90/ظ| منزلتهم أعظم من منزلة آدم -عليه السلام-، وإلى يوم القيامة يقرأ في المحاريب ويكتب في المصاحف: ﴿وَعَصَىٰٓ ءَادَمُ رَبَّهُۥ فَغَوَىٰ﴾(210)؟!

على أنه يقال له: خبِّرنا عن وقت البيعة يوم السقيفة وبعدما بايع القوم أبا بكر

---

(209) (ل): [فرض].

(210) سورة طه: 121.

هل كان يجب على أمير المؤمنين -صلى الله عليه- وعلى سائر من تخلف عن بيعته= الرضا بما فعلوه والدخول تحت طاعته أم لم يكن ذلك واجبًا؟

فإن قال: إن ذلك لم يكن واجبًا.

قيل له: فلمَ كانوا يجبرون الناس عليه، ولمَ لبَّبوا الزبير، ولمَ شتم عمر سعدًا، ولمَ ناظروا العباس، ولمَ كشفوا بيت فاطمة -عليها السلام-؟

فإن قال: كان الواجب عليهم الرضا بما فعلوا، وأنهم كانوا قد تخلفوا عن الواجب عليهم؛ فلهذا استحقوا أن يفعل بهم ما فعل عمر وأصحابه، فلم يكن ذلك من فعلهم(211) جناية عليهم ولا ظلمًا لهم.

قيل له: أليس قد دفعت في عين ما كرهت؟ أليس نسبت أمير المؤمنين مع عظم منزله وقرب مكانه من رسول الله -صلى الله عليه-، ونسبت العباس والزبير وطلحة وعمارًا وأبا ذر وغيرهم إلى ترك الواجب والخطأ والظلم على أنفسهم؟

فقد علم أنه أينما دار وقع فيها عاب، وسقط عنا السؤال.

(211) (ل): [فعل].

فصل: في طلحة والزبير وعائشة ما الحكم فيهم؟

اعلم أن الأصل عندنا وعند شيوخنا البصريين أن كل من خرج على أمير المؤمنين فسق وخرج من الدين؛ لأنه لا خلاف بين الأمة أن من بغى وشهر سيفه في وجه الإمام فسق وخرج من الدين، فإذا كان هذا مما لا خلاف فيه وجب القطع على أنهم فسقوا بالخروج على أمير المؤمنين -عليه السلام-، إلا أنه قد ظهر عنهم واشتهر= الندم على ما فعلوا والتوبة، وقد ثبت بالشريعة أن التائب من الذنب كمن لا ذنب له، ولولا ما ظهر عنهم من التوبة لوجب التبرؤ منهم.

فإن قالوا: ما الفرق بينهم وبين من منع أمير المؤمنين عن الإمامة وأخذ مكانه؟

قيل له: تفصل بينهما الدلالة؛ وذلك أن الإجماع قد شهد بتفسيق إحدى الطائفتين وهي من خرج على إمامه، ولم تجمع الأمة ولا العترة، ولا دل الكتاب ولا السنة= على أن من لم يستدل على وجوب طاعة الإمام |91/و| وأقام غيره مقامه، وسكت عنه الإمام ولم يظهر السيف= يفسق؛ فامتنعنا من التفسيق.

على أن الطاعة إنما تتعين(212) عند الدعوة والإلزام من جهة الإمام، ولم يحصل من أمير المؤمنين -عليه السلام- إلا التنبيه على أنه أولى بالإمامة وأنه كره أفعالهم، وليس كذلك حال طلحة والزبير وعائشة؛ فبان الفرق.

---

(212) (ل): [تعيّن].

فصل: في معاوية ومن معه وأبي موسى الأشعري، وما الحكم فيهم؟

اعلم أنه لا خلاف بين شيوخنا وبين الزيدية في تفسيق معاوية وعمرو بن العاص وأبي موسى الأشعري؛ والعلة في ذلك خروج بعضهم عن طاعته، وخروج بعضهم عن طاعته وعليه[213]، وقد ثبت بالإجماع أن الخروج على الإمام والخروج عن طاعته فسق؛ فيجب القول بتفسيقهم، ولم يثبت عن واحد منهم عندنا أنه قد تاب، بل ثبت في معاوية الإصرار، وما ارتكب بعد ذلك وقبله: من التحاق زياد، ومن قضيته ليزيد بقتل جماعة وحبس جماعة، وادعاء الإمامة، وغير ذلك. فهذا هو قولنا فيهم.

وأما أمير المؤمنين فإنه لم يجعل الأمر إلى أبي موسى على الإطلاق، بل قال له: احكم بما في كتاب الله -تعالى-، وللإمام أن يفعل ذلك ليسكن الفتنة ويبين للبغاة بطلان شبههم. فلما فعلوا ما فعلوا خرج الأمر من أن يتدارك، وتشوش القوم عليه. فمن ترك أمر الله وأمر إمامه فسق ولا يلحق الإمام عنه اللوم، وقد بُسط في الكتب الكلامُ في هذه المسألة، وقد نبهنا على النكت فلا وجه للإطناب.

(213) يعني أن أبا موسى الأشعري خرج عن طاعته بعصيان أوامره، وأن معاوية وعمرو بن العاص خرجا عن طاعته بعصيان أوامره وخرجا عليه بالقيام بحربه.

فصل: فمن تخلف عن أمير المؤمنين، نحو محمد بن مسلمة وأصحابه

اعلم أنه تخلف عن الخروج مع أمير المؤمنين محمد(214) بن مسلمة وابن عمر وسعد بن أبي وقاص وزيد بن ثابت(215)، وقد اختلف في قعودهم؛ فقال بعضهم: إنهم توقفوا في أمير المؤمنين وفي الخروج معه هل هو واجب أم لا؟ وهل الخروج معه أولى من القعود عنه أو القعود عنه أولى؟ فلما شكوا في ذلك قعدوا. ومنهم من قال: إنهم قعدوا لعذر. ومنهم من قال: إنهم قعدوا عنه بإذن منه.

وقد اختلفت |91/ظ| الروايات عنهم؛ ففي الناس من قال: إن محمد بن مسلمة تخلف عنه؛ لأنه قيل له: تخلفت عن رسول الله ‑صلى الله عليه‑ في غزوة تبوك وقد خرج إلى محاربة الكفار، والآن عزمت أن تخرج مع علي ‑عليه السلام‑ إلى مقاتلة المسلمين. ففزع من ذلك وجلس في بيته.

وقيل: إن ابن عمر تخلف؛ لأنه كان يطمع في الولاية لمكان أبيه. وقد قيل: إنه اعتذر إلى أمير المؤمنين وقال: إني جبان في الحرب.

وأما سعد فقد قيل: إنه تخلف عنه؛ لأنه لم يوله؛ فثقل قلبه عليه. وقد قيل: إنه روى خبرًا أن النبي ‑صلى الله عليه‑ قال: «سيكون بعدي فتن القاعد فيها خير من القائم».

---

(214) كذا هنا وفيما يلي. ولعله التبس على المؤلف؛ فالمعروف أن أسامة بن زيد هو القائل بأنه لا يقاتل صاحب لا إله إلا الله.

(215) (ل): [رهدته].

فأما زيد بن ثابت فقد قيل: إنه كان متهمًا؛ فإنه أخذ من بيت المال الذي اجتباه. وقد قيل: إنه اعتذر إلى أمير المؤمنين -عليه السلام- بأن قال له: إني لما قتلتُ صاحب قول: لا إله إلا الله، وأنكر عليَّ رسول الله -صلى الله عليه-= حلفت أني لا أقاتل صاحب: أشهد أن لا إله إلا الله.

واعلم أن القول عندنا على طريق الجملة فيمن تخلف عن طاعة أمير المؤمنين -عليه السلام- لا[216] برضاه= أنه يفسق ويستحق اللعن. فإن ثبت من حال هؤلاء القوم ما قلناه وجب القول بفسقهم وإلا فلا، ولم يثبت عندنا أنهم تخلفوا عن أمير المؤمنين -عليه السلام- على وجه أوجب القطع على تفسيقهم؛ فالأولى الكف عنهم على جملة الولاية.

(216) (ل): [إلا].

فصل: فيمن قتل إماماً من أئمة الهدى ما حكمه؟

اعلم أن في الناس من يقول: لا فرق بين من يقتل غير الإمام لا على طريق السهو والغفلة وبين من يقتل الإمام= في أنه يفسق، ولا يمتنع أن يكون عقاب قاتل الإمام أعظم من عقاب غيره إذا قتل مسلمًا.

وعندنا أن من قتل إمامًا من أئمة الهدى من أولاد الرسول -عليه السلام- عمدًا مع العلم بحاله أو التمكن من العلم= كفر؛ يدل عليه ما لا خلاف ‹فيه› أن كشف السوءة بحضرة الرسول -صلى الله عليه- كان كفرًا؛ من حيث يتضمن الاستخفاف والوضع من حقه، وكذلك إذا تناول من عرضه. وقد علمنا أن قتل أمير المؤمنين -عليه السلام- والحسن والحسين وزيد بن علي -عليهم السلام- وسائر هؤلاء الأئمة الذين قد علم من حالهم العلم والزهد والتقى |92/و| والدعاء إلى الله والجهاد في سبيله= أعظم عليه وأشق عنده من كشف العورة بحضرته -صلى الله عليه-؛ فيجب القطع على كونه كفرًا. ولا فرق بين من يفصل إذا كان القتل لأجل الاستخفاف بالرسول -صلى الله عليه- وبينه إذا كان قصده ما ذكرناه، وبين من قال في قتل الرسول -عليه وعلى آله السلام- بأن يقول: لو قتل نفس الرسول مع العلم بنبوته لا لكونه نبيًّا ولا للاستخفاف به، ولكن لنيل ولاية وابتغاء رئاسة. فلما بطل ذلك بالإجماع بطل ما قاله المخالف.

فصل: في نص الإمام على إمام

وفيما يحكم به الإمام الماضي من طريق الاجتهاد، وهل للإمام الثاني أن ينقضه وللمجتهد أن يعمل بخلافه، وهل يجوز كون إمامين في زمن واحد إذا تباعدت ديارهما أم لا؟

اعلم أنا قد بينا فيما تقدم أن نص الإمام على الإمام لا يوجب طاعته بمجرده؛ لأن الذي إلى الإمام هو أن يحكم في أيام حياته، فأما بعد وفاته فلم تقم الدلالة على وجوب طاعته؛ فوجب أن تكون وصيته موقوفة؛ فإن اتفق من الموصَى له أن يدعو إلى نفسه لم يعتبر بدعوة من سواه؛ لأنه صار أولى بالناس بها؛ لأن له من الحظ ما لغيره وقد استبد بنص من تقدمه واختياره له؛ فعلى هذا يجب [217] ...

---

(217) هنا انتهى ما في المخطوط من الكتاب، وقد كتب أمامها في الحاشية: [ساقط].

الملحق(1): المتبقي من كتاب الإشهاد لأبي زيد العلوي

المتبقي من كتاب الإشهاد

لأبي زيد العلوي

مع المتبقي من نقضه لابن قِبَة الرازي

وقال أبو جعفر محمد بن عبد الرحمن بن قِبَة الرازي **في نقض كتاب الإشهاد** لأبي زيد العلوي:

قال صاحب الكتاب بعد أشياء كثيرة ذكرها لا منازعة فيها: **وقالت الزيدية والمؤتمة: الحجة من ولد فاطمة بقول الرسول المجمع عليه في حجة الوداع، ويوم خرج إلى الصلاة في مرضه الذي توفي فيه: «أيها الناس قد خلفت فيكم كتاب الله وعترتي، ألا إنهما لن يفترقا حتى يردا على الحوض، ألا وإنكم لن تضلوا ما استمسكتم بهما».**

ثم أكد صاحب الكتاب هذا الخبر وقال فيه قولًا لا مخالفة فيه. ثم قال بعد ذلك: **إن المؤتمة خالفت الإجماع وادَّعت الإمامة في بطن من العترة ولم توجبها لسائر العترة، ثم لرجل من ذلك البطن في كل عصر.**

فأقول -وبالله الثقة-: إن في قول النبي -صلى الله عليه وآله وسلم- على ما يقول الإمامية دلالة واضحة؛ وذلك أن النبي -صلى الله عليه وآله وسلم- قال: «إني تارك فيكم ما إن تمسكتم به لن تضلوا كتاب الله وعترتي أهل بيتي»، دل على أن الحجة من بعده ليس من العجم ولا من سائر قبائل العرب، بل من عترته أهل بيته، ثم قرن بها دل [به] |99|على مراده فقال: «ألا وإنهما لن يفترقا حتى يردا عليَّ الحوض»، فأعلمنا أن الحجة من عترته لا تفارق الكتاب، وأنا[218]

(218) (ط): [وإنا].

متى تمسكنا بمن لا يفارق الكتاب لن نضل، ومن لا يفارق الكتاب ممن فرض على الأمة أن يتمسكوا به، ويجب في العقول أن يكون عالـمًا بالكتاب مأمونًا عليه يعلم ناسخه من منسوخه، وخاصه من عامه، وحتمه من ندبه، ومحكمه من متشابهه؛ ليضع كل شيء من ذلك موضعه الذي وضعه الله -عز وجل-، لا يقدم مؤخرًا، ولا يؤخر مقدمًا. ويجب أن يكون جامعًا لعلم الدين كله؛ ليمكن التمسك به والأخذ بقوله فيما اختلفت فيه الأمة وتنازعته من تأويل الكتاب والسنة، ولأنه إن بقي منه شيء لا يعلمه= لم يمكن التمسك به، ثم متى كان بهذا المحل أيضًا لم يكن مأمونًا على الكتاب، ولم يؤمن أن يغلط فيضع الناسخ منه مكان المنسوخ، والمحكم مكان المتشابه، والندب مكان الحتم، إلى غير ذلك مما يكثر تعداده، وإذا كان [هذا] هكذا صار الحجة والمحجوج سواء، وإذا فسد هذا القول صح ما قالت الإمامية من أن الحجة من العترة لا يكون إلا جامعًا لعلم الدين معصومًا مؤتمنًا على الكتاب. فإن وجَدت الزيدية في أئمتها من هذه صفته فنحن أول من ينقاد له، وإن تكن الأخرى فالحق أولى ما اتُّبع.

وقال شيخ من الإمامية: إنا لم نقل: إن الحجة من ولد فاطمة -عليها السلام- قولًا مطلقًا وقلناه بتقييد وشرائط، ولم نحتجَّ لذلك بهذا الخبر فقط، بل احتججنا به وبغيره، فأول ذلك أنا وجدنا النبي -صلى الله عليه وآله وسلم- قد خص من عترته أهل بيته أمير المؤمنين والحسن والحسين -عليهم السلام- بما خص به، ودل على جلالة خطرهم وعظم شأنهم وعلو حالهم عند الله -عز وجل- بما فعله بهم في الموطن بعد الموطن والموقف بعد الموقف مما شهرته تغني عن ذكره بيننا وبين الزيدية، ودل الله -تبارك وتعالى- على ما وصفناه من علو شأنهم بقوله: ﴿إِنَّمَا يُرِيدُ ٱللَّهُ لِيُذۡهِبَ عَنكُمُ ٱلرِّجۡسَ أَهۡلَ ٱلۡبَيۡتِ وَيُطَهِّرَكُمۡ تَطۡهِيرٗا ٣٣﴾، وبسورة هل أتى وما يشاكل ذلك، فلما قدم -عليه السلام- هذه الأمور وقرَّر عند أمته أنه

ليس في عترته من يتقدمهم في المنزلة والرفعة، ولم يكن -عليه السلام- ممن ينسب إلى المحاباة ولا ممن يولّي ويقدِّم إلا على الدين= علمنا أنهم -عليهم السلام- نالوا ذلك منه استحقاقًا بما خصهم |100| به، فلما قال بعد ذلك كله: «قد خلفت فيكم كتاب الله وعترتي»، علمنا أنه عنى هؤلاء دون غيرهم؛ لأنه لو كان هناك من عترته من له هذه المنزلة لخصَّه -عليه السلام- ونبَّه على مكانه ودل على موضعه؛ لئلا يكون فعله بأمير المؤمنين والحسن والحسين -عليهم السلام- محاباة، وهذا واضح والحمد لله، ثم دلنا على أن الامام بعد أمير المؤمنين الحسن باستخلاف أمير المؤمنين -عليه السلام-إياه واتِّباع أخيه له طوعًا.

وأما قوله: إن المؤتمة خالفت الإجماع وادعت الإمامة في بطن من العترة.

فيقال له: ما هذا الإجماع السابق الذي خالفناه؛ فإنا لا نعرفه، اللهم إلا أن تجعل مخالفة الإمامية للزيدية خروجًا من الإجماع، فإن كنت إلى هذا تومي فليس يتعذر على الإمامية أن تنسُبك إلى مثل ما نسبتها إليه وتدعي عليك من الإجماع مثل الذي ادعيته عليها.

وبعد، فأنت تقول: إن الإمامة لا تجوز إلا لولد الحسن والحسين -عليهما السلام-، فبين لنا لمَ خصصت ولدهما دون سائر العترة؛ لنبين لك بأحسن من حجتك ما قلناه، وسيأتي البرهان في موضعه إن شاء الله.

ثم قال صاحب الكتاب: **وقالت الزيدية: الإمامة جائزة للعترة وفيهم؛ لدلالة رسول الله -صلى الله عليه وآله وسلم- عليهم عامًّا لم يخصص بها بعضًا دون بعض، ولقول الله -عز وجل- لهم دون غيرهم بإجماعهم: ﴿ثُمَّ أَوْرَثْنَا ٱلْكِتَٰبَ ٱلَّذِينَ ٱصْطَفَيْنَا مِنْ عِبَادِنَا﴾ الآية**[219].

(219) سورة فاطر: 32.

فأقول -وبالله التوفيق-: قد غلط صاحب الكتاب فيما حكى؛ لأن الزيدية إنما تجيز الإمامة لولد الحسن والحسين -عليهما السلام- خاصة، والعترة في اللغة: العم وبنو العم، الأقرب فالأقرب، وما عرَف أهل اللغة قط ولا حكى عنهم أحد أنهم قالوا: العترة لا تكون إلا ولد الابنة من ابن العم، هذا شيء تمنَّته الزيدية وخدعت به أنفسها وتفردت بادعائه بلا بيان ولا برهان؛ لأن الذي تدعيه ليس في العقل ولا في الكتاب ولا في الخبر ولا في شيء من اللغات، |101| وهذه اللغة وهؤلاء أهلها فاسألوهم، يبين لكم أن العترة في اللغة الأقرب فالأقرب من العم وبني العم.

فإن قال صاحب الكتاب: فلِمَ زعمت أن الإمامة لا تكون لفلان وولده، وهم من العترة عندك؟

قلنا له: نحن لم نقل هذا قياسًا، وإنما قلناه اتِّباعًا لما فعله -صلى الله عليه وآله وسلم- بهؤلاء الثلاثة دون غيرهم من العترة، ولو فعل بفلان ما فعله بهم لم يكن عندنا إلا السمع والطاعة.

وأما قوله: إن الله -تبارك وتعالى- قال: ﴿ثُمَّ أَوْرَثْنَا ٱلْكِتَٰبَ ٱلَّذِينَ ٱصْطَفَيْنَا مِنْ عِبَادِنَا﴾ الآية.

فيقال له: قد خالفك خصومك من المعتزلة وغيرهم في تأويل هذه الآية، وخالفتك الإمامية، وأنت تعلم من السابق بالخيرات عند الإمامية، وأقل ما كان يجب عليك -وقد ألفت كتابك هذا لتبين الحق وتدعو إليه- أن تؤيد الدعوى بحجة، فإن لم تكن فإقناع، فإن لم يكن فترك الاحتجاج بها لم يمكنك أن تبين أنه حجة لك دون خصومك؛ فإن تلاوة القرآن وادعاء تأويله بلا برهان أمر لا يعجز عنه أحد، وقد ادعى خصومنا وخصومك أن قول الله -عز وجل-:

﴿كُنتُمۡ خَيۡرَ أُمَّةٍ أُخۡرِجَتۡ لِلنَّاسِ﴾ الآية[220]= هم جميع علماء الأمة، وأن سبيل علماء العترة وسبيل علماء المرجئة سبيل واحد، وأن الإجماع لا يتم والحجة لا تثبت بعلم العترة، فهل بينك وبينها فصل؟ وهل تقنع منها بما ادَّعت أو تسألها البرهان؟ فإن قال: بل أسألها البرهان، قيل له: فهات برهانك أولًا على أن المعني[221] بهذه الآية التي تلوتها هم العترة، وأن العترة هم الذرية وأن الذرية هم ولد الحسن والحسين -عليهما السلام- دون غيرهم من ولد جعفر وغيره ممن أمهاتهم فاطميات.

|102| ثم قال: **ويقال للمؤتمة: ما دليلكم على إيجاب الإمامة لواحد دون الجميع وحظرها على الجميع؟ فإن اعتلوا بالوارثة والوصية، قيل لهم: هذه المغيرية تدعي الإمامة لولد الحسن ثم في بطن من ولد الحسن بن الحسن في كل عصر وزمان بالوراثة والوصية من أبيه، وخالفوكم بعدُ فيما تدعون كما خالفتم غيركم فيما يدعي.**

فأقول -وبالله الثقة-: الدليل على أن الإمامة لا تكون إلا لواحد= أن الإمام لا يكون إلا الأفضل، والأفضل يكون على وجهين: إما أن يكون أفضل من الجميع، أو أفضل من كلٍّ من الجميع؛ فكيف كانت القصة فليس يكون الأفضل إلا واحدًا؛ لأنه من المحال أن يكون أفضل من جميع الأمة أو من كل واحد من الأمة وفي الأمة من هو أفضل منه، فلما لم يجز هذا، وصح بدليل تعترف الزيدية بصحته أن الامام لا يكون إلا الأفضل= صح أنها لا تكون إلا لواحد في كل عصر. والفصل فيما بيننا وبين المغيرية سهل واضح قريب والمنة لله؛ وهو أن

---

(220) سورة آل عمران: 110.

(221) (ط): [المعنى].

النبي -صلى الله عليه وآله وسلم- دل على الحسن والحسين -عليهما السلام- دلالة بيِّنة وبان بهما من سائر العترة بما خصهما به مما ذكرناه ووصفناه، فلما مضى الحسن كان الحسين أحق وأولى بدلالة الحسن؛ لدلالة الرسول -صلى الله عليه وآله وسلم- عليه واختصاصه إياه وإشارته إليه، فلو كان الحسن أوصى بالإمامة إلى ابنه لكان مخالفًا للرسول -صلى الله عليه وآله وسلم- وحاشا له من ذلك.

وبعد، فلسنا نشك ولا نرتاب في أن الحسين -عليه السلام- أفضل من الحسن بن الحسن بن علي، والأفضل هو الإمام على الحقيقة عندنا وعند الزيدية، فقد تبين لنا بما وصفنا كذب المغيرية وانتقض الأصل الذي بنوا عليه مقالتهم. ونحن لم نخص عليَّ بن الحسين بن علي -عليهم السلام- بما خصصناه به محاباة، ولا قلَّدْنا في ذلك أحدًا، ولكن الأخبار قرعت سمعنا فيه بما لم تقرع في الحسن بن الحسن.

ودلنا على أنه أعلم منه ما نقل من علم الحلال والحرام عنه وعن الخلف من بعده وعن أبي عبد الله -عليه السلام-، ولم نسمع للحسن بن الحسن بشيء يمكننا أن نقابل بينه وبين من سمعناه من علم علي بن الحسين -عليهما السلام-، |103| والعالم بالدين أحق بالإمامة ممن لا علم له. فإن كنتم يا معشر الزيدية عرفتم للحسن بن الحسن علمًا بالحلال والحرام فأظهروه، وإن لم تعرفوا له ذلك فتفكروا في قول الله -عز وجل-: ﴿أَفَمَن يَهْدِيٓ إِلَى ٱلْحَقِّ أَحَقُّ أَن يُتَّبَعَ أَمَّن لَّا يَهِدِّيٓ إِلَّآ أَن يُهْدَىٰۖ فَمَا لَكُمْ كَيْفَ تَحْكُمُونَ ٣٥﴾[222]، فلسنا ندفع الحسن بن الحسن عن فضل وتقدم وطهارة وزكاة وعدالة، والإمامة لا يتم أمرها إلا بالعلم بالدين والمعرفة بأحكام رب العالمين وبتأويل كتابه، وما رأينا إلى يومنا هذا ولا سمعنا بأحد قالت الزيدية بإمامته إلا وهو يقول في التأويل -أعني تأويل

(222) سورة يونس: 35.

القرآن- على الاستخراج، وفي الأحكام على الاجتهاد والقياس، وليس يمكن معرفة تأويل القرآن بالاستنباط؛ لأن ذلك ممكن(223) لو كان القرآن إنما أنزل بلغة واحدة، وكان علماء أهل تلك اللغة يعرفون المراد، فأما القرآن قد نزل بلغات كثيرة، وفيه أشياء لا يعرف المراد منها إلا بتوقيف مثل الصلاة والزكاة والحج وما في هذا الباب منه، وفيه أشياء لا يعرف المراد منها إلا بتوقيف مما نعلم وتعلمون أن المراد منه إنما عرف بالتوقيف دون غيره، فليس يجوز حمله على اللغة؛ لأنك تحتاج أولًا أن تعلم أن الكلام الذي تريد أن تتأوله ليس فيه توقيف أصلًا لا في جُمَلِه ولا تفصيله.

فإن قال منهم قائل: لم تنكر أن يكون ما كان سبيله أن يعرف بالتوقيف فقد وقف الله رسوله -صلى الله عليه وآله وسلم- عليه، وما كان سبيله أن يستخرج فقد وكل إلى العلماء وجعل بعض القرآن دليلًا على بعض؛ فاستغنينا بذلك عما تدعون من التوقيف والموقف.

قيل له: لا يجوز أن يكون على ما وصفتم؛ لأنا نجد للآية الواحدة تأويلين متضادين كل واحد منهما يجوز في اللغة ويحسن أن يتعبد الله به، وليس يجوز أن يكون للمتكلم الحكيم كلام يحتمل مرادين متضادين.

فإن قال: ما ينكر أن يكون في القرآن دلالة على أحد المرادين، وأن يكون العلماء بالقرآن متى تدبروه علموا المراد بعينه دون غيره.

فيقال للمعترض بذلك: أنكرنا هذا الذي وصفته لأمر نخبرك به: |104| ليس تخلو تلك الدلالة التي في القرآن على أحد المرادين: من أن تكون محتملة للتأويل، أو غير محتملة؛ فإن كانت محتملة للتأويل فالقول فيها كالقول في هذه

---

(223) (ط): [ممكنًا].

الآية. وإن كانت لا تحتمل التأويل فهي إذنْ توقيف ونص على المراد بعينه، ويجب ألَّا يشكل على أحد عِلِمَ اللغة معرفةُ المراد، وهذا ما لا تنكره العقول، وهو من فعل الحكيم جائز حسن، ولكنا إذا تدبرنا آي القرآن لم نجد هكذا، ووجدنا الاختلاف في تأويلها قائمًا بين أهل العلم بالدين واللغة، ولو كان هناك آيات تفسر آيات تفسيرًا لا يحتمل التأويل لكان فريق من المختلفين في تأويله من العلماء باللغة معاندين، ولأمكن كشف أمرهم بأهون السعي، ولكان من تأول الآية خارجًا من اللغة ومن لسان أهلها؛ لأن الكلام إذا لم يحتمل التأويل فحملته على ما لا يحتمله= خرجت عن اللغة التي وقع الخطاب بها. فدلونا يا معشر الزيدية على آية واحدة اختلف أهل العلم في تأويلها في القرآن ما يدل نصًّا وتوقيفًا على تأويلها، وهذا أمر متعذر، وفي تعذره دليل على أنه لا بد للقرآن من مترجم يعلم مراد الله -تعالى- فيخبر به، وهذا عندي واضح.

ثم قال صاحب الكتاب: **وهذه الخطابية تدعي الإمامة لجعفر بن محمد من أبيه -عليهما السلام- بالوراثة والوصية، ويقفون على رجعته، ويخالفون كل من قال بالإمامة، ويزعمون أنكم وافقتموهم في إمامة جعفر -عليه السلام- وخالفوكم فيمن سواه.**

فأقول -وبالله الثقة-: ليس تصح الإمامة بموافقة موافق ولا مخالفة مخالف؛ وإنما تصح بأدلة الحق وبراهينه، وأحسب أن صاحب الكتاب غلط، والخطابية قوم غلاة، وليس بين الغلو والإمامة نسبة. فإن قال: فإني أردت الفرقة التي وقفت عليه. قيل له: فيقال لتلك الفرقة: نعلم أن الإمام بعد جعفر موسى بمثل ما علمتم أنتم به أن الإمام بعد محمد بن علي= جعفر، ونعلم أن جعفرًا مات كما نعلم أن أباه مات، والفصل بيننا وبينكم هو الفصل بينكم وبين السبأية والواقفة على أمير المؤمنين -صلوات الله عليه-، فقولوا كيف شئتم.

|105| ويقال لصاحب الكتاب: وأنت فما الفصل بينك وبين من اختار الإمامة لولد العباس وجعفر وعقيل -أعني لأهل العلم والفضل منهم- واحتج باللغة في أنهم من عترة الرسول، وقال: إن الرسول -صلى الله عليه وآله وسلم- عمَّ جميع العترة ولم يخص إلا ثلاثة هم أمير المؤمنين والحسن والحسين -صلوات الله عليهم- عرِّفْناه وبيِّن لنا.

ثم قال صاحب الكتاب: **وهذه الشمطية تدعي إمامة عبد الله بن جعفر بن محمد من أبيه بالوراثة والوصية، وهذه الفطحية تدعي إمامة إسماعيل بن جعفر عن أبيه بالوراثة والوصية، وقبل ذلك [إذ] ما قالوا بإمامة عبد الله بن جعفر ويسمون اليوم إسماعيلية؛ لأنه لم يبق للقائلين بإمامة عبد الله بن جعفر خلف ولا بقية، وفرقة من الفطحية يقال لهم: القرامطة قالوا بإمامة محمد بن إسماعيل بن جعفر بالوراثة والوصية. وهذه الواقفة على موسى بن جعفر تدعي الإمامة لموسى وترتقب لرجعته.**

وأقول: الفرق بيننا وبين هؤلاء سهل واضح قريب؛ أما الفطحية فالحجة عليهما أوضح من أن تخفى؛ لأن إسماعيل مات قبل أبي عبد الله -عليه السلام-، والميت لا يكون خليفة الحي، وإنما يكون الحي خليفة الميت، ولكن القوم عملوا على تقليد الرؤساء وأعرضوا عن الحجة وما في بابها. وهذا أمر لا يحتاج فيه إلى إكثار؛ لأنه ظاهر الفساد بيِّن الانتقاد.

وأما القرامطة فقد نقضت الإسلام حرفًا حرفًا؛ لأنها أبطلت أعمال الشريعة وجاءت بكل سوفسطائية، وإن الإمام إنما يحتاج إليه للدين وإقامة |106| حكم الشريعة، فإذا جاءت القرامطة تدعي أن جعفر بن محمد أو وصيه استخلف رجلًا دعا إلى نقض الإسلام والشريعة والخروج عما عليه طبائع الأمة= لم نحتج

في معرفة كذبهم إلى أكثر من دعواهم المتناقض الفاسد الركيك.

وأما الفصل بيننا وبين سائر الفرق فهو أن لنا نقلة أخبار وحملة آثار قد طبقوا البلدان كثرة، ونقلوا عن جعفر بن محمد -عليهما السلام- من علم الحلال والحرام ما يُعلم بالعادة الجارية والتجربة الصحيحة أن ذلك كله لا يجوز أن يكون كذبًا مولدًا، وحكوا مع نقل ذلك عن أسلافهم أن أبا عبد الله -عليه السلام- أوصى بالإمامة إلى موسى -عليه السلام-، ثم نقل إلينا من فضل موسى -عليه السلام- وعلمه ما هو معروف عند نقلة الأخبار، ولم نسمع لهؤلاء بأكثر من الدعوى، وليس سبيل التواتر وأهله سبيل الشذوذ وأهله، فتأملوا الأخبار الصادقة تعرفوا بها فصل ما بين موسى -عليه السلام- ومحمد وعبد الله بني جعفر، وتعالوا نمتحن هذا الأمر بخمس مسائل من الحلال والحرام مما قد أجاب فيه موسى -عليه السلام-، فإن وجدنا لهذين فيه جوابًا عند أحد من القائلين بإمامتهما فالقول كما يقولون، وقد روت الإمامية أن عبد الله بن جعفر سئل: كم في مائتي درهم؟ قال: خمسة دراهم، قيل له: وكم في مائة درهم؟ فقال: درهمان ونصف.

ولو أن معترضًا اعترض على الإسلام وأهله فادعى أن ههنا من قد عارض القرآن وسألنا أن نفصل بين تلك المعارضة والقرآن، لقلنا له: أما القرآن فظاهر، فأظهر تلك المعارضة حتى نفصل بينها وبين القرآن. وهكذا نقول لهذه الفرق، أما أخبارنا فهي مروية محفوظة عند أهل الأمصار من علماء الإمامية، فأظهروا تلك الأخبار التي تدعونها حتى نفصل بينها وبين أخبارنا. فأما أن تدعوا خبرًا لم يسمعه سامع ولا عرفه أحد ثم تسألونا الفصل بين [هذا] الخبر= فهذا ما لا يعجز عن دعوى مثله أحد، ولو أبطل مثلُ هذه الدعوى أخبارَ أهل الحق من

الإمامية لأبطل مثل هذه الدعوى من البراهمة أخبار المسلمين، وهذه واضح ولله المنة.

وقد ادعت الثنوية أن ماني أقام المعجزات، وأن لهم خبرًا يدل على صدقهم، فقال لهم الموحدون: هذه دعوى لا يعجز عنها أحد، فأظهروا الخبر لندلكم على أنه لا يقطع عذرًا ولا يوجب حجة. وهذا شبيه بجوابنا لصاحب الكتاب.

|107| ويقال لصاحب الكتاب: قد ادعت البكرية والأباضية أن النبي -صلى الله عليه وآله وسلم- نص على أبي بكر، وأنكرت أنت ذلك كما أنكرنا نحن أن أبا عبد الله -عليه السلام- أوصى إلى هذين. فبين لنا حجتك ودلنا على الفصل بينك وبين البكرية والأباضية؛ لندلك بمثله على الفصل بيننا وبين من سميت.

ويقال لصاحب الكتاب: أنت رجل تدعي أن جعفر بن محمد كان عند مذهب الزيدية، وأنه لم يدع الإمامة من الجهة التي تذكرها الإمامية، وقد ادعى القائلون بإمامة محمد بن إسماعيل بن جعفر بن محمد= خلاف ما تدعيه أنت وأصحابك، ويذكرون أن أسلافهم رووا ذلك عنه. فعرفنا الفصل بينكم وبينهم؛ لنأتيك بأحسن منه، وأنصف من نفسك فإنه أولى بك.

وفرق آخر: وهو أن أصحاب محمد بن جعفر وعبد الله بن جعفر معترفون بأن الحسين نص على علي وأن عليًّا نص على محمد، وأن محمدًا نص على جعفر، ودليلنا أن جعفرًا نص على موسى -عليهم السلام- هو بعينه دون غيره دليل هؤلاء على أن الحسين نص على علي.

وبعد، فإن الإمام إذا كان ظاهرًا واختلف إليه شيعته ظهر علمه وتبين معرفته بالدين، ووجدنا رواة الأخبار وحملة الآثار قد نقلوا عن موسى من علم الحلال والحرام ما هو مدون مشهور، وظهر من فضله في نفسه ما هو بيِّن عند

الخاصة والعامة، وهذه هي أمارات الإمامة؛ فلما وجدناها لموسى دون غيره علمنا أنه الإمام بعد أبيه دون أخيه.

وشيء آخر: وهو أن عبد الله بن جعفر مات ولم يعقب ذكرًا ولا نص على أحد؛ فرجع القائلون بإمامته عنها إلى القول بإمامة موسى -عليه السلام-، والفصل بعد ذلك بين أخبارنا وأخبارهم هو أن الأخبار لا توجب العلم حتى يكون في طرقه وواسطته قوم يقطعون العذر إذا أخبروا، ولسنا نشاحُّ هؤلاء في أسلافهم، بل نقتصر على أن يوجدونا في دهرنا من حملة الأخبار ورواة الآثار ممن يذهب مذهبهم عددًا يتواتر بهم الخبر كما نوجدهم نحن ذلك، فإن قدروا على هذا |108| فليظهروه، وإن عجزوا فقد وضح الفرق بيننا وبينهم في الطرف الذي يلينا ويليهم، وما بعد ذلك موهوب لهم، وهذا واضح والحمد لله.

وأما الواقفة على موسى -عليه السلام- فسبيلهم سبيل الواقفة على أبي عبد الله -عليه السلام-، ونحن فلم نشاهد موت أحد من السلف؛ وإنما صح موتهم عندنا بالخبر، فإن وقف واقف على بعضهم سألناه الفصل بينه وبين من وقف على سائرهم، وهذا ما لا حيلة لهم فيه.

ثم قال صاحب الكتاب: ومنهم فرقة قطعت على موسى وائتموا بعده بابنه علي بن موسى -عليهما السلام- دون سائر ولد موسى -عليه السلام-، وزعموا أنه استحقها بالوراثة والوصية، ثم في ولده حتى انتهوا إلى الحسن بن علي -عليهما السلام- فادعوا له ولدًا وسموه الخلف الصالح فمات قبل أبيه، ثم إنهم رجعوا إلى أخيه الحسن وبطل في محمد ما كانوا توهموا -وقالوا: بدا لله من محمد إلى الحسن كما بدا له من إسماعيل بن جعفر إلى موسى، وقد مات إسماعيل في حياة جعفر- إلى أن مات الحسن بن علي في سنة ثلاث وستين ومائتين فرجع

بعض أصحابه إلى إمامة جعفر بن علي، كما رجع أصحاب محمد بن علي بعد وفاة محمد إلى الحسن، وزعم بعضهم أن جعفر بن علي استحق الإمامة من أبيه عليّ بن محمد بالوراثة والوصية دون أخيه الحسن، ثم نقلوها في ولد جعفر بالوراثة والوصية، وكل هذه الفرق يتشاحُّون على الإمامة ويكفر بعضهم بعضًا، ويكذب بعضهم بعضًا، ويبرأ بعضهم من إمامة بعض، وتدعي كل فرقة الإمامة لصاحبها بالوراثة والوصية وأشياء من علوم الغيب الخرافات أحسن منها، ولا دليل لكل فرقة فيما تدعي وتخالف الباقين غير الوراثة والوصية، دليلهم شهادتهم لأنفسهم دون غيرهم قولًا بلا حقيقة ودعوى بلا دليل. فإن كان ههنا دليل فيما يدعي كل طائفة غير الوراثة والوصية= وجب إقامة، وإن لم يكن غير الدعوى للإمامة بالوراثة والوصية فقد بطلت الإمامة؛ لكثرة من يدعيها بالوراثة والوصية، ولا سبيل إلى قبول دعوى طائفة دون الأخرى إن كانت الدعوى واحدة، ولا سيما وهم في إكذاب بعضهم بعضًا مجتمعون، وفيما يدعي كل فرقة منهم منفردون.

فأقول -والله الموفق للصواب-: لو كانت الإمامة تبطل لكثرة من |109| يدعيها لكان سبيل النبوة سبيلها؛ لأنا نعلم أن خلقًا قد ادعاها، وقد حكى صاحب الكتاب عن الإمامية حكايات مضطربة وأوهم أن تلك مقالة الكل، وأنه ليس فيهم إلا من يقول بالبداء. ومن قال: إن الله يبدو له من إحداث رأي وعلم مستفاد= فهو كافر بالله. وما كان غير هذا فهو قول المغيرية ومن ينحل للأئمة علم الغيب. فهذا كفر بالله، وخروج عن الإسلام عندنا. وأقل ما كان يجب عليه أن يذكر مقالة أهل الحق، وألَّا يقتصر على أن القوم اختلفوا حتى يدل على أن القول بالإمامة فاسد.

وبعد، فإن الإمام عندنا يعرف من وجوه سنذكرها ثم نعتبر ما يقول هؤلاء،

فإن لم نجد بيننا وبينهم فصلًا حكمنا بفساد المذهب، ثم عدنا نسأل صاحب الكتاب عن أنَّ أيّ قول هو الحق من بين الاقاويل؟

أما قوله: إن منهم فرقة قطعت على موسى وائتموا بعده بابنه علي بن موسى. فهو قول رجل لا يعرف أخبار الإمامية؛ لأن كل الإمامية -إلا شرذمة وقفت وشذوذ قالوا بإمامة إسماعيل وعبد الله بن جعفر- قالوا بإمامة علي بن موسى ورووا فيه ما هو مدون في الكتب، وما يذكر من حملة الأخبار ونقلة الآثار خمسة مالوا إلى هذه المذاهب في أول حدوث الحادث، وإنما كثر من كثر منهم بعدُ، فكيف استحسن صاحب الكتاب أن يقول: ومنهم فرقة قطعت على موسى؟! وأعجب من هذا قوله: حتى انتهوا إلى الحسن فادعوا له ابنًا. وقد كانوا في حياة علي بن محمد وسموا للإمامة ابنه محمدًا إلا طائفة من أصحاب فارس بن حاتم، وليس يحسن بالعاقل أن يشنع على خصمة بالباطل الذي لا أصل له.

والذي يدل على فساد قول القائلين بإمامة محمد هو بعينه ما وصفناه في باب إسماعيل بن جعفر؛ لأن القصة واحدة وكل واحد منهما مات قبل أبيه، ومن المحال أن يستخلف الحيُّ الميت ويوصي إليه بالإمامة، وهذا أبين فسادًا من أن يحتاج في كسره إلى كثرة القول.

والفصل بيننا وبين القائلين بإمامة جعفر أن حكاية القائلين بإمامته عنه |110| اختلف وتضادت؛ لأن منهم ومنا مَن حكى عنه أنه قال: إني إمام بعد أخي محمد. ومنهم من حكى عنه أنه قال: إني إمام بعد أخي الحسن. ومنهم من قال: إنه قال: إني إمام بعد أبي علي بن محمد.

وهذه أخبار كما ترى يكذب بعضها بعضًا، وخبرنا في أبي محمد الحسن بن علي خبر متواتر لا يتناقض، وهذا فصل بيِّن، ثم ظهر لنا من جعفر ما دلنا على أنه جاهل

بأحكام الله -عز وجل-، وهو أنه جاء يطالب أم أبي محمد بالميراث وفي حكم آبائه أن الأخ لا يرث مع الأم، فإذا كان جعفر لا يحسن هذا المقدار من الفقه حتى تبين فيه نقصه وجهله، كيف يكون إمامًا؟ وإنما تعبدنا الله بالظاهر من هذه الأمور، ولو شئنا أن نقول لقلنا، وفيما ذكرناه كفاية ودلالة على أن جعفرًا ليس بإمام.

وأما قوله: إنهم ادعوا للحسن ولدًا. فالقوم لم يدعوا ذلك إلا بعد أن نقل إليهم أسلافهم حاله وغيبته وصورة أمره واختلاف الناس فيه عند حدوث ما يحدث، وهذه كتبهم فمن شاء أن ينظر فيها فلينظر.

وأما قوله: إن كل هذه الفرق يتشاحون ويكفر بعضهم بعضًا. فقد صدق في حكايته، وحال المسلمين في تكفير بعضهم بعضًا هذه الحال، فليقل كيف أحب وليطعن كيف شاء؛ فإن البراهمة تتعلق به فتطعن بمثله في الإسلام من سأل خصمه عن مسألة يريد بها نقض مذهبه إذا رُدت عليه كان فيها من نقض مذهبه مثل الذي وقدر[224] أن يلزمه خصمه، فإنما هو رجل يسأل نفسه وينقض قوله، وهذه قصة صاحب الكتاب. والنبوة أصل والإمامة فرع، فاذا أقر صاحب الكتاب بالأصل لم يحسن به أن يطعن في الفرع بما رجع على الأصل، والله المستعان.

ثم قال: **ولو جازت الإمامة بالوراثة والوصية لمن يُدَّعى[225] لها بلا دليل متفق عليه لكانت المغيرية أحق بها؛ لإجماع الكل معها على إمامة الحسن بن علي الذي هو أصلها المستحق للإمامة من أبيه بالوراثة والوصية، وامتناعها بعد إجماع الكل معها على إمامة الحسن من إجازتها لغيره.**

---

(224) كذا!

(225) (ط): [يدَّعي].

|111| هذا مع اختلاف المؤتمة في دينهم؛ منهم من يقول بالجسم، ومنهم من يقول بالتناسخ، ومنهم من يجرّد التوحيد، ومنهم من يقول بالعدل ويثبت الوعيد، ومنهم من يقول بالقدر ويبطل الوعيد، ومنهم من يقول بالرؤية، ومنهم من ينفيها مع القول بالبداء، وأشياء يطول الكتاب بشرحها، يكفر بها بعضهم بعضًا ويتبرأ بعضهم من دين بعض، ولكل فرقة من هذه الفرق بزعمها رجال ثقات عند أنفسهم، أدَّوا إليهم عن أئمتهم ما هم متمسكون به.

ثم قال صاحب الكتاب: وإذا جاز كذا جاز كذا. شيء لا يجوز عندنا ولم نأت بأكثر من الحكاية، فلا معنى لتطويل الكتاب بذكر ما ليس فيه حجة ولا فائدة.

فأقول -وبالله الثقة-: لو كان الحق لا يثبت إلا بدليل متفق عليه= ما صح حق أبدًا، ولكان أول مذهب يبطل مذهب الزيدية؛ لأن دليلها ليس بمتفق عليه. وأما ما حكاه عن المغيرية فهو شيء أخذته عن اليهود؛ لأنها تحتج أبدًا بإجماعنا وإياهم على نبوة موسى -عليه السلام- ومخالفتهم إيانا في نبوة محمد -صلى الله عليه وآله وسلم-.

وأما تعييره إيانا بالاختلاف في المذاهب، وبأنه كل فرقة منا تروي ما تدين به عن إمامها، فهو مأخوذ من البراهمة؛ لأنها تطعن به -بعينه دون غيره- على الإسلام، ولولا الإشفاق من أن يتعلق بعض هؤلاء المجَّان بما أحكيه عنهم لقلت كما يقولون.

والإمامة -أسعدكم الله- إنما تصح عندنا بالنص وظهور الفضل والعلم بالدين مع الإعراض عن القياس والاجتهاد في الفرائض السمعية وفي فروعها، ومن هذا الوجه عرفنا إمامة الإمام، وسنقول في اختلاف الشيعة قولًا مقنعًا.

قال صاحب الكتاب: **ثم لم يخل اختلافهم من أن يكون مولدًا من أنفسهم، أو من عند الناقلين إليهم، أو من عند أئمتهم؛ فإن كان اختلافهم من قِبَل أئمتهم فالإمام مَن جمع الكلمة، لا من كان سببًا للاختلاف بين الأمة، لا سيما وهم أولياؤه دون أعدائه ومن لا تقية بينهم وبينه، وما الفرق بين المؤتمة والأمة إذا كانوا مع أئمتهم وحجج الله عليهم في أكثر ما عابوا على |112| الأمة التي لا إمام لها من المخالفة في الدين وإكفار بعضهم بعضًا؟!**

وإن يكن اختلافهم من قبل الناقلين إليهم دينهم= فما يؤمنهم من أن يكون هذا سبيلهم معهم فيما ألقوا إليهم[226] من الإمامة، لا سيما إذا كان المدعَى له الإمامة معدوم العين غير مرئي الشخص، وهو حجة عليهم فيما يدعون لإمامهم من علم الغيب إذا كان خيرته والتراجمة بينه وبين شيعته كذابين يكذبون عليه، ولا علم له بهم؟!

وإن يكن اختلاف المؤتمة في دينها من قبل أنفسها دون أئمتها= فما حاجة المؤتمة إلى الأئمة؛ إذ كانوا بأنفسهم مستغنين وهو بين أظهرهم ولا ينهاهم وهو الترجمان لهم من الله والحجة عليهم؟! هذا أيضًا من أدل الدليل على عدمه وما يدَّعَى من علم الغيب له؛ لأنه لو كان موجودًا لم يسعه ترك البيان لشيعته، كما قال الله -عز وجل-: ﴿وَمَآ أَنزَلْنَا عَلَيْكَ ٱلْكِتَٰبَ إِلَّا لِتُبَيِّنَ لَهُمُ ٱلَّذِى ٱخْتَلَفُوا۟ فِيهِ﴾ الآية[227]. فكما بين الرسول -صلى الله عليه وآله وسلم- لأمته= وجب على الإمام مثله لشيعته.

فأقول -وبالله الثقة-: إن اختلاف الإمامية إنما هو من قبل كذابين دلسوا

---

(226) (ل): [إليه].

(227) سورة النحل: 14.

أنفسهم فيهم في الوقت بعد الوقت والزمان بعد الزمان، حتى عظم البلاء، وكان أسلافهم قوم يرجعون إلى ورع واجتهاد وسلامة ناحية، ولم يكونوا أصحاب نظر وتميز؛ فكانوا إذا رأوا رجلًا مستورًا يروي خبرًا أحسنوا به الظن وقبلوه، فلما كثر هذا وظهر شكوا إلى أئمتهم فأمرهم الأئمة -عليهم السلام- بأن يأخذوا بما يُجمع عليه فلم يفعلوا وجروا على عادتهم؛ فكانت الخيانة من قبلهم لا من قبل أئمتهم. والإمام أيضًا لم يقف على كل هذه التخاليط التي رويت؛ لأنه لا يعلم الغيب، وإنما هو عبد صالح يعلم الكتاب والسنة، ويعلم من أخبار شيعته ما يُنهى إليه.

وأما قوله: فما يؤمنهم أن يكون هذا سبيلهم فيما ألقوا إليهم من أمر الإمامة. فإن الفصل بين ذلك أن الإمامة تنقل إليهم بالتواتر، والتواتر لا ينكشف عن كذب، وهذه الأخبار فكل واحد منها إنما خبر واحد لا يوجب خبره العلم، وخبر الواحد قد يصدق ويكذب، وليس هذا سبيل التواتر.

هذا جوابنا، وكل ما أتى به سوى هذا فهو ساقط.

|113| ثم يقال له: أخبرنا عن اختلاف الأمة هل يخلو من الأقسام التي قسمتها؟ فإذا قال: لا. قيل له: أفليس الرسول إنما بعث لجمع الكلمة؟ فلا بد من نعم. فيقال له: أوليس قد قال الله -عز وجل-: ﴿وَمَآ أَنزَلۡنَا عَلَيۡكَ ٱلۡكِتَٰبَ إِلَّا لِتُبَيِّنَ لَهُمُ ٱلَّذِي ٱخۡتَلَفُواْ فِيهِ﴾؟ فلا بد من نعم. فيقال له: فهل بيَّن؟ فلا بد من نعم. فيقال له: فما سبب الاختلاف؟ عرِّفناه واقنع منا بمثله.

وأما قوله: فما حاجة المؤتمة إلى الأئمة؛ إذ كانوا بأنفسهم مستغنين وهو بين أظهرهم لا ينهاهم، إلى آخر الفصل. فيقال له: أولى الأشياء بأهل الدين الإنصاف: أي قول قلناه وأومأنا به إلى أنا بأنفسنا مستغنين؟ حتى يقرعنا به صاحب الكتاب ويحتج علينا، أو أي حجة توجهت له علينا توجب ما أوجبه؟

ومن لم يبال بأي شيء قابل خصومه كثرت مسائله وجواباته.

وأما قوله: وهذا من أدل دليل على عدمه؛ لأنه لو كان موجودًا لم يسعه ترك البيان لشيعته، كما قال الله -عز وجل-: ﴿وَمَآ أَنزَلْنَا عَلَيْكَ ٱلْكِتَٰبَ إِلَّا لِتُبَيِّنَ لَهُمُ ٱلَّذِى ٱخْتَلَفُوا۟ فِيهِ﴾. فيقال لصاحب الكتاب: أخبرنا عن العترة الهادية يسعهم ألَّا يبينوا للأمة الحق كله؟ فإن قال: نعم. حج نفسه وعاد كلامه وبالًا عليه؛ لأن الأمة قد اختلف وتباينت وكفر بعضها بعضًا. فإن قال: لا. قيل: هذا من أدل دليل على عدم العترة وفساد ما تدعيه الزيدية؛ لأن العترة لو كانوا كما تصف الزيدية لبينوا للأمة ولم يسعهم السكوت والإمساك، كما قال الله -عز وجل-: ﴿وَمَآ أَنزَلْنَا عَلَيْكَ ٱلْكِتَٰبَ إِلَّا لِتُبَيِّنَ لَهُمُ ٱلَّذِى ٱخْتَلَفُوا۟ فِيهِ﴾. فإن ادعى أن العترة قد بينوا الحق للأمة غير أن الأمة لم تقبل ومالت إلى الهوي. قيل له: هذا بعينه قول الإمامية في الإمام وشيعته. ونسأل الله التوفيق.

ثم قال صاحب الكتاب: **ويقال لهم: [لِمَ] استتر إمامكم عن مسترشده؟ فإن قالوا: تقية على نفسه. قيل لهم: فالمسترشد أيضًا يجوز أن يكون في تقية من طلبه، لا سيما إذا كان المسترشد يخاف ويرجو ولا يعلم ما يكون قبل كونه، فهو في تقية، وإذا جازت التقية للإمام فهي للمأموم أجوز، وما بال الإمام في تقية من إرشادهم[228] وليس هو في تقية من تناول أموالهم، والله |114| يقول: ﴿ٱتَّبِعُوا۟ مَن لَّا يَسْـَٔلُكُمْ أَجْرًا﴾ الآية[229]، وقال: ﴿إِنَّ كَثِيرًا مِّنَ ٱلْأَحْبَارِ وَٱلرُّهْبَانِ لَيَأْكُلُونَ أَمْوَٰلَ ٱلنَّاسِ بِٱلْبَٰطِلِ وَيَصُدُّونَ عَن سَبِيلِ ٱللَّهِ﴾[230]،**

(228) (ط): [أرشادهم].

(229) سورة يس: 21.

(230) سورة التوبة: 34.

فهذا مما يدل على أن أهل الباطل عرضَ الدنيا يطلبون، والذين يتمسكون بالكتاب لا يسألون الناس أجرًا وهم مهتدون.

ثم قال: وإن قالوا كذا قيل كذا. فشيء لا يقوله إلا جاهل منقوص.

والجواب عما سأل: أن الإمام لم يستتر عن مسترشده؛ إنما استتر خوفًا على نفسه من الظالمين.

فأما قوله: فإذا جازت التقية للإمام فهي للمأموم أجوز. فيقال له: إن كنت تريد أن المأموم يجوز له أن يتقي من الظالم ويهرب منه متى خاف على نفسه كما جاز للإمام= فهذا لعمري جائز. وإن كنت تريد أن المأموم يجوز له ألَّا يعتقد إمامه للتقية= فذلك لا يجوز إذا قرعت الأخبار سمعه وقطعت عذره؛ لأن الخبر الصحيح يقوم مقام العيان، وليس على القلوب تقية، ولا يعلم ما فيها إلا الله.

وأما قوله: وما بال الإمام في تقية من إرشادهم وليس في تقية من تناول أموالهم، والله يقول: ﴿ٱتَّبِعُواْ مَن لَّا يَسۡـَٔلُكُمۡ أَجۡرٗا﴾. فالجواب عن ذلك إلى آخر الفصل= يقال له: إن الامام ليس في تقية من إرشاد من يريد الإرشاد، وكيف يكون في تقية وقد بيَّن لهم الحق وحثهم عليه ودعاهم إليه، وعلمهم الحلال والحرام حتى شهروا بذلك وعرفوا به. وليس يتناول أموالهم؛ وإنما يسألهم الخمس الذي فرضه الله -عز وجل-؛ ليضعه حيث أمر أن يضعه، والذي جاء بالخمس هو الرسول، وقد نطق القرآن بذلك، قال الله -عز وجل-: ﴿۞ وَٱعۡلَمُوٓاْ أَنَّمَا غَنِمۡتُم مِّن شَيۡءٖ فَأَنَّ لِلَّهِ خُمُسَهُۥ﴾ الآية[231]، وقال: ﴿خُذۡ مِنۡ أَمۡوَٰلِهِمۡ صَدَقَةٗ﴾ الآية[232]. فإن كان في أخذ المال عيب أو طعن فهو على من ابتدأ به،

(231) سورة الأنفال: 41.

(232) سورة التوبة: 103.

والله المستعان.

|115| ويقال لصاحب الكتاب: أخبرنا عن الإمام منكم إذا خرج وغلب هل يأخذ الخمس وهل يجبي الخراج، وهل يأخذ الحق من الفيء والمغنم والمعادن وما أشبه ذلك؟ فإن قال: لا. فقد خالف حكم الإسلام. وإن قال: نعم. قيل له: فإن احتج عليه رجل مثلك بقول الله -عز وجل-: ﴿ٱتَّبِعُوا۟ مَن لَّا يَسْـَٔلُكُمْ أَجْرًا﴾ وبقوله: ﴿إِنَّ كَثِيرًا مِّنَ ٱلْأَحْبَارِ وَٱلرُّهْبَانِ﴾ الآية، بأي شيء تجيبه حتى تجيبك الإمامية بمثله. وهذا -وفقكم الله- شيء كان الملحدون يطعنون به على المسلمين، وما أدري من دلسه لهؤلاء.

واعلم -علمك الله الخير وجعلك من أهله- إنما يعمل بالكتاب والسنة ولا يخالفهما، فإن أمكن خصومنا أن يدلونا على أنه خالف في أخذ ما أخذ الكتاب والسنة فلعمري إن[233] الحجة واضحة لهم، وإن لم يمكنهم ذلك فليعلموا أنه ليس في العمل بما يوافق الكتاب والسنة عيب، وهذا بين.

ثم قال صاحب الكتاب: **ويقال لهم: نحن لا نجيز الإمامة لمن لا يُعرف، فهل توجدونا سبيلًا إلى معرفة صاحبكم الذي تدعون حتى نجيز له الإمامة كما نجوِّز للموجودين من سائر العترة، وإلا فلا سبيل إلى تجويز الإمامة للمعدومين، وكل من لم يكن موجودًا فهو معدوم، وقد بطل تجويز الإمامة لمن تدعون.**

فأقول -وبالله أستعين-: يقال لصاحب الكتاب: هل تشك في وجود علي بن الحسين وولده -عليهم السلام- الذين نأتم بهم؟ فإذا قال: لا. قيل له: فهل يجوز أن يكونوا أئمة؟ فإن قال: نعم. قيل له: فأنت لا تدري لعلنا على صواب في

(233) (ط): [أن].

اعتقاد إمامتهم وأنت على خطأ، وكفى بهذا حجة عليك. وإن قال: لا. قيل له: فما ينفع من إقامة الدليل على وجود إمامنا، وأنت لا تعترف بإمامة مثل علي بن الحسين -عليهما السلام- مع محله من العلم والفضل عند المخالف والموافق؟!

ثم يقال له: إنا إنما علمنا أن في العترة من يعلم التأويل ويعرف الأحكام بخبر النبي -صلى الله عليه وآله وسلم- الذي قدمناه، وبحاجتنا إلى من يعرِّفنا المراد من القرآن ومَن يفصل بين أحكام الله وأحكام الشيطان، ثم علمنا أن الحق في هذه الطائفة من ولد الحسين -عليهم السلام-؛ لما رأينا كل من خالفهم من العترة يعتمد في الحكم والتأويل على ما يعتمد عليه علماء العامة من الرأي |116| والاجتهاد والقياس في الفرائض السمعية التي لا علة في التعبد بها إلا المصلحة؛ فعلمنا بذلك أن المخالفين لهم مبطلون. ثم ظهر لنا من علم هذه الطائفة بالحلال والحرام والأحكام ما لم يظهر من غيرهم، ثم ما زالت الأخبار ترد بنص واحد على آخر حتى بلغ الحسن بن علي -عليهما السلام-، فلما مات ولم يظهر النص والخلف بعده= رجعنا إلى الكتب التي كان أسلافنا رووها قبل الغيبة؛ فوجدنا فيها ما يدل على أمر الخلف من بعد الحسن -عليه السلام-، وأنه يغيب عن الناس ويخفى شخصه، وأن الشيعة تختلف وأن الناس يقعون في حيرة من أمره؛ فعلمنا أن أسلافنا لم يعلموا الغيب، وأن الأئمة أعلموهم ذلك بخبر الرسول، فصح عندنا من هذا الوجه بهذه الدلالة كونه ووجوده وغيبته. فإن كان ههنا حجة تدفع ما قلناه فلتظهرها الزيدية، فما بيننا وبين الحق معاندة، والشكر لله.

ثم رجع صاحب الكتاب إلى أن يعارضنا بما تدعيه الواقفة على موسى بن جعفر.

ونحن لم نقف على أحد ونسأل الفصل بين الواقفين، وقد بينا أنا علمنا أن موسى -عليه السلام- قد مات بمثل ما علمنا أن جعفرًا مات، وأن الشك في موت أحدهما يدعو إلى الشك في موت الآخر، وأنه قد وقف على جعفر -عليه السلام- قوم أنكرت الواقفة على موسى عليهم، وكذلك أنكرت قول الواقفة على أمير المؤمنين -عليه السلام-. فقلنا لهم: يا هؤلاء حجتكم على أولئك هي حجتنا عليكم، فقولوا كيف شئتم تحجُّوا أنفسكم.

ثم حكى عنا أنا كنا نقول للواقفة: إن الإمام لا يكون إلا ظاهرًا موجودًا.

وهذه حكاية من لا يعرف أقاويل خصمه، وما زالت الإمامية تعتقد أن الإمام لا يكون إلا ظاهرًا مكشوفًا أو باطنًا مغمورًا، وأخبارهم في ذلك أشهر وأظهر من أن تخفى، ووضع الأصول الفاسدة للخصوم أمر لا يعجز عنه أحد، ولكنه قبيح بذي الدين والفضل والعلم، ولو لم يكن في هذا المعنى إلا خبر كميل بن زياد لكفى.

|117| ثم قال: ليس الأمر كما تتوهمون في بني هاشم؛ لأن النبي -صلى الله عليه وآله وسلم- دل أمته على عترته بإجماعنا وإجماعكم التي هي خاصته التي لا يقرب أحد منه -عليه السلام- كقربهم، فهي لهم دون الطلقاء وأبناء الطلقاء، ويستحقها واحد منهم في كل زمان؛ إذ كان الإمام لا يكون إلا واحدًا بلزوم الكتاب والدعاء إلى إقامته؛ بدلالة الرسول -صلى الله عليه وآله وسلم- عليهم أنهم لا يفارقون الكتاب حتى يردوا عليَّ الحوض، وهذا إجماع. والذي اعتللتم به من بني هاشم ليس هم من ذرية الرسول -صلى الله عليه وآله وسلم- وإن كانت لهم ولادة؛ لأن كل بني ابنة ينتمون إلى عصبتهم، ما خلا ولد فاطمة، فإن رسول الله -صلى الله عليه وآله وسلم- عصبتهم وأبوهم، والذرية هم الولد؛

لقول الله عز وجل: ﴿وَإِنِّيٓ أُعِيذُهَا بِكَ وَذُرِّيَّتَهَا مِنَ ٱلشَّيۡطَٰنِ ٱلرَّجِيمِ ٣٦﴾[234].

فأقول -وبالله أعتصم-: إن هذا الأمر لا يصح بإجماعنا وإياكم عليه؛ وإنما يصح بالدليل والبرهان، فما دليلك على ما ادعيت. وعلى أن الإجماع بيننا إنما هو في ثلاثة: أمير المؤمنين والحسن والحسين -عليهم السلام-، ولم يذكر الرسول -صلى الله عليه وآله وسلم- ذريته، وإنما ذكر عترته، فمِلْتُم أنتم إلى بعض العترة دون بعض بلا حجةٍ وبيانٍ أكثر من الدعوى، واحتججنا نحن بما رواه أسلافنا عن جماعة حتى انتهى خبرهم إلى نص الحسين بن علي -عليهما السلام- على علي ابنه ونص علي على محمد، ونص محمد على جعفر، ثم استدللنا على صحة إمامة هؤلاء دون غيرهم ممن كان في عصرهم من العترة بما ظهر من علمهم بالدين وفضلهم في أنفسهم، وقد حمل العلم عنهم الأولياء والأعداء، وذلك مبثوث في الأمصار، معروف عند نقلة الأخبار، وبالعلم تتبين الحجة من المحجوج، والإمام من المأموم، والتابع من المتبوع، وأين دليلكم يا معشر الزيدية على ما تدعون؟!

ثم قال صاحب الكتاب: **ولو جازت الإمامة لسائر بني هاشم مع الحسن والحسين -عليهما السلام- لجازت لبني عبد مناف مع بني هاشم، ولو جازت لبني عبد |118| مناف مع بني هاشم لجازت لسائر ولد قصي.**

ثم مد في هذا القول.

فيقال له: أيها المحتج عن الزيدية إن هذا لشيء لا يستحق بالقرابة؛ وإنما يستحق بالفضل والعلم، ويصح بالنص والتوقيف، فلو جازت الإمامة لأقرب رجل من العترة لقرابته= لجازت لأبعدهم. فافصل بينك وبين من ادعى ذلك

(234) سورة آل عمران: 36.

وأظهر حجتك، وافصل الآن بينك وبين من قال: ولو جازت لولد الحسن لجازت لولد جعفر، ولو جازت لهم لجازت لولد العباس، وهذا فصل لا تأتي به الزيدية أبدًا إلا أن تفزع إلى فصلنا وحجتنا، وهو النص من واحد على واحد وظهور العلم بالحلال والحرام.

ثم قال صاحب الكتاب: **وإن اعتلوا بعلي -عليه السلام- فقالوا: ما تقولون فيه أهو من العترة أم لا؟ قيل لهم: ليس هو من العترة، ولكنه بان من العترة ومن سائر القرابة بالنصوص عليه يوم الغدير بإجماع.**

فأقول -وبالله أستعين-: يقال لصاحب الكتاب: أما النصوص يوم الغدير فصحيح، وأما إنكارك أن يكون أمير المؤمنين من العترة فعظيم، فدلنا على أي شيء تعول فيما تدعي؟ فإن أهل اللغة يشهدون أن العم وابن العم من العترة.

ثم أقول: إن صاحب الكتاب نقض بكلامه هذا مذهبه؛ لأنه معتقد أن أمير المؤمنين ممن خلفه الرسول في أمته ويقول في ذلك إن النبي -صلى الله عليه وآله وسلم- خلف في أمته الكتاب والعترة، وإن أمير المؤمنين -صلوات الله عليه- ليس من العترة، وإذا لم يكن من العترة فليس ممن خلفه الرسول -صلى الله عليه وآله وسم-، وهذا متناقض كما ترى، اللهم إلا أن يقول: إنه -صلى الله عليه وآله وسلم- خلف العترة فينا بعد أن قتل أمير المؤمنين -صلوات الله عليه-، فنسأله أن يفصل بينه وبين من قال: وخلف الكتاب فينا منذ ذلك الوقت؛ لأن الكتاب والعترة خلفا معًا، والخبر ناطق بذلك شاهد به، ولله المنة.

ثم أقبل صاحب الكتاب بما هو حجة عليه فقال: **ونسأل من ادعى الإمامة لبعض دون بعض إقامة الحجة.**

ونسي نفسه وتفرده بادعائها لولد الحسن والحسين -عليهما السلام- دون غيرهم.

ثم قال: فإن أحالوا على الأباطيل من علم الغيب وأشباه ذلك من الخرافات وما لا دليل عليه دون الدعوى= عورضوا |119| بمثل ذلك لبعض؛ فجاز أن العترة من الظالمين لأنفسهم إن كان الدعوى هو الدليل.

فيقال لصاحب الكتاب: قد أكثرت في ذكر علم الغيب، والغيب لا يعلمه إلا الله، وما ادعاه لبشر إلا مشرك كافر، وقد قلنا لك ولأصحابك: دليلنا على ما ندعي الفهم والعلم، فإن كان لكم مثله فأظهروه، وإن لم يكن إلا التشنيع والتقول وتقريع الجميع بقول قوم غلاة= فالأمر سهل، وحسبنا الله ونعم الوكيل.

ثم قال صاحب الكتاب: ثم رجعنا إلى إيضاح حجة الزيدية بقول الله -تبارك وتعالى-: ﴿ ثُمَّ أَوْرَثْنَا ٱلْكِتَٰبَ ٱلَّذِينَ ٱصْطَفَيْنَا مِنْ عِبَادِنَا ﴾ الآية.

فيقال له: نحن نسلم لك أن هذه الآية نزلت في العترة، فما برهانك على أن السابق بالخيرات هم ولد الحسن والحسين دون غيرهم من سائر العترة؟ فإنك لست تريد إلا التشنيع على خصومك وتدعي لنفسك.

ثم قال: قال الله -عز وجل- وذكر الخاصة والعامة من أمة نبيه: ﴿ وَٱعْتَصِمُوا۟ بِحَبْلِ ٱللَّهِ جَمِيعًا ﴾ الآية.

ثم قال: انقضت مخاطبة العامة، ثم استأنف مخاطبة الخاصة فقال: ﴿ وَلْتَكُن مِّنكُمْ أُمَّةٌ يَدْعُونَ إِلَى ٱلْخَيْرِ ﴾ إلى قوله للخاصة: ﴿ كُنتُمْ خَيْرَ أُمَّةٍ أُخْرِجَتْ لِلنَّاسِ ﴾.

فقال: **هم ذرية إبراهيم -عليه السلام- دون سائر الناس، ثم المسلمون دون من أشرك من ذرية إبراهيم -عليه السلام- قبل إسلامه، وجعلهم شهداء على الناس فقال: ﴿يَـٰٓأَيُّهَا ٱلَّذِينَ ءَامَنُواْ ٱرْكَعُواْ وَٱسْجُدُواْ وَٱعْبُدُواْ﴾ إلى قوله: ﴿وَتَكُونُواْ شُهَدَآءَ عَلَى ٱلنَّاسِ﴾[235]، وهذا سبيل الخاصة من ذرية إبراهيم -عليه السلام-.**

ثم اعتل بآيات كثيرة تشبه هذه الآيات من القرآن.

فيقال له: أيها المحتج أنت تعلم أن المعتزلة وسائر فرق الأمة تنازعك في تأويل هذه الآيات أشد منازعة، وأنت فليس تأتي بأكثر من الدعوى، ونحن نسلم لك ما ادعيت ونسألك الحجة فيما تفردت به من أن هؤلاء هم ولد الحسن والحسين -عليهما السلام- دون غيرهم، فإلى متى تأتي بالدعوى وتعرض عن |120| الحجة، وتهول علينا بقراءة القرآن، وتوهم أن لك في قراءته حجة ليست لخصومك؟ والله المستعان.

ثم قال صاحب الكتاب: **فليس من دعا إلى الخير من العترة -كمن أمر بالمعروف ونهى عن المنكر وجاهد في الله حق جهاده- سواء وسائر العترة ممن لم يدع إلى الخير ولم يجاهد في الله حق جهاده، كما لم يجعل الله مَن هذا سبيله من أهل الكتاب سواء وسائر أهل الكتاب، وإن كان تارك ذلك فاضلًا عابدًا؛ لأن العبادة نافلة والجهاد فريضة لازمة كسائر الفرائض، صاحبها يمشي بالسيف إلى السيف، ويؤثر على الدعة الخوف.**

ثم قرأ سورة الواقعة وذكر الآيات التي ذكر الله -عز وجل- فيها الجهاد،

(235) سورة الحج: 77-78.

وأتبع الآيات بالدعاوى، ولم يحتج لشيء من ذلك بحجة فنطالبه بصحتها [أ]و نقابله بما نسأله فيه الفصل.

فأقول -وبالله أستعين-: إن كان كثرة الجهاد هو الدليل على الفضل والعلم والإمامة فالحسين -عليه السلام- أحق بالإمامة من الحسن -عليه السلام-؛ لأن الحسن وادع معاوية والحسين -عليه السلام- جاهد حتى قتل، وكيف يقول صاحب الكتاب، وبأي شيء يدفع هذا؟

وبعد، فلسنا ننكر فرض الجهاد ولا فضله، ولكنا رأينا الرسول -صلى الله عليه وآله وسلم- لم يحارب أحدًا حتى وجد أعوانًا وأنصارًا وإخوانًا؛ فحينئذ حارب، ورأينا أمير المؤمنين -عليه السلام- فعل مثل ذلك بعينه، ورأينا الحسن -عليه السلام- قد همَّ بالجهاد فلما خذله أصحابه وادع ولزم منزله؛ فعلمنا أن الجهاد فرض في حال وجود الأعوان والأنصار، والعالم -بإجماع العقول- أفضل من المجاهد الذي ليس بعالم، وليس كل من دعا إلى الجهاد يعلم كيف حكم الجهاد، ومتى يجب القتال، ومتى تحسُن الموادعة، وبماذا يستقبل أمر هذه الرعية، وكيف يصنع في الدماء والأموال والفروج.

وبعد، فإنا نرضى من إخواننا بشيء واحد، وهو أن يدلونا على رجل من العترة ينفي التشبيه والجبر عن الله، ولا يستعمل الاجتهاد والقياس في الأحكام السمعية، ويكون مستقلًا كافيًا؛ حتى نخرج معه، فإن الأمر بالمعروف والنهي عن المنكر فريضة على قدر الطاقة وحسب الإمكان، والعقول تشهد أن تكليف ما لا يطاق فاسد، والتغرير بالنفس قبيح، ومن التغرير أن تخرج جماعة قليلة لم تشاهد حربًا ولا تدربت بدُربة أهله |121| إلى قوم متدربين بالحروب تمكنوا في البلاد وقتلوا العباد وتدربوا بالحروب، ولهم العدد والسلاح والكراع، ومَن

نصرهم من العامة -ويعتقدون أن الخارج عليهم مباح الدم- مثل جيشهم أضعافًا مضاعفة. فكيف يسومنا صاحب الكتاب أن نلقى بالأغمار المتدربين بالحروب؟! وكم عسى أن يحصل في يد داع إن دعا من هذا العدد؟! هيهات هيهات، هذا أمر لا يزيله إلا نصر الله العزيز العليم الحكيم.

قال صاحب الكتاب بعد آيات من القرآن تلاها ينازع في تأويلها أشد منازعة ولم يؤيد تأويله بحجة عقل ولا سمع: **فافهم -رحمك الله- من أحق أن يكون لله شهيدًا من دعا إلى الخير كما أُمر، ونهى عن المنكر وأمر بالمعروف، وجاهد في الله حق جهاده حتى استشهد، أم من لم ير وجهه ولا عرف شخصه؟! أم كيف يتخذه الله شهيدًا على من لم يرهم ولا نهاهم ولا أمرهم فإن أطاعوه أدوا ما عليهم، وإن قتلوه مضى إلى الله -عز وجل- شهيدًا؟! ولو أن رجلًا استشهد قومًا على حق يطالب به لم يروه ولا شهدوه هل كان شهيدًا؟! وهل يستحق بهم حقًّا إلا أن يشهدوا على ما لم يروه فيكونوا كذابين وعند الله مبطلين؟! وإذا لم يجز ذلك من العباد فهو غير جائز عند الحكم العدل الذي لا يجور. ولو أنه استشهد قومًا قد عاينوا وسمعوا فشهدوا له -والمسألة على حالها- أليس كان يكون محقًّا وهم صادقون، وخصمه مبطل وتمضي الشهادة ويقع الحكم؟ وكذلك قال الله -تعالى-: ﴿إِلَّا مَن شَهِدَ بِٱلْحَقِّ وَهُمْ يَعْلَمُونَ ﴿٨٦﴾﴾(236)، أولا ترى أن الشهادة لا تقع بالغيب دون العيان، وكذلك قول عيسى: ﴿وَكُنتُ عَلَيْهِمْ شَهِيدًا مَّا دُمْتُ فِيهِمْ ۖ﴾ الآية(237).**

---

(236) سورة الزخرف: 86.

(237) سورة المائدة: 117.

فأقول -وبالله أعتصم-: يقال لصاحب الكتاب: ليس هذا الكلام لك، بل هو للمعتزلة وغيرهم علينا وعليك؛ لأنا نقول: إن العترة غير ظاهرة وإن من |122| شاهدنا منها لا يصلح أن يكون إمامًا، وليس يجوز أن يأمرنا الله -عز وجل- بالتمسك بمن لا نعرف منهم ولا نشاهده ولا شاهده أسلافنا، وليس في عصرنا ممن شاهدنا منهم ممن يصلح أن يكون إمامًا للمسلمين، والذين غابوا لا حجة لهم علينا، وفي هذا أدل دليل على أن معنى قول النبي -صلى الله عليه وآله وسلم-: «إني تارك فيكم ما إن تمسكتم به لن تضلوا كتاب الله وعترتي»، ليس ما يسبق إلى قلوب الإمامية والزيدية. وللنظَّام وأصحابه أن يقولوا: وجدنا الذي لا يفارق الكتاب هو الخبر القاطع للعذر؛ فإنه ظاهر كظهور الكتاب، ينتفع به، ويمكن اتباعه والتمسك به. فأما العترة فلسنا نشاهد منهم عالـمًا يمكن أن نقتدي به، وإن بلغنا عن واحد منهم مذهبٌ بلغنا عن آخر أنه يخالفه، والاقتداء بالمختلفين فاسد، فكيف يقول صاحب الكتاب؟

ثم اعلم أن النبي -صلى الله عليه وآله وسلم- لما أمرنا بالتمسك بالعترة كان بالعقل والتعارف والسيرة ما يدل على أنه أراد علماءهم دون جهالهم، والبررة الأتقياء دون غيرهم، فالذي يجب علينا ويلزمنا أن ننظر إلى من يجتمع له العلم بالدين مع العقل والفضل والحلم والزهد في الدنيا والاستقلال بالأمر؛ فنقتدي به ونتمسك بالكتاب وبه.

وإن قال: فإن اجتمع ذلك في رجلين وكان أحدهما ممن يذهب إلى مذهب الزيدية والآخر إلى مذهب الإمامية بمن يقتدى منهما ولمن يُتبع؟ قلنا له: هذا لا يتفق، فإن اتفق فرق بينهما دلالةٌ واضحة إما نص من إمام تقدمه، وإما شيء يظهر في علمه، كما ظهر في أمير المؤمنين يوم النهر حين قال: والله ما عبروا النهر

ولن(238) يعبروا، والله ما يقتل منكم عشرة ولا ينجو منهم عشرة. وإما أن يظهر من أحدهما مذهب يدل على أن الاقتداء به لا يجوز، كما ظهر من علم الزيدية القول بالاجتهاد والقياس في الفرائض السمعية والأحكام؛ |123| فيعلم بهذا أنهم غير أئمة. ولست أريد بهذا القول زيد بن علي وأشباهه؛ لأن أولئك لم يُظهروا ما يُنكر ولا ادعوا أنهم أئمة؛ وإنما دعوا إلى الكتاب والرضا من آل محمد، وهذه دعوة حق.

وأما قوله: كيف يتخذه الله شهيدًا على من لم يرهم ولا أمرهم ولا نهاهم. فيقال له: ليس معنى الشهيد عند خصومك ما تذهب إليه، ولكن إن عبت الإمامية بأن من لم يُر وجهه ولا عُرف شخصه لا يكون بالمحل الذي يدعونه له، فأخبرنا عنك مَن الإمام الشهيد من العترة في هذا الوقت؟ فإن ذكر أنه لا يعرفه، دخل فيما عاب ولزمه ما قدر أنه يلزم خصومه. فإن قال: هو فلان. قلنا له: فنحن لم نر وجهه ولا عرفنا شخصه، فكيف يكون إمامًا لنا وشهيدًا علينا؟! فإن قال: إنكم وإن لم تعرفوه فهو موجود الشخص معروف علمه وجهله مَن جهله. قلنا: سألناك بالله هل تظن أن المعتزلة والخوارج والمرجئة والإمامية تعرف هذا الرجل أو سمعت به أو خطر ذكره ببالها؟ فإن قال: هذا ما لا يضره ولا يضرنا؛ لأن السبب في ذلك إنما هو غلبة الظالمين على الدار وقلة الأعوان والأنصار. قلت له: لقد دخلت فيما عبت، وحججت نفسك من حيث قدَّرت أنك تحاج خصومك، وما أقرب هذه الغيبة من غيبة الإمامية غير أنكم لا تنصفون.

ثم يقال: قد أكثرت في ذكر الجهاد ووصف الأمر بالمعروف والنهي عن المنكر حتى أوهمت أن من لم يخرج فليس بمحق، فما بال أئمتك والعلماء من أهل مذهبك لا يخرجون؟ وما لهم قد لزموا منازلهم واقتصروا على اعتقاد المذهب

_____

(238) (ط): [ولا].

فقط؟ فإن نطق بحرف فتقابله الإمامية بمثله. ثم قيل له برفق ولين: هذا الذي عبته على الإمامية وهتفت بهم من أجله، وشنعت به على أئمتهم بسببه، وتوصلت بذكره إلى ما ضمنته كتابك= قد دخلت فيه وملت إلى صحته، وعولت عند الاحتجاج عليه، والحمد لله الذي هدانا لدينه.

ثم يقال له: أخبرنا هل في العترة اليوم من يصلح للإمامة؟ فلا بد من أن يقول: نعم. فيقال له: أفليس إمامته لا تصح إلا بالنص على ما تقوله الإمامية ولا معه دليل معجز يعلم به أنه إمام، وليس سبيله عندكم سبيل من يجتمع أهل الحل والعقد من الأمة فيتشاورون في أمره ثم يختارونه ويبايعونه؟ |124| فإذا قال: نعم. قيل له: فيكف السبيل إلى معرفته؟ فإن قالوا: يعرف بإجماع العترة عليه. قلنا لهم: كيف تجتمع عليه؛ فإن كان إماميًّا لم ترض به الزيدية وإن كان زيديًّا لم ترض به الإمامية. فإن قال: لا يعتبر بالإمامية في مثل هذا. قيل له: فالزيدية على قسمين: قسم معتزلة، ومثبتة. فإن قال: لا يعتبر بالمثبتة في مثل هذا. قيل له: فالمعتزلة قسمان: قسم يجتهد في الأحكام بآرائها، وقسم يعتقد أن الاجتهاد ضلال. فإن قال: لا يعتبر بمن نفى الاجتهاد. قيل له: فإن بقي –وبقي ممن يرى الاجتهاد– منهم أفضلهم، بقي ممن يبطل الاجتهاد منهم أفضلهم، ويبرأ بعضهم من بعض= فبمن[239] نتمسك وكيف نعلم المحق منهما، هو من تومئ أنت وأصحابك إليه دون غيره؟ فإن قال: بالنظر في الأصول. قلنا: فإن طال الاختلاف واشتبه الأمر كيف نصنع وبما نتفصَّى[240] من قول النبي –صلى الله عليه وآله وسلم–: «إني تارك فيكم ما إن تمسكم به لن تضلوا كتاب الله

(239) (ط): [فيمن].

(240) (ط): [نتقصّى]، بالقاف.

وعترتي أهل بيتي» والحجة من عترته لا يمكن أحد أن يعرفه إلا بعد النظر في الأصول والوقوف على أن مذاهبه كلها صواب، وعلى أن من خالفه فقد أخطأ؟! وإذا كان هكذا فسبيله وسبيل كل قائل من أهل العلم= سبيل واحد، فما تلك الخاصة التي هي للعترة؟ دلنا عليها وبين لنا جميعها؛ لنعلم أن بين العالم من العترة وبين العالم من غير العترة فرقًا وفصلًا.

وأخرى يقال لهم: أخبرونا عن إمامكم اليوم، أعنده الحلال والحرام؟ فإذا قالوا: نعم. قلنا لهم: وأخبرونا عما عنده مما ليس في الخبر المتواتر هل هو مثل ما عند الشافعي وأبي حنيفة ومن جنسه، أو هو خلاف ذلك؟ فإن قال: بل عنده الذي عندهما ومن جنسه. قيل لهم: وما حاجة الناس إلى علم إمامكم الذي لم يسمع به وكتب الشافعي وأبي حنيفة ظاهرة مبثوثة موجودة؟ وإن قال: بل عنده خلاف ما عندهما. قلنا: فخلاف ما عندهما هو النص المستخرج الذي تدعيه جماعة من مشايخ المعتزلة وأن الأشياء كلها على إطلاق العقول، إلا ما كان في الخبر القاطع للعذر، على مذهب النظام وأتباعه، أو مذهب الإمامية أن الأحكام منصوصة؟ واعلموا أنا لا نقول: منصوصة، على الوجه الذي يسبق إلى القلوب، ولكن المنصوص عليه بالجمل التي من فهمها فهم الأحكام من غير قياس ولا اجتهاد. فإن قالوا: |125| عنده ما يخالف هذا كله. خرجوا من التعارف. وإن تعلقوا بمذهب من المذاهب، قيل لهم: فأين ذلك العلم، هل نقله عن إمامكم أحد يوثق بدينه وأمانته؟ فإن قالوا: نعم. قيل لهم: قد عاشرناكم الدهر الأطول فما سمعنا بحرف واحد من هذا العلم، وأنتم قوم لا ترون التقية ولا يراها إمامكم، فأين علمه، وكيف لم يظهر ولم ينتشر؟ ولكن أخبرونا ما يؤمنا أن تكذبوا فقد كذبتم على إمامكم كما تدعون أن الإمامية كذبت على جعفر بن محمد

-عليهما السلام-، وهذا ما لا فصل فيه.

مسألة أخرى: ويقال لهم: أليس جعفر بن محمد عندكم كان لا يذهب إلى ما تدعيه الإمامية، وكان على مذهبكم ودينكم؟ فلا بد من [أن يقولوا]: نعم، اللهم إلا أن تبرأوا منه. فيقال لهم: وقد كذبت الإمامية فيما نقلته عنه، وهذا الكتب المؤلفة التي في أيديهم إنما هي من تأليف الكذابين؟ فإذا قالوا: نعم. قيل لهم: فإذا جاز ذلك فلم لا يجوز أن يكون إمامكم يذهب مذهب الإمامية ويدين بدينها، وأن يكون ما يحكي سلفكم ومشايخكم عنه مولدًا موضوعًا لا أصل له؟ فإن قالوا: ليس لنا في هذا الوقت إمام نعرفه بعينه نروي عنه علم الحلال والحرام، ولكنا نعلم أن في العترة من هو موضع هذا الأمر وأهله. قلنا لهم: دخلتم فيما عبتموه على الإمامية بما معها من الأخبار من أئمتها بالنص على صاحبهم والإشارة إليه والبشارة به، وبطل جميع ما قصصتم به من ذكر الجهاد والأمر بالمعروف والنهي عن المنكر؛ فصار إمامكم بحيث لا يرى ولا يعرف، فقولوا كيف شئتم، ونعوذ بالله من الخذلان.

ثم قال صاحب الكتاب: **وكما أمر الله العترة بالدعاء إلى الخير= وصف سبق السابقين منهم، وجعلهم شهداء، وأمرهم بالقسط فقال:** ﴿يَـٰٓأَيُّهَا ٱلَّذِينَ ءَامَنُوا۟ كُونُوا۟ قَوَّٰمِينَ لِلَّهِ شُهَدَآءَ بِٱلْقِسْطِ﴾.

ثم أَتْبَعَ ذلك بضرب من التأويل وقراءة آيات من القرآن ادعى أنها في العترة، ولم يحتجَّ لشيء منها بحجة أكثر من أن يكون الدعوى.

ثم قال: **وقد أوجب الله -تعالى- على نبيه -صلى الله عليه وآله وسلم- ترك الأمر والنهي إلى أن هيأ له أنصارًا، فقال:** ﴿وَإِذَا رَأَيْتَ ٱلَّذِينَ يَخُوضُونَ فِىٓ ءَايَـٰتِنَا﴾ إلى قوله: ﴿لَعَلَّهُمْ يَتَّقُونَ ۝٦٩﴾؛ **فمن لم يكن من السابقين بالخيرات،**

المجاهدين في الله، ولا من المقتصدين الواعظين بالأمر والنهي عند إعواز |126| الأعوان= فهو من الظالمين لأنفسهم، وهذا سبيل من كان قبلنا من ذراري الأنبياء -عليهم السلام-.

ثم تلا آيات من القران.

فيقال له: ليس علينا، لمن أراد بهذا الكلام؟ ولكن أخبرنا عن الإمام من العترة عندك من أي قسم هو؟ فإن قال: من المجاهدين. قيل له: فمن هو؟ ومن جاهد ويعلم من خرج؟ وأين خيله ورجله؟ فإن قال: هو ممن يعظ بالأمر والنهي عند إعواز الأعوان. قيل له: فمن سمع أمره ونهيه؟ فإن قال: أولياؤه وخاصته. قلنا: فإن اتبع هذا وسقط فرض ما سوى ذلك عنه لإعواز الأعوان، وجاز ألَّا يسمع أمره ونهيه إلا أولياؤه، فأي شيء عبته على الإمامية؟ ولم ألفت كتابك هذا؟ وبمن عرضت؟ وليت شعري وبمن قرعت بآي القرآن وألزمته فرض الجهاد.

ثم يقال له وللزيدية جميعًا: أخبرونا لو خرج رسول الله -صلى الله عليه وآله وسلم- من الدنيا ولم ينص على أمير المؤمنين -عليه السلام- ولا دل عليه ولا أشار إليه، أكان يكون ذلك من فعله صوابًا وتدبيرًا حسنًا جائزًا؟ فإن قالوا: نعم. قلنا لهم: ولو لم يدل على العترة أكان يكون ذلك جائزًا؟ فإن قالوا: نعم. قلنا: ولو لم يدل فأي شيء أنكرتم على المعتزلة والمرجئة والخوارج وقد كان يجوز ألَّا يقع النص فيكون الأمر شورى بين أهل الحل والعقد؟ وهذا ما لا حيلة فيه. فإن قالوا: لا ولا بد من النص على أمير المؤمنين -صلوات الله عليه- ومن الأدلة على العترة. قيل لهم: لم؟ حتى إذا ذكروا الحجة الصحيحة فننقلها إلى الإمام في كل زمان؛ لأن النص إن وجب في زمن وجب في كل زمان؛ لأن العلل الموجبة له موجودة أبدًا، ونعوذ بالله من الخذلان.

مسألة أخرى: يقال لهم: إذا كان الخبر المتواتر حجة رواه العترة والأمة، وكان الخبر الواحد من العترة كخبر الواحد من الأمة يجوز على الواحد منهم مِن تعمد الباطل ومن السهو والزلل ما يجوز على الواحد من الأمة، وما ليس في الخبر المتواتر ولا خبر الواحد فسبيله عندكم الاستخراج، وكان يجوز على المتأول منكم ما يجوز على المتأول من الأمة، فمن أي وجه صارت العترة حجة؟ فإن قال صاحب الكتاب: إذا أجمعوا فإجماعهم حجة. قيل له: فإذا |127| أجمعت الأمة فإجماعها حجة، وهذا يوجب أنه لا فرق بين العترة والأمة، وإن كان هكذا فليس في قوله: «خلفت فيكم كتاب الله وعترتي» فائدة، إلا أن يكون فيها من هو حجة في الدين، وهذا قول الإمامية.

واعلموا -أسعدكم الله- أن صاحب الكتاب أشغل نفسه بعد ذلك بقراءة القرآن وتأويله على من أحب، ولم يقل في شيء من ذلك: الدليل على صحة تأويلي كيت كيت. وهذا شيء لا يعجز عنه الصبيان؛ وإنما أراد أن يعيب الإمامية بأنها لا ترى الجهاد والأمر بالمعروف والنهي عن المنكر، وقد غلط؛ فإنها ترى ذلك على قدر الطاقة، ولا ترى أن تلقي بأيديها إلى التهلكة، ولا أن يخرج مع من لا يعرف الكتاب والسنة ولا يحسن أن يسير في الرعية بسيرة العدل والحق.

وأعجب من هذا أن أصحابنا من الزيدية في منازلهم لا يأمرون بمعروف ولا ينهون عن منكر ولا يجاهدون، وهم يعيبوننا بذلك، وهذا نهاية من نهايات التحامل ودليل من أدلة العصبية، نعوذ بالله من اتباع الهوى، وهو حسبنا ونعم الوكيل.

مسألة أخرى: ويقال لصاحب الكتاب: هل تعرف في أئمة الحق أفضل من أمير المؤمنين -صلوات الله عليه-؟ فمن قوله: لا. فيقال له: فهل تعرف مِن المنكر بعد الشرك والكفر شيئًا أقبح وأعظم مما كان من أصحاب السقيفة؟ فمن

قوله: لا. فيقال له: فأنت أعلم بالأمر بالمعروف والنهي عن المنكر والجهاد أو أمير المؤمنين -عليه السلام-؟ فلا بد من أن يقول: أمير المؤمنين. فيقال له: فما باله لم يجاهد القوم؟ فإن اعتذر بشيء، قيل له: فاقبل مثل هذا العذر من الإمامية؛ فإن الناس جميعًا يعلمون أن الباطل اليوم أقوى منه يومئذ وأعوان الشيطان أكثر، ولا تهول علينا بالجهاد وذكره؛ فإن الله -تعالى- إنما فرضه لشرائط لو عرفتها لقل كلامك وقصر كتابك، ونسأل الله التوفيق.

مسألة أخرى: يقال لصاحب الكتاب: أتصوبون الحسن بن علي -عليهما السلام- في موادعته معاوية أم تخطئونه؟ فإذا قالوا: نصوبه. قيل لهم: أتصوبونه وقد ترك الجهاد وأعرض عن الأمر بالمعروف والنهي عن المنكر على الوجه الذي تومئون إليه؟ فإن قالوا: نصوبه؛ لأن الناس خذلوه، ولم يأمنهم على نفسه، |128| ولم يكن معه من أهل البصائر من يمكنه أن يقاوم بهم معاوية وأصحابه. فإذا عرفوا صحة ذلك، قيل لهم: فإذا كان الحسن -عليه السلام- مبسوط العذر ومعه جيش أبيه، وقد خطب له الناس على المنابر وسل سيفه وسار إلى عدو الله وعدوه للجهاد لما وصفتم وذكرتم= فلم لا تعذرون جعفر بن محمد -عليهما السلام- في تركه الجهاد وقد كان أعداؤه في عصره أضعاف من كان مع معاوية، ولم يكن معه من شيعته [مائة نفر] قد تدربوا بالحروب، وإنما كان قوم من أهل السر لم يشاهدوا حربًا ولا عاينوا وقعة؟ فإن بسطوا عذره فقد أنصفوا، وإن امتنع منهم ممتنع فسُئل الفصل، ولا فصل.

وبعد، فإن كان قياس الزيدية صحيحًا فزيد بن علي أفضل من الحسن بن علي؛ لأن الحسن وادع وزيد حارب حتى قتل، وكفى بمذهب يؤدي إلى تفضيل زيد بن علي على الحسن بن علي -عليهما السلام- قبحًا. والله المستعان وحسبنا الله ونعم الوكيل.

ملحق(2): اعتراضات زيدية على الإمامية

اعتراضات للزيدية وجواب الإمامية عليها

من كتاب كمال الدين وتمام النعمة

قال بعض الزيدية: **إن الرواية التي دلت على أن الأئمة اثنا عشر = قول أحدثه الإمامية قريبًا وولدوا فيه أحاديث كاذبة.**

فنقول -وبالله التوفيق -: إن الأخبار في هذا الباب كثيرة، والمفزع والملجأ إلى نقلة الحديث، وقد نقل مخالفونا من أصحاب الحديث نقلًا مستفيضًا من حديث عبد الله بن مسعود ما حدَّثنا به أحمد بن الحسن القطان المعروف بأبي علي بن عبد ربه الرازي وهو شيخ كبير لأصحاب الحديث قال: حدثنا أبو يزيد محمد بن يحيى بن خلف بن يزيد المروزي بالري في شهر ربيع الأول سنة اثنين وثلاثمائة، عن إسحاق بن إبراهيم الحنظلي في سنة ثمان وثلاثين ومائتين المعروف بإسحاق بن راهويه، عن يحيى بن يحيى، عن هشام، عن مجالد، عن الشعبي، عن مسروق قال: بينا نحن عند عبد الله بن مسعود نعرض مصاحفنا عليه إذ قال له فتى شاب: هل عهد إليكم نبيكم -صلى الله عليه وآله وسلم- كم يكون من بعده خليفة؟ قال: إنك لحدث السن وإن هذا شيء ما سألني عنه أحد [من] قبلك، نعم عهد إلينا نبينا -صلى الله عليه وآله وسلم- أنه يكون |74| من بعده اثنا عشر خليفة بعدد نقباء بني إسرائيل. وقد أخرجت بعض طرق هذا الحديث في هذا الكتاب وبعضها في كتاب **النص على الأئمة الاثني عشر عليهم السلام بالإمامة.**

ونقل مخالفونا من أصحاب الحديث نقلًا ظاهرًا مستفيضًا من حديث جابر بن سمرة ما حدثنا به أحمد بن محمد بن إسحاق الدينوري وكان من أصحاب الحديث قال: حدثني أبو بكر بن أبي داود، عن إسحاق بن إبراهيم بن شاذان،

عن الوليد بن هشام، عن محمد بن ذكوان قال: حدثني أبي، عن أبيه، عن ابن سيرين، عن جابر بن سمرة السوائي قال: كنا عند النبي -صلى الله عليه وآله وسلم- فقال: «يلي هذه الأمة اثنا عشر». قال: فصرخ الناس فلم أسمع ما قال. فقلت لأبي -وكان أقرب إلى رسول الله -صلى الله عليه وآله وسلم- مني-: ما قال رسول الله -صلى الله عليه وآله وسلم-؟ فقال: قال: «كلهم من قريش وكلهم لا يرى مثله».

وقد أخرجت طرق هذا الحديث أيضًا، وبعضهم روى: «اثنا عشر أميرًا». وبعضهم روى: «اثنا عشر خليفة». فدل ذلك على أن الأخبار التي في يد الإمامية، عن النبي -صلى الله عليه وآله وسلم- والأئمة -عليهم السلام- بذكر الأئمة الاثني عشر= أخبار صحيحة.

قالت الزيدية: فإن كان رسول الله -صلى الله عليه وآله وسلم- قد عرَّف أمته أسماء الأئمة الاثني عشر، فلم ذهبوا عنه يمينًا وشمالًا وخبطوا هذا الخبط العظيم؟

فقلنا لهم: إنكم تقولون: إن رسول الله -صلى الله عليه وآله وسلم- استخلف عليًّا -عليه السلام- وجعله الإمام بعده ونص عليه وأشار إليه وبيَّن أمره وشهره، فما بال أكثر الأمة ذهبت عنه وتباعدت منه حتى خرج من المدينة إلى ينبع وجرى عليه ما جرى؟ فإن قلتم: إن عليًّا -عليه السلام- لم يستخلفه رسول الله -صلى الله عليه وآله وسلم- فلم أودعتم كتبكم ذلك وتكلمتم عليه؟ فإن الناس قد يذهبون عن الحق وإن كان واضحًا، وعن البيان وإن كان مشروحًا، كما ذهبوا عن التوحيد إلى التلحيد، ومن قوله -عز |75| وجل-: ﴿لَيْسَ كَمِثْلِهِۦ شَيْءٌ﴾ إلى التشبيه.

اعتراض آخر للزيدية ودفعه:

قالت الزيدية: ومما تكذب به دعوى الإمامية أنهم زعموا أن جعفر بن محمد -عليهما السلام- نص لهم على إسماعيل وأشار إليه في حياته، ثم إن إسماعيل مات في حياته فقال: ما بدا لله في شيءٍ كما بدا له في إسماعيل ابني. فإن كان الخبر الاثنا عشر صحيحًا فكان لا أقل من أن يعرفه جعفر بن محمد -عليهما السلام- ويعرف شيعته؛ لئلا يغلط هو وهم هذا الغلط العظيم.

فقلنا لهم: بم قلتم: إن جعفر بن محمد -عليهما السلام- نص على إسماعيل بالإمامة؟ وما ذلك الخبر ومن رواه؟ ومن تلقاه بالقبول؟ فلم يجدوا إلى ذلك سبيلًا. وإنما هذه حكاية ولدها قوم قالوا بإمامة إسماعيل ليس لها أصل؛ لأن الخبر بذكر الأئمة الاثني (241) عشر -عليهم السلام- قد رواه الخاص والعام، عن النبي -صلى الله عليه وآله وسلم- والأئمة -عليهم السلام-، وقد أخرجت ما روي عنهم في ذلك في هذا الكتاب.

فأما قوله: ما بدا لله في شيء كما بدا له في إسماعيل ابني. فإنه يقول: ما ظهر لله أمر كما ظهر له في إسماعيل ابني إذ اخترمه في حياتي ليعلم بذلك أنه ليس بإمام بعدي. وعندنا من زعم أن الله -عز وجل- يبدو له اليوم في شيء لم يعلمه أمس فهو كافر والبراءة منه واجبة، كما روي عن الصادق -عليه السلام-: حدثنا أبي -رضي الله عنه - عن محمد بن يحيى العطار، عن محمد بن أحمد بن يحيى بن عمران الأشعري قال: حدثنا أبو عبد الله الرازي، عن الحسن بن الحسين اللؤلؤي، عن محمد بن سنان، عن عمار، عن أبي بصير، وسماعة، عن أبي عبد الله الصادق -عليه السلام- قال: من زعم أن الله يبدو له في شيء اليوم لم يعلمه

---

(241) (ط): [الإثنا].

أمس فابرؤوا منه.

وإنما البداء الذي ينسب إلى الإمامية القول به هو ظهور أمره. يقول العرب: بدا لي شخص، أي ظهر لي، لا بدا ندامة، تعالى الله عن ذلك علوًّا |76| كبيرًا. وكيف ينص الصادق -عليه السلام- على إسماعيل بالإمامة مع قوله فيه: إنه عاص لا يشبهني ولا يشبه أحدًا من آبائي. حدثنا محمد بن موسى بن المتوكل -رضي الله عنه- قال: حدثنا محمد بن يحيى العطار، عن محمد بن أحمد بن يحيى بن عمران الأشعري، عن يعقوب بن يزيد، عن محمد بن أبي عمير، عن الحسن بن راشد قال: سألت أبا عبد الله -عليه السلام- عن إسماعيل فقال: عاص، لا يشبهني ولا يشبه أحدًا من آبائي.

حدثنا الحسن بن أحمد بن إدريس -رضي الله عنه- قال: حدثنا أبي، عن محمد بن أحمد، عن يعقوب بن يزيد، والبرقي، عن أحمد بن محمد بن أبي نصر، عن حماد، عن عبيد بن زرارة قال: ذكرت إسماعيل عند أبي عبد الله -عليه السلام- فقال: والله لا يشبهني ولا يشبه أحدًا من آبائي.

حدثنا محمد بن الحسن بن أحمد بن الوليد -رضي الله عنه- قال: حدثنا سعد بن عبد الله عن محمد بن عبد الجبار، عن ابن أبي نجران، عن الحسين بن المختار، عن الوليد بن صبيح قال: فجاءني رجل فقال لي: تعال حتى أريك ابن الرجل، قال: فذهبت معه، قال: فجاء بي إلى قوم يشربون فيهم إسماعيل بن جعفر، قال: فخرجت مغمومًا فجئت إلى الحجر فإذا إسماعيل بن جعفر متعلق بالبيت يبكي قد بل أستار الكعبة بدموعه، قال: فخرجت أشتد فإذا إسماعيل جالس مع القوم، فرجعت فإذا هو آخذ بأستار الكعبة قد بلها بدموعه، قال: فذكرت ذلك لأبي عبد الله -عليه السلام- فقال: لقد ابتلي ابني بشيطان يتمثل في صورته. وقد

روي أن الشيطان لا يتمثل في صورة نبي ولا في صورة وصي نبي، فكيف يجوز أن ينص عليه بالإمامة مع صحة هذا القول منه فيه.

اعتراض آخر:

قالت الزيدية: **بأي شيء تدفعون إمامة إسماعيل، وما حجتكم على الإسماعيلية القائلين بإمامته؟**

قلنا لهم: ندفع إمامته بما ذكرنا من الأخبار وبالأخبار الواردة بالنص |77| على الأئمة الاثني عشر -عليهم السلام- وبموته في حياة أبيه؛ فأما الأخبار الواردة بالنص على الأئمة الاثني عشر فقد ذكرناها في هذا الكتاب.

وأما الأخبار الواردة بموته في حياة الصادق -عليه السلام- ما حدثنا به أبي -رضي الله عنه- قال: حدثنا سعد بن عبد الله، عن أحمد بن محمد بن عيسى، عن الحسن بن سعيد، عن فضالة بن أيوب، والحسن بن علي بن فضال، عن يونس بن يعقوب، عن سعيد بن عبد الله الأعرج قال: قال أبو عبد الله -عليه السلام-: لما مات إسماعيل أمرت به وهو مسجى أن يكشف عن وجهه فقبلت جبهته وذقنه ونحره، ثم أمرت به فغطي، ثم قلت: اكشفوا عنه فقبلت أيضًا جبهته وذقنه ونحره، ثم أمرتهم فغطوه، ثم أمرت به فغسل، ثم دخلت عليه وقد كفن فقلت: اكشفوا عن وجهه، فقبلت جبهته وذقنه ونحره وعوذته، ثم قلت: درِّجوه. فقلت: بأي شيء عوذته؟ قال: بالقرآن.

قال مصنف هذا الكتاب: في هذا الحديث فوائد: أحدها: الرخصة بتقبيل جبهة الميت وذقنه ونحره قبل الغسل وبعده، إلا أنه من مس ميتًا قبل الغسل بحرارته فلا غسل عليه، فإن مسه بعدما يبرد فعليه الغسل، وإن مسه بعد الغسل

فلا غسل عليه. فلو ورد في الخبر أن الصادق -عليه السلام- اغتسل بعد ذلك أو لم يغتسل لعلمنا بذلك أنه مسه قبل الغسل بحرارته أو بعدما برد.

وللخبر فائدة أخرى وهي أنه قال: أمرت به فغسل، ولم يقل: غسلته.

وفي هذا الحديث أيضًا ما يبطل إمامة إسماعيل؛ لأن الإمام لا يغسله إلا إمام إذا حضره. حدثنا محمد بن الحسن بن أحمد بن الوليد -رحمه الله- قال: حدثنا محمد بن الحسن الصفار، عن أيوب بن نوح، ويعقوب [بن][242] يزيد، عن ابن أبي عمير، عن محمد بن شعيب، عن أبي كهمس قال: حضرت موت إسماعيل وأبو عبد الله -عليه السلام- جالس عنده، فلما حضره الموت شد لحييه وغطاه بالملحفة ثم أمر بتهيئته، فلما فرغ من أمره دعا بكفنه وكتب في حاشية الكفن: إسماعيل يشهد أن لا إله إلا الله.

|78| حدثنا أبي -رضي الله عنه- قال: حدثنا عبد الله بن جعفر الحميري، عن إبراهيم بن مهزيار، عن أخيه علي بن مهزيار، عن محمد بن أبي حمزة، عن مرة مولى محمد بن خالد قال: لما مات إسماعيل فانتهى أبو عبد الله -عليه السلام- إلى القبر أرسل نفسه فقعد على جانب القبر لم ينزل في القبر، ثم قال: هكذا صنع رسول الله -صلى الله عليه وآله وسلم- بإبراهيم ولده.

حدثنا محمد بن الحسن -رضي الله عنه- قال: حدثنا الحسين بن الحسن بن أبان، عن الحسين بن سعيد، عن القاسم بن محمد، عن الحسين بن عمر، عن رجل من بني هاشم قال: لما مات إسماعيل خرج إلينا أبو عبد الله -عليه السلام- فتقدم السرير بلا حذاء ولا رداء.

---

(242) [بن] - (ط).

حدثنا أبي -رحمه الله- قال: حدثنا سعد بن عبد الله، عن إبراهيم بن مهزيار، عن أخيه علي بن مهزيار، عن حماد بن عيسى، عن جرير، عن إسماعيل بن جابر والأرقط ابن عم أبي عبد الله قال: كان أبو عبد الله -عليه السلام- عند إسماعيل حين قبض، فلما رأى الأرقط جزعه قال: يا أبا عبد الله قد مات رسول الله -صلى الله عليه وآله وسلم-. قال: فارتدع ثم قال: صدقت أنا لك اليوم أشكر.

حدثنا أحمد بن محمد بن يحيى العطار -رحمه الله- قال: حدثنا سعد بن عبد الله، عن إبراهيم بن هاشم، ومحمد بن الحسين بن أبي الخطاب، عن عمرو بن عثمان الثقفي، عن أبي كهمس قال: حضرت موت إسماعيل بن أبي عبد الله -عليه السلام-، فرأيت أبا عبد الله -عليه السلام- وقد سجد سجدة فأطال السجود، ثم رفع رأسه فنظر إليه قليلًا ونظر إلى وجهه [قال:] ثم سجد سجدة أخرى أطول من الأولى، ثم رفع رأسه وقد حضره الموت فغمضه وربط لحييه وغطى عليه ملحفة، ثم قام وقد رأيت وجهه وقد دخله منه شيء الله أعلم به، قال: ثم قام فدخل منزله فمكث ساعة، ثم خرج علينا مدهنًا مكتحلًا عليه ثياب غير الثياب التي كانت عليه ووجهه غير الذي دخل به، فأمر ونهى في أمره حتى إذا فرغ منه دعا بكفنه فكتب في حاشية الكفن: إسماعيل يشهد أن لا إله إلا الله.

حدثنا أبي -رحمه الله- قال: حدثنا سعد بن عبد الله، عن أحمد بن محمد بن عيسى، عن محمد بن إسماعيل بن بزيع، عن أبي الحسن ظريف |79| بن ناصح، عن الحسن بن زيد قال: ماتت ابنة لأبي عبد الله -عليه السلام- فناح عليها سنة، ثم مات له ولد آخر فناح عليه سنة، ثم مات إسماعيل فجزع عليه جزعًا شديدًا فقطع النوح، قال: فقيل لأبي عبد الله -عليه السلام-: أصلحك الله أيناح في دارك؟ فقال: إن رسول الله -صلى الله عليه وآله وسلم- قال لما مات حمزة: ليبكين حمزة لا بواكي له.

حدثنا محمد بن الحسن -رحمه الله- قال: حدثنا الحسن بن متيل الدقاق قال: حدثنا يعقوب بن يزيد، عن الحسن بن علي بن فضال، عن محمد بن عبد الله الكوفي قال: لما حضرت إسماعيل بن أبي عبد الله الوفاة جزع أبو عبد الله -عليه السلام- جزعًا شديدًا قال: فلما غمضه دعا بقميص غسيل أو جديد فلبسه ثم تسرح وخرج يأمر وينهى، قال: فقال له بعض أصحابه: جعلت فداك لقد ظننا ألَّا ينتفع بك زمانًا لما رأينا من جزعك، قال: إنا أهل بيت نجزع ما لم تنزل المصيبة، فإذا نزلت صبرنا.

حدثنا علي بن أحمد بن محمد الدقاق -رحمه الله- قال: حدثنا محمد بن أبي عبد الله الكوفي قال: حدثنا محمد بن إسماعيل البرمكي قال: حدثنا الحسين بن الهيثم قال: حدثنا عباد بن يعقوب الأسدي قال: حدثنا عنبسة بن بجاد العابد قال: لما مات إسماعيل بن جعفر بن محمد وفرغنا من جنازته جلس الصادق جعفر بن محمد -عليهما السلام- وجلسنا حوله وهو مطرق، ثم رفع رأسه فقال: أيها الناس إن هذه الدنيا دار فراق ودار التواء لا دار استواء، على أن فراق المألوف حرقة لا تدفع ولوعة لا ترد، وإنما يتفاضل الناس بحسن العزاء وصحة الفكر، فمن لم يثكل أخاه ثكله أخوه، ومن لم يقدِّم ولدًا كان هو المقدم دون الولد. ثم تمثل -عليه السلام- بقول أبي خراش الهذلي يرثي أخاه:

ولا تحسبي أني تناسيت عهده   ولكن صبري يا إمام جميل

|80| اعتراض آخر:

قالت الزيدية: **لو كان خبر الأئمة الاثني عشر صحيحًا لما كان الناس يشكون بعد الصادق جعفر بن محمد -عليهما السلام- في الإمامة حتى يقول طائفة من الشيعة بعبد الله، وطائفة بإسماعيل، وطائفة تتحير؛ حتى أن الشيعة منهم من**

امتحن عبد الله بن الصادق -عليه السلام- فلما لم يجد عنده ما أراد خرج وهو يقول: إلى أين، إلى المرجئة أم إلى القدرية أم إلي الحرورية؟ وأن موسى بن جعفر سمعه يقول هذا فقال له: لا إلى المرجئة ولا إلى القدرية ولا إلى الحرورية، ولكن إليَّ.

فانظروا من كم <وجه> يبطل خبر الاثني عشر: أحدها: جلوس عبد الله للإمامة. والثاني إقبال الشيعة إليه. والثالث حيرتهم عند امتحانه. والرابع أنهم لم يعرفوا أن إمامهم موسى بن جعفر -عليهما السلام- حتى دعاهم موسى إلى نفسه. وفي هذه المدة مات فقيههم زرارة بن أعين وهو يقول والمصحف على صدره: اللهم إني أئتم بمن أثبت إمامته هذا المصحف.

فقلنا لهم: إن هذا كله غرور من القول وزخرف؛ وذلك أنا لم ندع أن جميع الشيعة عرف في ذلك العصر الأئمة الاثني عشر -عليهم السلام- بأسمائهم، وإنما قلنا: إن رسول الله -صلى الله عليه وآله وسلم- أخبر أن الأئمة بعده الاثنا عشر، الذين هم خلفاؤه، وأن علماء الشيعة قد رووا هذا الحديث بأسمائهم، ولا ينكر أن يكون فيهم واحد أو اثنان أو أكثر لم يسمعوا بالحديث.

فأما زرارة بن أعين فإنه مات قبل انصراف من كان وفده ليعرف الخبر، ولم يكن سمع بالنص على موسى بن جعفر -عليهما السلام- من حيث قطع الخبر عذره؛ فوضع المصحف الذي هو القرآن على صدره، وقال: اللهم إني أئتم بمن يثبت هذا المصحف إمامته. وهل يفعل الفقيه المتدين عند اختلاف الأمر عليه إلا ما فعله زرارة. على أنه قد قيل: إن زرارة قد كان عمل بأمر موسى بن جعفر -عليهما السلام- وبإمامته، وإنما بعث ابنه عبيدًا ليتعرف من موسى بن جعفر -عليهما السلام- هل يجوز له إظهار ما يعلم من إمامته أو يستعمل التقية في

كتمانه. وهذا أشبه بفضل زرارة بن أعين وأليق بمعرفته.

حدثنا أحمد بن زياد بن جعفر الهمداني -رضي الله عنه- قال: حدثنا علي بن إبراهيم بن هاشم قال: حدثني محمد بن عيسى بن عبيد، عن إبراهيم بن محمد الهمداني -رضي الله عنه- قال: قلت للرضا -عليه السلام-: يا ابن |81| رسول الله أخبرني عن زرارة هل كان يعرف حق أبيك -عليه السلام-؟ فقال: نعم، فقلت له: فلم بعث ابنه عبيدًا ليتعرف الخبر إلى من أوصى الصادق جعفر بن محمد -عليهما السلام-؟ فقال: إن زرارة كان يعرف أمر أبي -عليه السلام- ونصَّ أبيه عليه، وإنما بعث ابنه ليتعرف من أبي -عليه السلام- هل يجوز له أن يرفع التقية في إظهار أمره ونص أبيه عليه، وأنه لما أبطأ عنه ابنه طولب بإظهار قوله في أبي -عليه السلام- فلم يحب أن يقدم على ذلك دون أمره، فرفع المصحف وقال: اللهم إن إمامي من أثبت هذا المصحف إمامته من ولد جعفر بن محمد -عليهما السلام-.

والخبر الذي احتجت به الزيدية ليس فيه أن زرارة لم يعرف إمامة موسى بن جعفر -عليهما السلام-، وإنما فيه أنه بعث ابنه عبيدًا ليسأل عن الخبر. حدثنا أبي -رحمه الله- قال: حدثنا محمد بن يحيى العطار، عن محمد بن أحمد بن يحيى بن عمران الأشعري، عن أحمد بن هلال، عن محمد بن عبد الله بن زرارة، عن أبيه قال: لما بعث زرارة عبيدًا ابنه إلى المدينة ليسأل عن الخبر بعد مضي أبي عبد الله -عليه السلام-، فلما اشتد به الأمر أخذ المصحف وقال: من أثبت إمامته هذا المصحف فهو إمامي.

وهذا الخبر لا يوجب أنه لم يعرف. على أن راوي هذا الخبر أحمد بن هلال، وهو مجروح عند مشايخنا -رضي الله عنهم-.

حدثنا شيخنا محمد بن الحسن بن أحمد بن الوليد -رضي الله عنه- قال: سمعت سعد بن عبد الله يقول: ما رأينا ولا سمعنا بمتشيع رجع عن التشيع إلى النصب إلا أحمد بن هلال، وكانوا يقولون: إن ما تفرد بروايته أحمد بن هلال فلا يجوز استعماله، وقد علمنا أن النبي والأئمة -صلوات الله عليهم- لا يشفعون إلا لمن ارتضى الله دينه. والشاك في الإمام على غير دين الله، وقد ذكر موسى بن جعفر -عليهما السلام- أنه سيستوهبه من ربه يوم القيامة.

حدثنا محمد بن الحسن بن أحمد بن الوليد -رضي الله عنه- قال: حدثنا محمد بن الحسن الصفار، عن محمد بن أبي الصهبان، عن منصور [82] بن العباس، عن مروك بن عبيد، عن درست بن أبي منصور الواسطي، عن أبي الحسن موسى بن جعفر -عليهما السلام- قال: ذكر بين يديه زرارة بن أعين فقال: والله إني سأستوهبه من ربي يوم القيامة فيهبه لي، ويحك إن زرارة بن أعين أبغض عدوَّنا في الله وأحب وليَّنا في الله.

حدثنا أبي ومحمد بن الحسن -رضي الله عنهما- قالا: حدثنا أحمد بن إدريس، ومحمد بن يحيى العطار جميعًا، عن محمد بن أحمد، عن يعقوب بن يزيد، عن ابن أبي عمير، عن أبي العباس الفضل بن عبد الملك، عن أبي عبد الله -عليه السلام- أنه قال: أربعة أحب الناس إلي أحياءً وأمواتًا: بريد العجلي، وزرارة بن أعين، ومحمد بن مسلم، والأحول، أحب الناس إلي أحياء وأمواتا.

فالصادق -عليه السلام- لا يجوز أن يقول لزرارة: إنه من أحب الناس إليه، وهو لا يعرف إمامة موسى بن جعفر -عليهما السلام-.

اعتراض آخر:

قالت الزيدية: **لا يجوز أن يكون من قول الأنبياء: إن الأئمة اثنا عشر؛ لأن الحجة باقية على هذه الأمة إلى يوم القيامة، والاثنا عشر بعد محمد -صلى الله عليه وآله وسلم- قد مضى منهم أحد عشر، وقد زعمت الإمامية أن الأرض لا تخلو من حجة.**

فيقال لهم: إن عدد الأئمة -عليهم السلام- اثنا عشر والثاني عشر هو الذي يملأ الأرض قسطًا وعدلًا، ثم يكون بعده ما يذكره من كون إمام بعده أو قيام القيامة، ولسنا مستعبدين في ذلك إلا بالإقرار باثني عشر إمامًا واعتقاد كون ما يذكره الثاني عشر -عليه السلام- بعده.

حدثنا محمد بن إبراهيم بن إسحاق -رضي الله عنه- قال: حدثنا عبد العزيز بن يحيى قال: حدثنا إبراهيم بن فهد، عن محمد بن عقبة، عن حسين بن الحسن، عن إسماعيل بن عمر، عن عمر بن موسى الوجيهي |83| عن المنهال بن عمرو، عن عبد الله بن الحارث قال: قلت لعلي -عليه السلام-: يا أمير المؤمنين أخبرني بما يكون من الأحداث بعد قائمكم؟ قال: يا ابن الحارث ذلك شيء ذكره موكول إليه، وإن رسول الله -صلى الله عليه وآله وسلم- عهد إلي ألّا أخبر به إلا الحسن والحسين -عليهما السلام-.

حدثنا محمد بن إبراهيم بن إسحاق -رحمة الله عليه- قال: حدثنا عبد العزيز بن يحيى الجلودي، عن الحسين بن معاذ، عن قيس بن حفص، عن يونس بن أرقم، عن أبي سنان الشيباني عن الضحاك بن مزاحم، عن النزال بن سبرة، عن أمير المؤمنين -عليه السلام- في حديث يذكر فيه أمر الدجال ويقول في آخره: لا تسألوني عما يكون بعد هذا؛ فإنه عهد إلي حبيبي -عليه السلام- ألّا أخبر به غير

عترتي. قال النزال بن سبرة: فقلت لصعصعة بن صوحان: ما عنى أمير المؤمنين بهذا القول؟ فقال صعصعة: يا ابن سبرة إن الذي يصلي عيسى بن مريم خلفه هو الثاني عشر من العترة، التاسع من ولد الحسين بن علي -عليهما السلام- وهو الشمس الطالعة من مغربها، يظهر عند الركن والمقام، فيطهر الأرض ويضع الميزان بالقسط فلا يظلم أحد أحدًا، فأخبر أمير المؤمنين -عليه السلام- أن حبيبه رسول الله -صلى الله عليه وآله وسلم- عهد إليه ألَّا يخبر بما يكون بعد ذلك غير عترته الأئمة.

ويقال للزيدية: أفيكذب رسول الله -صلى الله عليه وآله وسلم- في قوله: إن الأئمة اثنا عشر؟ فإن قالوا: إن رسول الله -صلى الله عليه وآله وسلم- لم يقل هذا القول. قيل لهم: إن جاز لكم دفع هذا الخبر مع شهرته واستفاضته وتلقي طبقات الإمامية إياه بالقبول، فما أنكرتم ممن يقول: إن قول رسول الله -صلى الله عليه وآله وسلم-: «من كنت مولاه»، ليس من قول الرسول -عليه السلام-.

اعتراض آخر:

قالت الزيدية: **اختلفت الإمامية في الوقت الذي مضى فيه الحسن بن علي -عليهما السلام-؛ فمنهم من زعم أن ابنه كان ابن سبع سنين، ومنهم من قال: إنه |84| كان صبيًّا أو رضيعًا، وكيف كان فإنه في هذه الحال لا يصلح للإمامة ورئاسة الأمة وأن يكون خليفة الله في بلاده وقيِّمه في عباده، وفئة المسلمين إذا عضتهم الحروب، ومدبر جيوشهم، والمقاتل عنهم والذاب عن حوزتهم، والدافع عن حريمهم؛ لأن الصبى الرضيع والطفل لا يصلحان لمثل هذه الأمور، ولم تجر العادة فيما سلف قديمًا وحديثًا أن تلقى الأعداء بالصبيان ومن لا يحسن الركوب ولا يثبت على السرج، ولا يعرف كيف يصرف العنان، ولا ينهض**

بحمل الحمائل، ولا بتصريف القناة، ولا يمكنه الحمل على الأعداء في حومة الوغى؛ فإن أحد أوصاف الإمام أن يكون أشجع الناس.

الجواب: يقال لمن خطب بهذه الخطبة: إنكم نسيتم كتاب الله -عز وجل-، ولولا ذلك لم ترموا الإمامية بأنهم لا يحفظون كتاب الله، وقد نسيتم قصة عيسى -عليه السلام- وهو في المهد حين يقول: ﴿قَالَ إِنِّي عَبْدُ ٱللَّهِ ءَاتَىٰنِيَ ٱلْكِتَٰبَ وَجَعَلَنِي نَبِيًّا ﴿٣٠﴾ وَجَعَلَنِي مُبَارَكًا أَيْنَ مَا كُنتُ﴾ الآية[243]. أخبرونا لو آمن به بنو إسرائيل ثم حزبهم أمر من العدو كيف كان يفعل المسيح -عليه السلام-؟ وكذلك القول في يحيى -عليه السلام-، وقد أعطاه الله الحكم صبيًّا؟ فإن جحدوا ذلك فقد جحدوا كتاب الله، ومن لم يقدر على دفع خصمه إلا بعد أن يجحد كتاب الله فقد وضح بطلان قوله.

ونقول في جواب هذا الفصل: إن الأمر لو أفضى بأهل هذا العصر إلى ما وصفوا لنقض الله العادة فيه، وجعله رجلًا بالغًا كاملًا فارسًا شجاعًا بطلًا قادرًا على مبارزة الأعداء والحفظ لبيضة الإسلام والدفع عن حوزتهم. وهذا جواب لبعض الإمامية على أبي القاسم البلخي.

اعتراض آخر:

قالت الزيدية: **قد شك الناس في صحة نسب هذا المولود؛ إذ أكثر الناس يدفعون أن يكون للحسن بن علي -عليهما السلام- ولد.**

|85| فيقال لهم: قد شك بنو إسرائيل في المسيح ورموا مريم بما قالوا: ﴿لَقَدْ جِئْتِ شَيْـًٔا فَرِيًّا ﴿٢٧﴾﴾[244]، فتكلم المسيح ببراءة أمه -عليه السلام- فقال:

---

(243) سورة مريم: 30-31.

(244) سورة مريم: 27.

﴿إِنِّي عَبْدُ ٱللَّهِ ءَاتَىٰنِيَ ٱلْكِتَٰبَ وَجَعَلَنِي نَبِيًّا ۝٣٠﴾. فعلم أهل العقول أن الله -عز وجل- لا يختار لأداء الرسالة مغمور النسب ولا غير كريم المنصب، كذلك الإمام -عليه السلام- إذا ظهر كان معه من الآيات الباهرات والدلائل الظاهرات ما يعلم به أنه بعينه دون الناس هو خلف الحسن بن علي -عليهما السلام-.

قال بعضهم: **ما الدليل على أن الحسن بن علي -عليه السلام- توفي؟**

قيل له: الأخبار التي وردت في موته هي أوضح وأشهر وأكثر من الأخبار التي وردت في موت أبي الحسن موسى بن جعفر -عليهما السلام-؛ لأن أبا الحسن -عليهما السلام- مات في يد الأعداء ومات أبو محمد الحسن بن علي -عليهما السلام- في داره على فراشه، وجرى في أمره ما قد أوردت الخبر به مسندًا في هذا الكتاب.

فقال قائل منهم: **فهلا دلكم تنازع أم الحسن وجعفر في ميراثه أنه لم يكن له ولد؟ لأنا بمثل هذا نعرف من يموت ولا عقب له ألَّا يظهر ولده ويقسم ميراثه بين ورثته؟**

فقيل له: هذه العادة مستفيضة؛ وذلك أن تدبير الله في أنبيائه ورسله وخلفائه ربما جرى على المعهود المعتاد وربما جرى بخلاف ذلك، فلا يحمل أمرهم في كل الأحوال على العادات، كما لا يحمل أمر المسيح -عليه السلام- على العادات.

قال: **فإن جاز له أن يشك في هذا، لم لا يجوز أن نشك في كل من يموت ولا عقب له ظاهر.**

قيل له: لا نشك في أن الحسن -عليه السلام- كان له خلف من عقبه بشهادة من أثبت له ولدًا من فضلاء ولد الحسن والحسين -عليهما السلام- والشيعة الأخيار؛ لأن الشهادة التي يجب قبولها هي شهادة المثبت لا شهادة النافي وإن

كان عدد |86| النافين أكثر من عدد المثبتين، ووجدنا لهذا الباب فيما مضى مثالًا وهو قصة موسى -عليه السلام-؛ لأن الله -سبحانه- لما أراد أن ينجي بني إسرائيل من العبودية ويصير دينه على يديه غضًّا طريًّا أوحى إلى أمه: ﴿فَإِذَا خِفْتِ عَلَيْهِ فَأَلْقِيهِ فِي الْيَمِّ وَلَا تَخَافِي وَلَا تَحْزَنِي إِنَّا رَادُّوهُ إِلَيْكِ وَجَاعِلُوهُ مِنَ الْمُرْسَلِينَ ۝٧﴾[245]. فلو أن أباه عمران مات في ذلك الوقت لما كان الحكم في ميراثه إلا كالحكم في ميراث الحسن -عليه السلام-، ولم يكن في ذلك دلالة على نفي الولد.

وخفي على مخالفينا فقالوا: إن موسى في ذلك الوقت لم يكن بحجة والإمام عندكم حجة.

ونحن إنما شبهنا الولادة والغيبة بالولادة والغيبة، وغيبة يوسف -عليه السلام- أعجب من كل عجب لم يقف على خبره أبوه وكان بينهما من المسافة ما يجب ألَّا ينقطع لولا تدبير الله -عز وجل- في خلقه أن ينقطع خبره عن أبيه، وهؤلاء إخوته دخلوا عليه فعرفهم وهم له منكرون. وشبهنا أمر حياته بقصة أصحاب الكهف؛ فإنهم لبثوا في كهفهم ثلاثمائة سنين وازدادوا تسعًا، وهم أحياء.

فإن قال قائل: إن هذه أمور قد كانت ولا دليل معنا على صحة ما تقولون.

قيل له: أخرجنا بهذه الامثلة أقوالنا من حد الإحالة إلى حد الجواز، وأقمنا الأدلة على صحة قولنا بأن الكتاب لا يزال معه من عترة الرسول -صلى الله عليه وآله وسلم- من يعرف حلاله وحرامه ومحكمه ومتشابهه، وبما أسندناه في هذا الكتاب من الأخبار عن النبي والأئمة -صلوات الله عليهم-.

(245) سورة القصص: 7.

فإن قال: فكيف التمسك به ولا نهتدي إلى مكانه ولا يقدر أحد على إتيانه؟

قيل له: نتمسك بالإقرار بكونه وبإمامته وبالنجباء الأخيار والفضلاء الأبرار القائلين بإمامته، المثبتين لولادته وولايته، المصدقين للنبي والأئمة -عليهم السلام- في النص عليه باسمه ونسبه من أبرار شيعته، العالمين بالكتاب والسنة، العارفين بوحدانية الله -تعالى ذكره- النافين عنه شبه المحدثين، المحرمين للقياس، المسلمين لما يصح وروده عن النبي والأئمة -عليهم السلام-.

|87| فإن قال قائل: فإن جاز أن نتمسك بهؤلاء الذين وصفتهم ويكون تمسكنا بهم تمسكًا بالإمام الغائب، فلم لا يجوز أن يموت رسول الله -صلى الله عليه وآله وسلم- ولا يخلف أحدًا فيقتصر أمته على حجج العقول والكتاب والسنة؟

قيل له: ليس الاقتراح على الله -عز وجل- علينا، وإنما علينا فعل ما نؤمر به، وقد دلت الدلائل على فرض طاعة هؤلاء الأئمة الأحد عشر -عليهم السلام- الذين مضوا ووجب القعود معهم إذا قعدوا والنهوض معهم إذا نهضوا، والإسماع منهم إذا نطقوا. فعلينا أن نفعل في كل وقت ما دلت الدلائل على أن علينا أن نفعله.

اعتراض آخر لبعضهم:

قال بعض الزيدية: **فإن للواقفة ولغيرهم أن يعارضوكم في ادعائكم أن موسى بن جعفر -عليهما السلام- مات وأنكم وقفتم على ذلك بالعرف والعادة والمشاهدة؛ وذلك أن الله -عز وجل- قد أخبر في شأن المسيح -عليه السلام- فقال: ﴿وَمَا قَتَلُوهُ وَمَا صَلَبُوهُ وَلَكِن شُبِّهَ لَهُمْ﴾، وكان عند القوم في حكم**

المشاهدة والعادة الجارية أنهم قد رأوه مصلوبًا مقتولًا، فليس بمنكر مثل ذلك في سائر الأئمة الذين قال بغيبتهم طائفة من الناس.

الجواب يقال لهم: ليس سبيل الأئمة -عليهم السلام- في ذلك سبيل عيسى بن مريم -عليه السلام-؛ وذلك أن عيسى بن مريم ادعت اليهود قتله فكذبهم الله -تعالى ذكره- بقوله: ﴿وَمَا قَتَلُوهُ وَمَا صَلَبُوهُ وَلَٰكِن شُبِّهَ لَهُمْ﴾(246)، وأئمتنا -عليهم السلام- لم يرد في شأنهم الخبر عن الله أنهم شبهوا، وإنما قال ذلك قوم من طوائف الغلاة، وقد أخبر النبي -صلى الله عليه وآله وسلم- بقتل أمير المؤمنين -عليه السلام- بقوله: «إنه ستخضب هذه من هذا»، يعني لحيته من دم رأسه، وأخبر من بعده من الأئمة -عليهم السلام- بقتله، وكذلك الحسن والحسين -عليهما السلام- قد أخبر النبي -صلى الله عليه وآله وسلم- عن جبرئيل بأنهما سيقتلان، وأخبرا عن أنفسهما بأن ذلك سيجري عليهما، وأخبر من بعدهما من الأئمة -عليهم السلام- بقتلهما، وكذلك سبيل كل إمام بعدهما من علي بن الحسين إلى الحسن بن علي العسكري -عليهما السلام- قد أخبر الأول بما يجري على من بعده وأخبر من بعده بما جرى على من قبله، فالمخبرون بموت الأئمة -عليهم السلام- هم النبي |88| والأئمة -عليهم السلام- واحد بعد واحد، والمخبرون بقتل عيسى -عليه السلام- كانت اليهود؛ فلذلك قلنا: إن ذلك جرى عليهم على الحقيقة والصحة لا على الحسبان والحيلولة ولا على الشك والشبهة؛ لأن الكذب على المخبرين بموتهم غير جائز؛ لأنهم معصومون وهو على اليهود جائز.

---

(246) سورة النساء: 157.

الفهارس الفنية

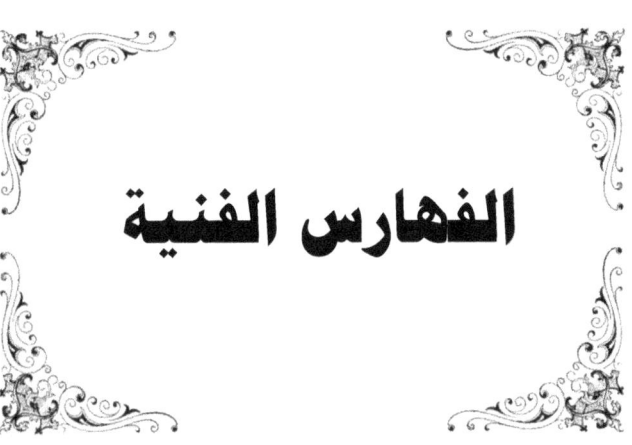

الآيات

اتبعوا من لا يسألكم أجرًا/ 238، 239

اخلفني في قومي/ 201

أطيعوا الله وأطيعوا الرسول/ 84، 88، 179

أفمن كان علىٰ بينة/ 189، 190

أفمن يهدي إلىٰ الحق/ 224

إلا من شهد بالحق/ 247

إن كثيرًا من الأحبار والرهبان/ 237، 239

إنما وليكم الله ورسوله/ 184، 185، 186

إنما يريد الله ليذهب عنكم/ 196، 220

التائبون الحامدون السائحون/ 186

ثم أورثنا الكتاب / 221، 222، 244

خذ من أموالهم/ 238

فإذا خفت عليه فألقيه/ 274

فاسألوا أهل الذكر/ 183

قال إني عبد الله آتاني/ 272، 273

قل للمخلفين من الأعراب/ 129

كنتم خير أمة/ 182، 223، 244

لا ينال عهدي الظالمين/ 187

لقد جئت شيئًا فريًّا/ 272

الله ولي الذين آمنوا/ 187

ليس كمثله شيء/ 260

مأواكم النار هي مولاكم/ 230

هل يستوي الذين يعلمون/ 190

وإذ ابتلى إبراهيم ربه/ 179

وإذا رأيت الذين يخوضون/ 252

واعتصموا بحبل الله/ 244

واعلموا أنما غنمتم من شيء/ 238

والآخرة خير وأبقى/ 181

والمؤمنون والمؤمنات بعضهم/ 188

وإني أعيذها بك وذريتها/ 242

وأولو الأرحام بعضهم/ 180

وعصى آدم ربه/ 208

وكنت عليهم شهيدًا/ 247

ولتكن منكم أمة/ 184، 244

وما أنزلنا عليك الكتاب/ 236، 237

وما قتلوه وما صلبوه/ 276

ومن يشاقق الرسول/ 182

يا أيها الذين آمنوا اركعوا/ 245

يا أيها الذين آمنوا كونوا قوامين/ 252

الأحاديث

أصحابي كالنجوم/ 198

اقتدوا باللذين من بعدي/ 172، 198، 199

أقضاكم علي/ 176، 190

ألست أولى بكم من أنفسكم/ ألست أولى بكم منكم لأنفسكم/ 202

إلى أبي بكر/ 172

إن وليتم أبا بكر/ 127

أنت أخي ووصيي/ 192، 195

أنت مني بمنزلة هارون/ 192، 200، 201

أنفذوا جيش أسامة/ 142

إنه أمر لا يصلح/ 195

إنه ستخضب هذه من هذا/ 276

إنه لا يؤديها إلا/ 190

إني تارك فيكم/ أيها الناس قد خلفت فيكم/ قد خلفت فيكم/ 197، 205، 219، 221، 248، 250، 254

ائتِ أبا بكر/ 172

ائذن له وبشره/ 172

الأئمة من قريش/ 91، 138، 139، 154

أيها الناس ما مقالة/ 142

بشروا أبا بكر/ 172

الحسن والحسين إمامان/ 199، 200

سيكون بعدي فتن/ 212
صدقت رؤياك/ 172
ضع حجرك إلى حجري/ 172
عائشة (أحب الناس إليه)/ 172
علي مني كزري/ 190
علي مني وأنا منه/ 190
علي مني/ 190
فمن كنت مولاه/ من كنت مولاه فعلي/ 202، 203، 271
كل سبب ونسب ينقطع/ 207
لا تجتمع أمتي على الضلالة/ 198
لا تنكح المرأة على عمتها/ 187
لا يصلح لها إلا أنت/ 159
اللهم إني أبرأ إليك/ 194
اللهم ائتني بأحب خلقك/ 176
ليبكين حمزة/ 265
هاتوا كتفًا/ 171
هل أعطيت شيئًا/ 187
يا علي هذان سيدا/ 161
يأبى الله ورسوله/ 171
يلي هذه الأمة اثنا عشر / 260

الأعلام

إبراهيم (ابن رسول الله)/ 264

إبراهيم بن فهد/ 270

إبراهيم بن محمد الهمداني/ 268

إبراهيم بن مهزيار/ 264، 265

إبراهيم بن هاشم/ 265

إبراهيم عليه السلام/ 178

ابن أبي عمير/ 269

ابن أبي نجران/ 262

ابن الراوندي/ 105، 196

ابن السكيت/ 198

ابن سيرين/ 260

ابن عباس/ عبد الله بن عباس/ 134، 168

ابن عمر/ عبد الله بن عمر/ 165، 167، 168، 212

أبو الأسود الدؤلي/ 168

أبو الحسن ظريف بن ناصح/ 265

أبو العباس الفضل بن عبد الملك/ 269

أبو القاسم البلخي/ 272

أبو بصير/ 261

أبو بكر (بن أبي قحافة)/ 89، 90، 91، 105، 127، 128، 129، 131، 132، 134، 136، 137، 138، 139، 140، 141، 142، 143، 144، 148، 149، 150، 151، 152، 154، 155، 159، 160، 161، 162، 163، 164، 165، 166، 167، 168، 169، 171، 172، 173، 174، 175، 176، 180، 190، 192، 193، 194، 198، 199، 208، 229

أبو بكر بن أبي داود/ 259

أبو جعفر محمد بن عبد الرحمن بن قِبَّة الرازي/ 219

أبو حذيفة/ 105، 164

أبو حكيم/ 162

أبو حنيفة/ 251

أبو خراش الهذلي/ 266

أبو ذر (الغفاري)/ 135، 147، 155، 209

أبو زيد العلوي/ صاحب الكتاب/ 219، 221، 222، 226، 227، 229، 230، 232، 233، 234، 235، 236، 237، 239، 240، 242، 243، 244، 245، 246، 247، 248، 252، 254، 255

أبو سفيان (بن حرب)/ 135

أبو سنان الشيباني/ 270

أبو عبد الله (البصري)/ 176، 196

أبو عبد الله الرازي/ 261

أبو عبيدة/ أبو عبيدة بن الجراح/ 89، 105، 137، 141

أبو علي (الجبائي)/ 86، 104، 106، 117، 196

الأعلام

أبو كهمس/ 265

أبو موسى الأشعري/ 166، 211

أبو هاشم (الجبائي)/ 105

أبو وائل/ 160

أبو يزيد محمد بن يحيى بن خلف بن يزيد المروزي/ 259

أحمد بن إدريس/ 269

أحمد بن الحسن القطان أبو علي بن عبد ربه الرازي/ 259

أحمد بن زياد بن جعفر الهمداني/ 268

أحمد بن محمد بن أبي نصر/ 262

أحمد بن محمد بن إسحاق الدينوري/ 259

أحمد بن محمد بن عيسى/ 263، 265

أحمد بن محمد بن يحيى العطار/ 265

أحمد بن هلال/ 268، 269

الأحول (مؤمن الطاق)/ 269

آدم عليه السلام/ 208

الأرقط/ 265

أسامة (بن زيد)/ 141، 142، 143

إسحاق بن إبراهيم الحنظلي/ إسحاق بن راهويه/ 259

إسحاق بن إبراهيم بن شاذان/ 259

إسماعيل بن جابر/ 265

إسماعيل بن جعفر/ 227، 230، 232، 261، 262، 263، 264، 265،

266

إسماعيل بن عمر/ 270

أسيد بن حضير الأنصاري/ 105

أسيد بن صفوان/ 162

أم أبي محمد/ أم الحسن (بن علي)/ 233، 273

أم أسامة (بن زيد)/ 142

أم كلثوم/ 207

أنس (بن مالك)/ 172

أيوب بن نوح/ 264

البرقي/ 262

بريد العجلي/ 269

بشير بن سعد/ 105

بعض الإمامية (لعله ابن قبة)/ 272

بعض الزيدية/ 259، 275

جابر بن سمرة/ جابر بن سمرة السوائي/ 259، 260

جبريل/ جبرئيل عليه السلام/ 190، 195، 276

جرير/ 265

جعفر (بن أبي طالب)/ 227

جعفر بن علي/ جعفر/ 231، 233، 241

الحارث/ 161

حذيفة (بن اليمان)/ 135، 147

الحسن (بن علي بن أبي طالب)/ 106، 162، 167، 199، 205، 214، 220، 221، 224، 240، 242، 246، 255، 270، 276

الحسن بن أحمد بن إدريس/ 262

الحسن بن الحسن بن علي/ الحسن بن الحسن / 224

الحسن بن الحسين اللؤلؤي/ 261

الحسن بن راشد/ 262

الحسن بن زيد/ 265

الحسن بن سعيد/ 263

الحسن بن علي بن فضال/ 263، 266

الحسن بن علي/ أبو محمد الحسن بن علي/ الحسن بن علي العسكري/ 230، 232، 233، 240، 271، 272، 273، 274، 276

الحسن بن متيل الدقاق/ 266

الحسين (بن علي بن أبي طالب)/ 106، 167، 199، 205، 214، 220، 221، 224، 232، 240، 242، 246، 270، 276

الحسين بن الحسن بن أبان/ 264

حسين بن الحسن/ 270

الحسين بن المختار/ 262

الحسين بن الهيثم/ 266

الحسين بن سعيد/ 264

الحسين بن عمر/ 264

الحسين بن معاذ/ 270

الخطيئة (الشاعر)/ 165

الحكم/ 160

حماد/ حماد بن عيسى/ 260، 265

حمزة (بن عبد المطلب)/ 265

حميد بن عبد الرحمن بن عوف/ 164

خالد بن الوليد/ خالد/ 149، 150، 157، 158، 163، 164، 169، 194

الدجال/ 270

دحية الكلبي/ 194

درست بن أبي منصور الواسطي/ 269

رجل من بني هاشم/ 264

رسول الله عليه الصلاة والسلام/ النبي/ الرسول/ محمد بن عبد الله/ محمد/ نبيكم/ 78، 85، 88، 89، 90، 95، 96، 97، 98، 99، 101، 106، 107، 108، 112، 113، 117، 121، 124، 125، 126، 127، 128، 130، 131، 134، 136، 137، 138، 141، 142، 143، 144، 146، 147، 154، 155، 159، 160، 161، 162، 163، 167، 168، 169، 171، 172، 174، 175، 176، 178، 180، 181، 187، 188، 189، 190، 191، 192، 193، 194، 195، 196، 197، 199، 200، 201، 202، 208، 209، 212، 213، 214، 219، 220، 221، 224، 225، 227، 229، 234، 236، 238، 240، 241، 242، 243، 246، 248، 250، 252، 253، 259، 260، 261، 264، 265، 267، 269،

الأعلام
- 289 -

270، 271، 274، 275، 276

الزبير (بن العوام)/ 90، 134، 135، 149، 155، 156، 167، 209، 210

زرارة بن أعين/ زرارة/ 267، 268، 269

الزهري/ 167

زياد (ابن أبيه)/ 211

زيد بن أسلم/ 136، 144، 167

زيد بن الخطاب/ 166

زيد بن ثابت/ 212، 213

زيد بن حارثة/ 195

زيد بن علي/ 214، 249، 255

زيد بن عمر (بن الخطاب)/ 207

سالم/ سالم مولى أبي حذيفة/ 91، 105، 164

سعد (بن عبادة)/ 134، 135، 137، 148، 150، 209

سعد بن أبي وقاص/ 141، 212

سعد بن عبد الله/ 262، 263، 265، 269

سعيد بن جبير/ 165

سعيد بن عبد الله الأعرج/ 263

سليمان (الفارسي)/ 135، 140، 147

سماعة/ 261

سويد بن غفلة/ 161

الشافعي/ 251

شريك/ 166

الشعبي/ 149، 161، 259

شهر بن حوشب/ 167

شيخ من الإمامية/ 220

الصادق/ أبو عبد الله/ جعفر بن محمد/ الصادق جعفر بن محمد/ 161، 224، 226، 227، 228، 229، 230، 241، 251، 255، 261، 262، 263، 264، 266، 267، 268، 269

صالح بن كيسان/ 164

صعصعة بن صوحان/ صعصعة/ 161، 271

الضحاك بن مزاحم/ 270

طلحة (بن عبيد الله)/ 90، 149، 155، 156، 209، 210

عائشة (أم المؤمنين)/ 167، 172، 210

عباد بن يعقوب الأسدي/ 266

عباس بن أبي ربيعة/ 141

العباس/ العباس بن عبد المطلب/ 84، 90، 134، 135، 140، 141، 142، 143، 144، 145، 152، 155، 160، 171، 174، 181، 209

عبد الرحمن بن أبي بكر/ 165

عبد الرحمن بن عوف/ 90، 149

عبد العزيز بن يحيى الجلودي/ 270

عبد العزيز بن يحيى/ 270

عبد الله بن الحارث/ 270

عبد الله بن جعفر الحميري/ 264

عبد الله بن جعفر بن محمد/ عبد الله بن جعفر/ 227، 228، 230، 232، 266

عبد الله بن عيّاش الهمداني/ 165

عبد الله بن مسعود/ 135، 259

عبيد الله بن عمر/ 136

عبيد بن زرارة/ عبيد/ 262، 267

عثمان (بن عفان)/ 90، 133، 149، 155، 172، 175

عقيل (بن أبي طالب)/ 227

علي بن إبراهيم بن هاشم/ 268

علي بن أحمد بن محمد الدقاق/ 266

علي بن الحسين بن علي/ 224، 229، 239، 240، 276

علي بن محمد/ 231، 242

علي بن مهزيار/ 264، 265

علي بن موسى/ الرضا/ 230، 232، 268

علي/ أمير المؤمنين/ أمير المؤمنين علي/ ابن أبي طالب/ 84، 85، 90، 106، 127، 128، 130، 131، 133، 135، 136، 140، 141، 143، 144، 145، 146، 147، 148، 149، 151، 152، 154، 156، 157، 158، 159، 160، 161، 162، 163، 164، 167، 168، 171، 173، 174، 175، 176، 177، 178، 179، 180، 181، 185، 187، 188، 189، 190، 191، 192، 193، 194، 195، 196، 199، 202، 203،

204، 205، 207، 209، 210، 211، 212، 213، 214، 219، 220،
221، 241، 242، 243، 246، 248، 253، 254، 255، 260، 270،
271، 276

عمار (بن ياسر)/ 135، 140، 147، 155، 209

عمار/ 261

عمر بن موسى الوجيهي/ 270

عمر/ ابن الخطاب/ عمر بن الخطاب/ 89، 90، 91، 104، 105، 127،
134، 135، 136، 137، 141، 144، 147، 148، 149، 150، 151،
152، 153، 157، 159، 161، 162، 163، 164، 165، 166، 167،
168، 172، 175، 207، 209

عمران (أب موسى عليه السلام)/ 274

عمرو بن العاص/ 172، 211

عمرو بن عثمان الثقفي/ 265

عنبسة بن بجاد العابد/ 266

عيسى/ المسيح/ عيسى بن مريم عليه السلام/ 247، 271، 272، 273،
275، 276

فارس بن حاتم/ 232

فاطمة (بنت رسول الله)/ 136، 144، 164، 167، 169، 209، 219،
220

فجاءة السلمي/ 164

فضالة بن أيوب/ 263

القاسم بن محمد/ 264

قاضي القضاة (عبد الجبار)/ 89، 105، 129، 202

قيس بن حفص/ 270

قيصر (ملك الروم)/ 194

كميل بن زياد/ 241

ليث بن سعد/ الليث بن سعد/ 164، 167

مالك بن نويرة/ مالك/ 157، 163

ماني (رئيس المانوية)/ 229

مجالد/ 259

محمد بن إبراهيم بن إسحاق/ 270

محمد بن أبي الصهبان/ 269

محمد بن أبي حمزة/ 264

محمد بن أبي عبد الله الكوفي/ 266

محمد بن أبي عمير/ 262

محمد بن أحمد بن يحيى بن عمران الأشعري/ 261، 262، 268

محمد بن أحمد/ 262، 269

محمد بن إسماعيل البرمكي/ 266

محمد بن إسماعيل بن بزيع/ 265

محمد بن إسماعيل بن جعفر/ 227، 229

محمد بن الحسن الصفار/ 246، 269

محمد بن الحسن بن أحمد بن الوليد/ محمد بن الحسن/ 233، 262، 264،

266، 269

محمد بن الحسين بن أبي الخطاب/ 265

محمد بن بشر العبدي/ 136

محمد بن جعفر/ 229

محمد بن ذكوان/ 262

محمد بن سنان/ 261

محمد بن شعيب/ 264

محمد بن عبد الجبار/ 262

محمد بن عبد الله الكوفي/ 266

محمد بن عبد الله بن زرارة/ 268

محمد بن عقبة/ 270

محمد بن علي (الباقر)/ 161، 226، 231، 242

محمد بن علي/ 230، 231، 232

محمد بن عيسى بن عبيد/ 268

محمد بن مسلم/ 269

محمد بن مسلمة/ 166، 212

محمد بن موسى بن المتوكل/ 262

محمد بن يحيى العطار/ 261، 262، 268، 269

مرة مولى محمد بن خالد/ 264

مروك بن عبيد/ 269

مريم عليها السلام/ 272

الأعلام

مسروق/ 259

معاوية (بن أبي سفيان)/ 211، 246، 255

المغيرة بن شعبة/ 141، 166

المقداد (بن الأسود)/ 135، 136، 140، 147، 167

منصور بن العباس/ 269

المنهال بن عمرو/ 270

موسى عليه السلام/ 125، 192، 200، 201، 234، 274

موسى/ موسى بن جعفر/ أبو الحسن موسى بن جعفر/ 226، 227، 228، 229، 230، 232، 240، 267، 268، 269، 273، 275

النزال بن سبرة/ ابن سبرة/ 270، 271

النظَّام/ 248، 251

هارون عليه السلام/ 161، 192، 200، 201

هشام/ 260

هنيد بن عارض/ الهنيد/ 194، 195

الوليد بن صبيح/ 262

الوليد بن هشام/ 260

يحيى بن يحيى/ 259

يحيى عليه السلام/ 272

يزيد (بن معاوية)/ 211

يعقوب بن يزيد/ 262، 266، 269

يوسف عليه السلام/ 274

يونس بن أرقم/ 270
يونس بن يعقوب/ 263

الجماعات

الأباضية/ 229

الإسماعيلية/ 227، 263

أصحاب الحديث/ 259

أصحاب الكهف/ 274

أصحاب فارس بن حاتم/ 232

أصحاب محمد بن جعفر وعبد الله بن جعفر/ 229

الإمامية/ المؤتمة/ أهل الأمصار من علماء الإمامية/ علماء الإمامية/ أهل الحق من الإمامية/ طبقات الإمامية/ القطعية/ 74، 76، 94، 106، 107، 112، 120، 135، 138، 146، 147، 154، 157، 173، 182، 191، 192، 219، 220، 221، 222، 223، 228، 229، 231، 232، 234، 235، 236، 237، 239، 241، 248، 249، 250، 251، 252، 253، 254، 255، 259، 260، 261، 262، 270، 271، 272

الأنبياء عليهم السلام/ 101، 113، 116، 253، 270

الأنصار/ 84، 89، 91، 137، 138، 141، 143، 147، 168، 173

أهل السقيفة/ أصحاب السقيفة/ 154، 254

أهل الشام/ 148

أهل الكتاب/ 183، 245

أهل اللسان/ أهل اللغة/ 181، 198، 222، 243

أهل بدر وأحد/ 208
أهل بيعة الشجرة/ 208
البترية/ 177
البراهمة/ 229، 233، 234
البكرية/ 173، 229
بنو إسرائيل/ نقباء بني إسرائيل/ 161، 183، 259، 272، 275
بنو تيم بن مرة/ 165، 166
بنو ساعدة/ 164
بنو عبد المطلب/ 162
بنو عبد مناف/ 242
بنو هاشم/ 84، 135، 140، 141، 143، 163، 171، 197، 198، 241، 242
الثنوية/ 229
الحرورية/ 267
الحشوية/ 208
الخطابية/ 226
الخوارج/ 249، 253
ذراري الأنبياء/ 253
ذرية إبراهيم/ 245
الرافضة/ 207
الروم/ 129

الزنادقة/ 99

السادة من الزيدية/ أصحابنا الزيدية/ الأئمة/ الكبار من أصحابنا الزيدية/ أكثر الزيدية/ المتأخرين من أشراف الزيدية/ أسلافنا وأئمتنا/ بعض الزيدية/ 73، 76، 83، 87، 90، 92، 94، 99، 106، 109، 112، 117، 157، 170، 173، 192، 194، 211، 219، 221، 222، 223، 224، 226، 229، 234، 237، 240، 242، 243، 244، 248، 249، 250، 253، 254، 255، 259، 260، 261، 263، 268، 270، 271، 272، 275

السبأية/ 226

الشمطية/ 227

الشيعة/ طوائف الشيعة/ طائفة الشيعة/ علماء الشيعة/ 128، 157، 234، 240، 266، 267، 273

شيوخنا المعتزلة/ الشيوخ/ شيوخنا المتكلمون/ أكثر المعتزلة/ مشايخ المعتزلة/ شيوخنا البصريون/ 74، 76، 81، 83، 87، 91، 93، 94، 100، 109، 112، 177، 202، 203، 210، 211، 222، 245، 248، 249، 250، 251، 253

الصحابة/ كبار الصحابة/ أصاغر الصحابة وأكابرها/ أكابر الصحابة وأصاغرها/ أصحاب محمد/ الأفاضل من الصحابة/ 84، 89، 93، 99، 104، 105، 127، 131، 132، 133، 134، 140، 141، 144، 146، 148، 150، 152، 153، 154، 155، 161، 169، 175، 176، 190، 191، 192، 193، 194، 199، 203، 207، 208

الطلقاء/ أبناء الطلقاء/ 241

العامة/ علماء العامة/ 120، 141، 208، 230، 240، 244، 247

العترة/ علماء العترة/ عترة الرسول/ العترة الهادية/ بعض العترة/ أفاضل العترة/ آل الرسول/ أولاد الرسول/ أهل البيت/ الرضا من آل محمد/ 89، 90، 92، 119، 145، 182، 184، 185، 186، 187، 189، 195، 196، 197، 198، 199، 200، 205، 210، 219، 220، 221، 222، 223، 227، 237، 239، 240، 242، 243، 244، 245، 246، 248، 249، 250، 251، 252، 253، 254، 271، 274

العجم/ 219

العرب/ قبائل العرب/ 84، 124، 129، 136، 146، 154، 155، 159، 166، 219، 262

العلماء/ علماء المسلمين/ علماء الأمة/ العلماء بالقرآن/ العلماء باللغة/ أهل العلم بالدين واللغة/ 99، 101، 183، 223، 225، 226

غلاة/ الغلاة/ قوم من طوائف الغلاة/ 226، 244، 276

فارس/ 129

الفطحية/ فرقة من الفطحية/ القرامطة/ 227

القدرية/ 267

قريش/ 84، 89، 90، 91، 92، 116، 134، 138، 139، 143، 144، 154، 161، 166، 176، 260

المرجئة/ علماء المرجئة/ 223، 249، 253، 267

المغيرية/ 223، 224، 231، 233، 234

الملحدون/ 239

المهاجرون/ المهاجرون الأولون/ 89، 90، 91، 141، 144، 154، 208

الموحدون/ 229

النصارى/ 125

الواقفة/ الواقفة على موسى/ الواقفة على موسى بن جعفر/ الواقفة على أمير المؤمنين/ 226، 227، 230، 240، 241، 275

ولد الحسن بن الحسن/ 223

ولد الحسن والحسين/ فضلاء ولد الحسن والحسين/ 108، 221، 222، 223، 244، 245، 273

ولد الحسن/ 223، 243

ولد الحسين/ ولد الحسين بن علي/ 240، 271

ولد العباس/ 227، 243

ولد جعفر (بن أبي طالب)/ 223، 227، 243

ولد جعفر بن محمد/ 268

ولد عقيل/ 227

ولد فاطمة/ 219، 220، 241

ولد قصي/ 242

اليهود/ 125، 183، 234، 276

الكتب

الإشهاد (لأبي زيد العلوي)/ 219

أصول الفقه (لأبي القاسم البستي)/ 78، 96، 98، 151، 182

الإمامة على ابن الراوندي (لأبي عبد الله البصري)/ 196

كتاب كبير في الإمامة (لأبي علي الجبائي)/ 117

النص على الأئمة الاثني عشر عليهم السلام بالإمامة (لابن بابويه)/ 259

نقض اللمع (للقاضي عبد الجبار)/ 129

النقض على ابن الراوندي (لأبي علي الجبائي)/ 105

نقض كتاب الإشهاد (لابن قِبَة الرازي)/ 219

البلدان والأماكن

بلاد العرب/ 100

تبوك/ 195، 212

خيبر/ 144

الري/ 259

السقيفة/ 147

الشام/ 135، 148، 159

غدير خم/ 192، 202

فدك/ 144

المدينة/ 136، 141، 146، 155، 159، 168، 193، 194، 195، 201، 260، 268

مسجد قباء/ 272

مكة/ 166، 193، 194

مؤتة/ 169

ينبع/ 260

مصادر التوثيق

- [المفيد، الأوائل]: أبو عبد الله محمد بن محمد بن النعمان العكبري (تـ413هـ/ 1022م)، **أوائل المقالات في المذاهب والمختارات**، باهتمام: دكتر مهدي محقق، مؤسسة مطالعات اسلامي- طهران، 1372هـ ش، 1413هـ ق.
- [المفيد، النكت]: محمد بن محمد بن النعمان ابن المعلم أبو عبد الله العكبري (تـ413هـ/ 1022م)، **النكت الاعتقادية** (ضمن: سلسلة مؤلفات الشيخ المفيد ج10)، تحقيق: رضا المختاري، دار المفيد للطباعة والنشر والتوزيع- بيروت، الطبعة الثانية: 1414هـ-1993م.
- [المفيد، الجارودية]: محمد بن محمد بن النعمان ابن المعلم أبو عبد الله العكبري (تـ413هـ/ 1022م)، **المسائل الجارودية**، (ضمن: سلسلة مؤلفات الشيخ المفيد ج7)، تحقيق: محمد كاظم، دار المفيد للطباعة والنشر والتوزيع- بيروت، الطبعة الثانية: 1414هـ-1993م.
- [الهاروني، الدعامة]: أبو طالب يحيى (تـ424هـ/ 1033م)، **الدعامة في الإمامة**، تحقيق: ناجي حسن، الدار العربية للموسوعات- بيروت، الطبعة الأولى: 1986م. (يُنسب خطأً للصاحب بن عباد).
- [عبد الجبار، المغني]: القاضي عبد الجبار (تـ415هـ/ 1024م)، **المغني في أبواب التوحيد والعدل**- التنبؤات والمعجزات (ج15)، تحقيق:

الدكتور محمود محمد قاسم، مراجعة: د. إبراهيم مدكور، إشراف: طه حسين، وزارة الثقافة والإرشاد القومي- المؤسسة المصرية العامة للتأليف والترجمة والطباعة والنشر.

- [عبد الجبار، المغني]: القاضي عبد الجبار (تـ415هـ/ 1024م)، **المغني في أبواب التوحيد والعدل**- الإمامة (ج20، ق1)، تحقيق: الدكتور محمود محمد قاسم، مراجعة: د. إبراهيم مدكور، إشراف: طه حسين، وزارة الثقافة والإرشاد القومي- المؤسسة المصرية العامة للتأليف والترجمة والطباعة والنشر.

- [عبد الجبار، المغني]: القاضي عبد الجبار (تـ415هـ/ 1024م)، **المغني في أبواب التوحيد والعدل**- الإمامة (ج20، ق2)، تحقيق: الدكتور محمود محمد قاسم، مراجعة: د. إبراهيم مدكور، إشراف: طه حسين، وزارة الثقافة والإرشاد القومي- المؤسسة المصرية العامة للتأليف والترجمة والطباعة والنشر.

- [القمي، الكمال]: أبو جعفر محمد بن علي بن الحسين ابن بابويه (تـ381هـ/ 991م)، **كمال الدين وتمام النعمة**، صححه وقدم له وعلق عليه: حسين الأعلمي، مؤسسة الأعلمي للمطبوعات، الطبعة الأولى: 1412هـ-1991م.

- [المرتضى، الشافي]: الشريف المرتضى (تـ436هـ/ 1044م)، **الشافي في الإمامة** (ج1)، حققه وعلق عليه: عبد الزهراء الحسيني الخطيب، راجعه: فاضل الميلاني، مؤسسة الصادق للطباعة والنشر- طهران، 1407هـ-1986م.

- [المرتضى، الشافي]: الشريف المرتضى (تـ436هـ/ 1044م)، **الشافي**

في الإمامة (ج2)، حققه وعلق عليه: عبد الزهراء الحسيني الخطيب، راجعه: فاضل الميلاني، مؤسسة الصادق للطباعة والنشر- طهران، 1407هـ-1986م.

- [المرتضى، الذخيرة]: الشريف المرتضى (تـ436هـ/ 1044م)، **الذخيرة في علم الكلام**، حققه وعلق عليه: عبد الزهراء الحسيني الخطيب، راجعه: فاضل الميلاني، مؤسسة التاريخ العربي- بيروت، الطبعة الأولى: 1433هـ-2012م.

- [البلخي، المقالات]: أبو القاسم عبد الله بن أحمد بن محمود (تـ319هـ/ 931م)، **كتاب المقالات ومعه عيون المسائل والجوابات**، حققه: أ.د. حسين خانصو وأ.د. راجح كردي ود. عبد الحميد كردي، دار الفتح للدراسات والنشر- عمّان، الطبعة الأولى: 1439هـ-2018م.

- [الناشئ، المسائل]: عبد الله بن محمد الناشئ الأكبر (تـ293هـ/ 906م)، **مسائل الإمامة**، (=ضمن: **مسائل الإمامة ومقتطفات من الكتاب الأوسط في المقالات**)، حققها وقدم لها: جوزف فان إس، المعهد الألماني للأبحاث الشرقية في بيروت، إرغون فرلاغ فورتسبورغ، الطبعة الثانية: 2003م.

- [البصري، الفصل]: أبو الحسين محمد بن علي (تـ436هـ/ 1044م)، **فصل منتزع من كتاب شرح الأصول في الإمامة**، مخطوط محفوظ بمكتبة فيينا مجموعة المستشرق غلازر Glaser برقم (114).